곽선희 목사 설교집

46

자유인의 간증

곽선희 지음

계몽문화사

머 리 말

'복음은 들음에서'―이는 진리이며 우리의 경험입니다. 하나님께서 우리에게 주신 복 가운데 가장 큰 복은 말씀을 주신 것입니다. '말씀이 육신을 입어서 오신 것'입니다. 말씀을 주셨고 들을 수 있게 하셨고 마음문을 열고 받아 믿게 하신 것, 참 놀라운 은혜입니다.

말씀은 단순한 지식이 아닙니다. 추상적인 이론이 아닙니다. 말씀은 선포되는 하나님의 계시적 능력인 것입니다. 말씀의 권능, 그 능력을 알고 체험하면서 비로소 '말씀 안에서 태어나는 생명적 기적'이 나타나게 됩니다. 오늘도 그 말씀이 증거되고 새롭게 선포되고 있습니다. 설교가 곧 말씀입니다. 성령의 역사와 함께 끊임없이 이루어지는 생명의 역사입니다. 이 선포되는 말씀, 증거되는 진리를 통하여 구원의 능력은 항상 새로워집니다. 말씀 안에서 새 생명이 탄생하고 말씀 안에서 영혼이 소생하며, 그 큰 능력 안에서 우리는 강건해집니다. 우상을 이기는 능력의 사람으로 성장해가는 신비롭고 놀라운 사건을 강단에서 늘 경험하고 있습니다.

여기에 또다시 설교말씀을 모아 책자로 내어놓습니다. 예수소망교회 강단을 통하여 하나님께서 우리에게 주신 말씀입니다. 이제 그 말씀을 책자로 엮어 내어놓음으로써 우리가 시간과 공간을 월하여 개별적으로 하나님을 만나게 되는 '말씀의 역사'에 귀중한 방편이 되고자 합니다. 책자라는 그릇에 담긴 이 말씀들은 읽는 자의 마음 안에서 또다른 '말씀의 신비한 기적'을 낳게 되리라 확신합니다.

한 시간 한 시간의 설교를 위하여 간절히 기도해주신 모든 성도들과 이 책자를 출간하기까지 수고해주신 여러분께 진심으로 감사를 드립니다. 그리고 또다시 영광을 오직 하나님께 돌리면서……

곽선희

차 례   머리말 ──── 3
　　　　이 때니이까(행 1 : 4 - 8) ──── 8
　　　　내 영혼을 기쁘게 하소서(시 86 : 1 - 13) ──── 18
　　　　그 아버지의 기쁨(눅 15 : 22 - 32) ──── 27
　　　　땅에 쓴 글씨(요 8 : 1 - 11) ──── 37
　　　　성령으로 난 사람(요 3 : 1 - 8) ──── 48
　　　　원죄의 속성(창 3 : 1 - 6) ──── 60
　　　　구원 얻을 만한 믿음(행 14 : 8 - 12) ──── 70
　　　　묻지 말고 먹으라(고전 10 : 23 - 33) ──── 82
　　　　독수리 날개로 보여주신 은혜(출 19 : 1 - 6) ──── 94
　　　　한 가지 부족한 것(눅 18 : 18 - 23) ──── 104
　　　　나의 분깃을 지키는 자(시 16 : 1 - 8) ──── 116
　　　　성도의 정체의식(롬 6 : 6 - 11) ──── 127
　　　　나와 함께 기뻐하라(빌 2 : 15 - 18) ──── 136
　　　　긍휼의 뜻을 배우라(마 9 : 9 - 13) ──── 148
　　　　만나로 먹이시는 이유(신 8 : 1 - 6) ──── 158

자유인의 간증(롬 8 : 31 - 39) ──── 169
다 나와 같이 되기를(행 26 : 24 - 32) ──── 178
좁은 문으로 들어가라(마 7 : 13 - 21) ──── 187
축복을 사기당한 사람(창 25 : 27 - 34) ──── 196
내가 스스로 버리노라(요 10 : 14 - 18) ──── 206
양자의 영을 받은 아들(롬 8 : 12 - 17) ──── 217
내일을 기다리라(수 7 : 6 - 13) ──── 228
안식일의 주인(막 2 : 23 - 28) ──── 239
영생의 말씀이 있는 교회(요 6 : 66 - 71) ──── 251
선택받은 교회상(살전 1 : 2 - 7) ──── 263
네 원수를 사랑하라(마 5 : 43 - 48) ──── 273
개혁신앙의 속성(롬 4 : 18 - 25) ──── 285
파숫군에게 묻는 책임(겔 33 : 1 - 9) ──── 296
나중 된 자가 입은 은혜(마 20 : 1 - 6) ──── 307
감사하는 자가 되라(골 3 : 15 - 17) ──── 317
곽선희목사 설교집·강해집·기타 ──── 326

곽선희 목사

장로회 신학대학 졸업
프린스턴 신학석사
풀러신학 선교신학박사
인천제일교회 목사
장로회 신학대학 교수 역임
숭의여자전문대학 학장 역임
서울장로회신학교 교장 역임
소망교회 원로목사

곽선희 목사 설교집 제46권
자유인의 간증

인쇄 · 2012년 6월 25일
발행 · 2012년 6월 30일
지은이 · 곽선희
펴낸이 · 김종호
펴낸곳 · 계몽문화사
등록일 · 1993년 10월 11일
등록번호 · 제16—765호
전화 · (02)917-0656
정가 · 17,000원
총판 · 비전북 / (031)907-3927
ISBN 978-89-89628-29-3   03230

* 잘못 만들어진 책은 바꾸어 드립니다.

자유인의 간증

이 때니이까

사도와 같이 모이사 저희에게 분부하여 가라사대 예루살렘을 떠나지 말고 내게 들은 바 아버지의 약속하신 것을 기다리라 요한은 물로 세례를 베풀었으나 너희는 몇 날이 못되어 성령으로 세례를 받으리라 하셨느니라 저희가 모였을 때에 예수께 묻자와 가로되 주께서 이스라엘 나라를 회복하심이 이 때니이까 하니 가라사대 때와 기한은 아버지께서 자기의 권한에 두셨으니 너희의 알 바 아니요 오직 성령이 너희에게 임하시면 너희가 권능을 받고 예루살렘과 온 유대와 사마리아와 땅 끝까지 이르러 내 증인이 되리라 하시니라

(사도행전 1 : 4 - 8)

이 때니이까

　　프랑스의 화가 밀레(J. F. Millet)를 다 아실 겝니다. '밀레' 하면 '만종'을 우리는 늘 생각하게 됩니다. 개인적인 말씀입니다만 제 침실에도 비록 카피이지만 밀레의 만종이 걸려 있습니다. 밀레의 만종은 그 말 그대로 '저녁 종'입니다. 그런고로 밀레의 만종을 보면서 종소리를 들어야 합니다. 사실 자연을 그린 것이 아니라 종소리를 그린 것입니다. 종소리를 들을 수 있어야 이 그림을 바로 감상했다 할 것입니다. 두 내외가 하루종일 들에서 일하고 저녁 종소리가 들릴 때 그들이 서서 손을 모으고 하나님 앞에 감사의 기도를 하고 있는 엄숙한 그림입니다. 밀레는 1814년에서 1875년까지 살았는데요, 그는 농가에 살았고 빈곤과 싸우며 살았습니다. 그래서 그는 자연을 그리기보다 오히려 일하는 농민, 일하는 농사꾼, 그 자신을 그린 것입니다. 농민 생활에 깊이 관심을 가지고 있었습니다. 그래서 만종, 이삭줍기, 씨 뿌리는 사람…… 이런 유명한 그림들이 있습니다. 그런데 말입니다. 이 밀레의 만종을 흔히들 해석하기를 3대 신성이 있다고 합니다. 가정신성, 노동신성, 사회신성, 이렇게 말해오고 있습니다.

　　밀레가 이 그림을 그릴 때는 너무나도 가난하고 어려워서 화방은 물론이고 화실도 없었고 조그만 집에 여러 식구가 함께 살았답니다. 그래서 방안에서는 어림도 없고 부엌에서 이 그림을 그렸답니다. 그 부엌을 제가 얼마 전에 가 보았습니다. 만종을 그렸다고 하는 그 초라한 집 부엌을 들여다보았습니다. 밀레가 그림을 그렸던 것을 생각해보면 그가 들에 가서 일을 하는 한 사람의 농사꾼으로 살았기 때문에 어쩌면 자기 자신의 체험을 바탕으로 자기 내외를 그림으로 그렸다는 그런 생각도 듭니다. 그는 그림을 좀 그렸지만 그림이 팔리지 않았습니다. 그래서 생활은 날로 어려웠습니다. 참으로 어려웠는데 어느날엔가 그림 하나가 아주 고가에 팔렸습니다. 너무 감격했고 생활에 큰 보탬이 됐습니다. 그래서 다시 그림을 그릴 수 있게 되었습니다. 얼마후에 친구 집에 놀러가 보니까 그 고가에 팔린 그림이 거기에 걸려 있습니다. 그 친구는 자기 친구 밀레가 그림을 그릴 수 있도록 하기 위해서 얼마의 후원금을 준 게 아니고 자존심을 생각해서 그의 그림을 고가에 사주었던 것입니다.

　밀레의 만종, 이 그림이 지금 한국을 방문한다고 합니다. 그런데 무려 보험금이 일천억 원입니다. 도대체 이 그림이 얼마짜리라는 말입니까? 일천억 원의 보험을 들고 지금 이 그림이 한국을 방문하고 이제 전시된다고 합니다. 여러분, 생각을 해보세요. 150년을 기다렸습니다. 이 그림 한 폭이 이같이 높은 가치를 인정받기까지는 150년의 시간이 있어야 했습니다. 여러분, 성공을 이루기 위한 대체적인 4대 원리가 있습니다. 자본이 있고, 지식이 있고, 기술이 있고, 정열이 있어야 합니다. 그러나 이보다 더 중요한 것은 시간입니다. 시간, 이 타이밍을 맞추지 못하면 그 모든것이 다 소용이 없습니다. 그것은 하나님의 손에 있는 것입니다.

　오늘본문에 보면, 초조한 한 제자의 질문이 있습니다. 아주 불안할 정도로 초조한 가운데서 끈질긴 질문을 합니다. "주여, 이 때니이까. 주께서 이스라엘 나라를 회복하심이 이 때니이까" 하고 묻습니다. 잘 아시는 바와 같이 물론 이스라엘은 정치적으로 당시에 로마의 속국으로 지배받고 있었습니다. 정치·경제·문화·사회의 많은 연구를 하는 사람들이 말하는 공통점은 이 시대가 인류 역사상 가장 최악의 상황이었다는 것입니다. 뭐, 도덕·정치·종교 할것없이 다 썩어빠져 최악의 상황이었다고 말합니다. 그러나 그들의 마음속에 깊이 자리잡은 하나의 소망이 있습니다. 그것은 메시야 대망사상입니다. 메시야의 나라가 이루어지기를 바라는 게 아니고 메시야가 오기를 바랐습니다. 메시야가 오고야 메시야의 나라가 있다고 생각합니다. 이 신학사상은 매우 중요한 것입니다. Messianic Age, 메시야의 시대가 와서 메시야가 오는 게 아니고 메시야가 옴으로 메시야의 나라가 메시야의 세대가 이루어지는 것입니다. Messianic Person. 이게 아주 중요한 것입니다. 그래서 저들은 철저하게 뭐 사회를 개혁하고 뭘 고치고 뭘 어떻게 하고 해서 메시야를 맞이하든가 메시야의 시대를 만들겠다는 생각은 꿈에도 못했습니다. 그래서 오로지 하늘을 향해서 간절히 기도하며 메시야를 기다렸습니다. 성경을 읽으며 구약 성경의 메시야에 대한 예언을 묵상하면서 계속적으로 그 메시야를 간절히, 간절히 기다렸습니다. 예수님께서 오셨습니다. 병자들을 고치십니다. 율법을 강론하십니다. 아, 오천 명을 먹이십니다. 죽은 나사로를 살리십니다. 아, 굉장한 일이 있고 바람을 조용하게 하십니다. 이런 사건들이 생길 때에 이분이 메시야다, 확실히 이 분이 메시야다…… 깊은 감동과 함께 그 분이 메시야되심을 확인합니다. 그래서 끈질긴 질문으로 '당신이 메시야이십니까?' 하고 물어보기도 하고 여러 정황을 봐서 '이 분이 메시야다. 확실히 메시야다' 하는 생각으로 베드로는 고백합니다. "주는 그리스도시요 살아계신 하나님의 아들이니이다." 귀한 고백입니다.

눈앞에 있는 예수 그리스도, 이 분이 메시야다. 이제 이 분이 왔으니 메시야의 시대가 올 것으로 크게 기다리고 있었는데 유감스럽게도 그렇게 십자가에 돌아가십니다. 이것이 얼마나 실망스러운 일입니까? 아니 그 큰 능력은 다 어디 가고 그 권세는 어디 가고 십자가에 그대로 죽으시고 맙니까. 그들의 절망감, 그들의 낙심은 이루 말로 다 할 수 없는 것이었습니다. 아, 오직 한가닥의 희망도 이렇게 끝나고 마는구나. 누가복음 24장에 보면 엠마오로 가는 두 제자가 여실히 고백하고 있지 않습니까? 그런데 그 예수께서 부활하셨습니다. 깜짝 놀랐습니다. 이 부활하신 예수님을 눈앞에 보고 있습니다. 뭐 이것이 사실인지 아닌지, 꿈같은 얘기이고, 도대체가 믿어지지 않는 일이기에 의심이 있지만 그래도 부활하신 예수께서 눈앞에 서 계신 것만은 분명하거든요. 바로 이 순간 예수님께 질문합니다. "이 때니이까. 이스라엘 나라를 회복하심이 이 때니이까." 정말 그 대망 사상이 다시 고개를 듭니다. 그 마음속에 깊이 깔려 있던 세속적 욕망이 다시 고개를 듭니다. "이스라엘 나라를 회복하심이 이 때니이까." 이 때가 그 때입니까? 우리가 그렇게 기다렸던 바로 그 시간이 바로 이 시간입니까? 이 때니이까. 아주 의미심장한 질문을 하게 됩니다.

여러분, 깊이 생각해봅시다. 하나님의 나라, 우리가 아는 바대로 그 위대한 우주적인 하나님의 나라를 그래 조그마한 이스라엘 나라에 국한시킬 수 있다는 말입니까? 어떻게 메시야가 그 중동의 조그마한 나라에 그래 왕으로 오신다는 말입니까? 그 나라 정치 문제나 해결하기 위해서 이 땅에 오신다는 말입니까? 하나님의 나라를 자기의 나라 그 조그마한 나라 유대나라에다가 국한시키려고 했습니다. 이 때니이까. 또 예수님은 만왕의 왕이십니다. 만주의 주가 되시는데, 말씀이 육신이 되어 우리 가운데 오셨고 그리고 온백성을 위하여 죽으시고 만백성을 구원하시는 그 만왕의 왕을 어떻게 그 조그마한 이스라엘 나라의 왕으로 만들려고 하는 것입니까? 그렇게 생각한다는 말입니까? 그뿐입니까? 우리가 믿는 하나님의 나라는 영원한 나라입니다. 예수님께서 설명하신 그 나라는 영원한 나라입니다. 그래서 말씀하십니다. 보세요. 마음이 가난한 자는 복이 있나니 천국이 저희 것임이요, 핍박을 당하는 자는 복이 있나니 천국이…… 내가 가서 예비하고 다시 와서 너를 나 있는 곳으로 영접하리라…… 천국, 영원한 천국, 영원한 나라를 말씀하고 계시는데 그래 그 메시야를 어떻게 세속적인 이 땅의 조그마한 나라의 왕으로 그렇게 모실 수 있다고 생각했단 말입니까?

또한 저들은 하나님의 큰 뜻, 예수 그리스도의 마음속에 있었던 그 놀라운 그리스도의 나라, 그리스도의 왕국, 그 큰 세계를 생각하지 않고 자기 생각, 자기 뜻을 생각하고 자기 뜻에 국한하려고 했습니다. 이 얼마나 잘못된 질문입니까? 이 때니이까. 이에 대한 예수님의 말씀을 들어봅시다. 예수님의 대답은 "때와 기한은 아버지께서 자기의 권한에 두셨으니 너희의 알 바 아니요……" 하나님께 속한 것이다. 때에 대해서 신경쓰지 마라. 너희들의 머릿속에 있는 메시야의 대망 사상, 그 세속적인 욕망, 그것에서 벗어나야 되고 그걸 깨뜨려야 한다고 말씀하십니다. 그리고는 오히려 네가 할 일이 무엇이냐. 네가 해야 될 일이 무엇이냐고 그 역할을 물으십니다. Function & Role을 물으십니다. 메시야의 나라를 바라보고 있느냐? 그러면 지금 네가 할 일이 무엇이냐? 그걸 물으십니다.

때라고 하는 것은 중요하지 않습니다. 그것은 하나님의 것입니다. 그래서 오늘성경말씀에 보면 예루살렘을 떠나지 마라, 성령이 임할 때까지는 예루살렘을 떠나지 마라, 위로부터 오는 명령이 있을 때까지는 예루살렘을 떠나지 마라, 그리고 약속하신 성령을 기다리라…… 여러분, 약속에 대한 우리의 신앙적 응답은 무엇입니까? 기다림입니다. 그게 언제냐고 묻지 마세요. 어떤 방법으로냐고도 묻지 마세요. 약속을 그대로 받고 조용히 기다리는 것입니다. 기다리는 마음, 약속하신 것에 대한 바른 응답은 기다림입니다. 그런데 우리가 기다림이 부족해요. 초조하고 불안해요. 아직도 내 뜻을 버리지 못했기 때문에 내 생각, 내 욕망, 내 계획, 내 지혜에다가 딱 맞추려고 하니까 마음에 안드는 것입니다. 기다리다 시쳐버리는 것입니다. 실망해버립니다. 이것 깊이 생각할 문제가 아닐 수 없습니다.

죄송합니다만 제가 북한 선교를 위해서 일하다보니까, 이제 이 주간에도 제가 주말에 한번 평양을 다녀오겠습니다. 자, 그런데 이렇게 평양, 과학기술대학 설립을 위해서 여러 모로 힘쓰다보니까 가끔 본의아니게 북한 문제, 북한 선교에 대한 전문가가 됐단말입니다. 그래서 가끔 엉뚱한 질문을 많이 받습니다. 목사님, 목사님 생각에 언제 통일 될까요? 통일은 언제 되는 겁니까? 될까요? 안될까요? 통일은 언제 되는 겁니까? 그런 다급한 질문을 받습니다. 어떤 나이 많은 분은 "아, 나 죽기 전에 될까요?" 그렇게 물어봅니다. 그때마다 저는 그런 분의 손을 잡고 이렇게 다시 물어봅니다. "당신이 통일을 위해서 한 일이 뭐요? 지금 하고 있는 일이 무엇입니까?" 당신의 마음속에 통일이 있느냐고, 지금 북한의 지하에서 고생하는 우리 성도들을 내 형제로 내 자매로 그렇게 영접하고 있느냐고, 당신의 마음속에 통일이 있느냐 그것입니다. 그것부터 물어보자고. 그리고 지금 무엇을 하고 있느냐고, 해야 할 일이 엄연히 있는데 수많은 사람이 굶어 죽는 것 많이 보면서도…… 여러분, 자신이 한 일이 무엇입니까? 그리고 통일은 왜 물어보는 것입니까? 이걸 우리가 깊이 생각해야 합니다.

오늘성경은 말씀합니다. '약속하신 것을 기다려라. 성령이 임하면 권능을 받을 것이다.' 다른 말로 바꾸면 권능을 주실 것이다, 성령을 받으면 권능을 받게 될 것이다, 그러면 땅끝까지 이르러 내 증인이 될 것이다, 내 증인이 되는 것, 그건 너희가 할 일이다, '이 때니이까?' 하는 질문은 그만해라, 그건 문제가 아니다, 그건 하나님의 손에 있는 것이다…… 라고 분명히 말씀하고 계십니다.

중국의 유명한 철학서인 「장자(莊子)」의 제1편은 '소요유(逍遙遊)'라고 되어 있습니다. 거기에서 장자는 절대적 자유를 말하고 있습니다. 사람의 생각, 사람의 정신과 인격이 완전히 자유로울 때 창의력이 있고, 완전히 자유로울 때 능력이 있는데 그 자유는 어디서 오느냐고. 그는 무기(無己), 무공(無功), 무명(無名)을 말합니다. 잘 들어두세요. 무기 - 자기 아집을 버려야 된다, 자기 생각에 꽉 붙들려 있으면 아무 생각도 나지 않는다, 아무 일도 할 수 없다, 무공 - 업적, 성과를 버려라, 이것입니다. 무슨 업적을 세우고 큰일을 하려고 한다면 그 자체가 문제입니다. 무명 - 명예를 버려라, 명예에 대한 욕심을 털어버려, 그러면 자유로울 것이고 그래야 무엇인가 사람답게 살 수 있을 것이다. 가만히 보면, 여기에 붙들려서 오늘도 이 제자가 어리석은 질문을 합니다. 이 때니이까. 예수님 말씀하십니다. '다 버려. 그리고 오늘 내가 해야 할 일이 무엇인가? 그것만 할 것'이라고 말씀하고 계십니다.

　기독교 출판계에서 지금 베스트셀러로 알려지고 있는 김두식 목사님의 「전도는 어명이다」라는 책이 있습니다. 이 책 중에 보면, 전도왕의 10가지 조건이 있습니다. 전도하는 사람, 이러이러한 사람이라야 한다는 10가지를 말하는데 가장 인상적인 것은 첫째가 감사입니다. 초조한 마음이 아닙니다. 불안한 마음이 아닙니다. 될까 안될까 하는 마음도 아닙니다. 이래서 무슨 일이 이루어질까 걱정하지 마세요. 아닙니다. 무슨 말을 할까 그런 생각도 하지 마세요. 전도자의 제1조건은 감사입니다. 먼저 감사하는 마음입니다. 먼저 행복한 마음입니다.

　어떤 여집사님이 교회에서 은혜를 받았습니다. 늘 교회에 나갔지만 은혜를 못받다가 은혜를 받았는데 은혜받고나니까 확 달라지는 것이 '나는 행복하다'는 생각이 드는 것입니다. '나는 행복하다.' 남편은 교회 안나와요. 그런데 집에 가서 남편에게 말했습니다. "나는 참으로 행복합니다." 그분이 영문과 나온 분입니다. 그래 고상하게 말했어요. "I am so happy because of you. I am so happy because of you." 그러니까 남편이 "너, 미쳤냐?" 그러더랍니다. 그러더니 또 행복하다고 그러니까 "고만해라" 그러더니, "아니, 술망나니하고 살면서 뭐가 행복하냐?" 그러니까 그 때는 아내가 정식으로 말을 했습니다. "나는 행복합니다. 그것은 아이들이 다 건강하고, 당신이 술을 많이 먹지만 건강하니 행복하고, 항상 취해가지고 돌아오는데 제집 찾아오는 게 행복하고, 그리고 또 내가 예수믿는 것 시비 걸지 않으니 행복하고, 이래 보아도 저래 보아도 행복합니다" 했더니, 남편 하는 말 들어보세요. "고만해라. 다음 주일날 교회 나가 줄께" 그러더랍니다. 여러분, 예수믿으라고 아무리 외쳐보세요. 아닙니다. 감사함만이 사람의 마음을 열고 사람의 마음을 감동시킵니다. 짜증내봐야 안됩니다. 사랑은 강탈하는 게 아닙니다. 사랑은 감사에서 옵니다. 이걸 잊지 말아야 합니다.

오늘 여기서 '이 때니이까' '이 때니이까'라고 질문할 게 아닙니다. '이 때 내가 무엇을 해야 합니까? 지금 내가 무엇을 해야 할까요?' 이렇게 물었어야 합니다. 때는 내가 정하는 것이 아닙니다. 하나님의 것입니다. 하나님의 소유에 있고 하나님의 뜻에 나를 맞춰야지, 내 뜻에 하나님을 맞추려고 하면 안됩니다. 예수님께서도 겟세마네 동산에서 '내 뜻대로 마옵시고 아버지의 뜻대로'라고 기도하십니다. 기한도 시간도 방법도 아버지의 뜻대로, 아버지 원하시는대로 완전히 Total Commitment, 완전히 위탁해버립니다. 그리고 "다 이루었다"라고 하시며 십자가를 지십니다. 여러분, 깊이 생각해야 합니다. 오직 성령이 임하시면 내가 할 일이 무엇인지를 알게 됩니다. 지금 내가 할 수 있는 일을 할 수 있게 됩니다. 오직 성령이 임하면 성령의 권능에 붙들린 사람은 사람을 얻습니다. 사람을 감동케 합니다. 사람을 변화시킵니다. 이것이 사도행전입니다. His part, Our part. 하나님께서 하실 일이 있고, 내가 할 일이 있습니다. 저가 할 일이 있고, 내가 할 일이 있습니다. 문제는 My part. 내가 할 일을 알게 된다는 것입니다. 내가 이처럼 소중한 존재라는 걸 알게 됩니다. 이 때니이까. 이제 그만합시다. '지금 내가 할 일이 무엇입니까?' 그렇게 물읍시다. 그리고 권능을 받아서 힘차게 부활의 증인의 길을 가야 할 것입니다. △

내 영혼을 기쁘게 하소서

여호와여 나는 곤고하고 궁핍하오니 귀를 기울여 내게 응답하소서 나는 경건하오니 내 영혼을 보존하소서 내 주 하나님이여 주를 의지하는 종을 구원하소서 주여 나를 긍휼히 여기소서 내가 종일 주께 부르짖나이다 주여 내 영혼이 주를 우러러 보오니 주여 내 영혼을 기쁘게 하소서 주는 선하사 사유하기를 즐기시며 주께 부르짖는 자에게 인자함이 후하심이니이다 여호와여 나의 기도에 귀를 기울이시고 나의 간구하는 소리를 들으소서 나의 환난 날에 내가 주께 부르짖으리니 주께서 내게 응답하시리이다 주여 주의 지으신 모든 열방이 와서 주의 앞에 경배하며 주의 이름에 영화를 돌리리이다 대저 주는 광대하사 기사를 행하시오니 주만 하나님이시니이다 여호와여 주의 도로 내게 가르치소서 내가 주의 진리에 행하오리니 일심으로 주의 이름을 경외하게 하소서 주 나의 하나님이여 내가 전심으로 주를 찬송하고 영영토록 주의 이름에 영화를 돌리오리니 이는 내게 향하신 주의 인자가 크사 내 영혼을 깊은 음부에서 건지셨음이니이다

(시편 86 : 1 - 13)

내 영혼을 기쁘게 하소서

　남미의 한 밀림 지역에 사는 어떤 청년이 생활에 필요한 물건이 있어서 조금 떨어진 큰 마을의 장터에서 물건을 사 가지고 돌아가는 길이었습니다. 갑자기 하늘이 캄캄해지더니 한바탕 소나기가 쏟아집니다. 숲 속에 들어가서 잠시나마 비를 피해 보려고 했는데 고맙게도 이제 소나기가 그치고 날이 화창해져서 감사한 마음으로 다시 길을 떠나 더 늦기 전에 집에 가야겠다고 서둘러 갑니다. 그런데 개울에 걸쳐 있던 외나무다리가 아까 올 때는 있었는데 그만 급류에 쓸려서 떠내려가고 없습니다. 이 개울을 건너야 되는데 청년은 큰 걱정이 생겼습니다. 해지기 전에 집에 들어가야겠는데…… 그는 많은 생각을 했습니다. 힘껏 건너뛰면 될 것같습니다. 그래서 그는 멀리서부터 달려가 건너뛰기로 했습니다. 그런데 마음에 '이거 잘못하여 물속에 빠지면 죽는데……' 싶어서 하나님 앞에 화살기도를 했습니다. 급한 기도 말입니다. "하나님, 살려 주세요. 그러면 하나님께 한평생을 바치겠나이다." 이렇게 하고나서 힘껏 건너뛰었는데 무사히 건너편 둑에 섰습니다. 서고나서 가만히 생각해보니까 순간 머릿속에 이런 생각이 스쳐 지나갑니다. '이거 그리 어려운 일 아니었는데 괜히 화살기도를 했구만……' 그렇게 급한 기도를, 중요한 기도를 하지 않아도 될 뻔했는데 하고 생각을 했습니다. 이 때에 믿고 서 있던 둑이 무너집니다. 다시 물속에 빠져 들어가니까 그 때에 하늘을 향해서 외쳤습니다. "아이구 하나님, 나 좀 살려주세요. 아, 거 농담도 못합니까?" 하하하…… 그랬답니다. 간사해서 죽을 지경이 되면 화살기도도 하고 또 조금 일이 풀리는가하면 '정말 괜히 기도했나 보다, 그렇게까지는 안해도 되는데' 하는 생각을 하는 인간 심성을 잘 말해주고 있습니다.

철학자 키에르케고르(S. A. Kierkegaard)는 세상 사람이 누리는 기쁨과 하나님을 아는 사람, 믿음으로 사는 사람의 즐거움을 이렇게 비교해 말하고 있습니다. '캄캄한 시골길에 한 농부가 등불을 켜들고 마차를 몰고 간다고 하자. 등불을 켜들고 캄캄한 밤에 마차를 몰고 간다면 이제 그 등불을 통해서 바로 발 앞에 있는 위험은 면할 수 있고, 또 발 앞에 있는 것들을 볼 수 있는 그런 상태에서 길을 갈 수 있을 것이다. 그러나 이렇게 등불을 켜들고 가는 사람은 저 하늘에 반짝이는 그 많은 별들을 볼 수가 없다.' 여러분, 어느 쪽이라야 하겠습니까? 밤하늘에 수놓인 많은 별을 바라보며 가야 하겠습니까, 아니면 눈앞에 있는 등불을 켜놓고 요 앞만 보면서 가야 하겠습니까? '마치 이 세상적인 기쁨이라는 것은 등불을 켜고 마차를 모는 것같다. 그러나 하나님을 아는 사람의 기쁨은 높은 하늘을 바라보며 그 영롱한 별빛을 즐기며 세상을 사는 것과 같은 것이다.' 이렇게 비교해 말하고 있습니다.

다윗은 믿음의 사람입니다. 참기쁨이라는 것이 어디에 있는가, 참행복은 어디에 있는가를 똑바로 아는 사람입니다. 그래서 오늘본문에 원천적인 원리 두 가지를 말합니다. 첫째가 영혼입니다. '영혼 깊은 곳에 즉, 신령한 세계에 기쁨이 있다. 물질적인 것이 아니고 세상적인 것이 아니고 인간적인 것이 아니고 참기쁨이란 영혼의 문제다.' "내 영혼을 기쁘게 하소서(4절)." 내 영혼. 영혼에 문제가 있는 것입니다. 거기에 기쁨의 원초적 의미가 있습니다. 둘째는, 하나님이 주시는 것입니다. 하나님이 주시는 기쁨만이 기쁨입니다. 하나님이 주시지 아니하면 어떤 형편에서도 기쁨을 누릴 수가 없습니다. 또 기뻐할 수 없습니다. 이걸 우리가 깊이 생각해야 합니다. 하나님만이 우리에게 기쁨을 주십니다. 오늘본문을 자세히 보면 다윗은 확실하게 다윗 나름의 신앙적 인간의 행복론을 우리에게 펼쳐 설명하고 있습니다.

에리히 프롬(Erich Fromm)이라고 하는 심리학자는「The Revolution of Hope: Toward of Humanized Technology」라고 하는 책 속에서 참 중요한 말을 합니다. 현대인의 자신의 가치 평가 기준이 잘못됐다는 것입니다. 바로 이 평가기준에 의해서 인간의 불행도 따라 오는 것입니다. 현대인의 가치 평가 기준 세 가지가 있는데 첫째가 뭐냐 하면 시장성이라는 것입니다. 상품만 상품이 아닙니다. 보십시오. 기술도 상품이요, 노동도 상품이요, 정보도 상품입니다. 요새는 얼굴도 상품이요, 인간성도 상품입니다. 다 상품화돼버렸습니다. 잘 팔리는 물건은 값이 비싸고 팔리지 않는 물건은 싸구려로 처분해야 합니다. 재고 처분하기 힘듭니다. 여러분은 지금 상품 가치가 얼마입니까? 얼마나 많은 사람이 여러분을 반기고 있습니까? 아니면 거들떠보지 않는 재고입니까? 내다버리기도 힘든 폐기처분해야 되는 물건입니까? 이 상품성, 모든것을 상품으로 본다고 하는 것, 돈으로 계산한다고 하는 것, 이게 얼마나 인간을 비참하게 만드느냐 하는 것입니다. 또하나는 적응성입니다. 자율과 창조보다는 적응과 수용에서 가치를 평가하는 것입니다. 얼마나 적응하느냐, 얼마나 많은 사람과 조화를 이루며 살아갈 수 있느냐? 이 세대에 이 사회 속에서 이 또한 인간의 가치를 말살하는 불행의 요소가 됩니다. 세 번째는 우리가 늘 느끼고 사는 것입니다. 경쟁성입니다. 이기면 살고 지면 죽습니다. 절대가 아닌 상대에 의해서 평가 기준이 좌우됩니다. 사랑은 절대입니다. 나라는 존재도 절대입니다. 행복도 절대에서 오는데 그건 잊어버리고 상대적인 것에 끌려가고 있더라는 것입니다.

사람이 솔직한 것도 좋지만 너무 솔직한 것도 문제입니다. 그래서 대판 싸우는 집을 봤습니다. 결혼한 지 일주일 되었는데, 신랑이 정직하답시고 신부에게 이렇게 말했어요. "결혼하기 전에는 세상에서 당신이 제일 예쁜 것같더니 결혼식 딱 하고나니까 왜 그렇게 예쁜 사람이 많아?" 그 말 한마디 했다가 이혼할 뻔했어요. 그런데 좀 정직한 건 사실입니다. 이걸 어떡하면 좋겠습니까? 이 경쟁성 그것이 사람을 무한히 인격과 존재의 의미까지 절하시킨다는 얘기입니다. 그렇다면 참기쁨은 어디에 있습니까? 영혼 깊은 곳에 있습니다. 외모도 아니고, 건강도 아니고, 물질도 아닙니다. 영혼, 내 영혼이 기쁠 때만 기쁩니다. 영혼이 썩어 들어가고 영혼이 불안에 떨면 아무 소용 없는 것입니다. 그래서 아시는 바와 같이 스데반은 돌에 맞아 죽는, 순교하는 순간에도 그 얼굴은 천사의 얼굴이 될 수 있었습니다. 왜? 영혼이 행복하니까요. 영혼의 기쁨이 있었으니까요. 하나님만이 주시는 것입니다. 하나님이 주시는 행복만 행복이고 사람들이 우리에게 무엇을 주는 것같아도 그것은 다 허깨비요, 아무 의미가 없는 것입니다.

그래서 다윗은 생각합니다. 하나님이 주시는 행복이란 뭘까? 첫째 사유함입니다. 오늘본문에 보면, 사유, 죄사함 받는 것에 대한 얘기가 계속 반복됩니다. 사람이 죄 중에 사는 동안은 아무 소용 없습니다. 부자도 소용없고 뭐 오래 살아도 소용없습니다. 단, 하나님이 죄를 용서하실 때 용서받는 기쁨보다 더 큰 것은 없습니다. 아니, 용서하는 기쁨도 소중한 것입니다. 오로지 용서함만이 기쁨의 원천입니다. 하나님께는 사유하심이 있습니다. 하나님은 좋으신 분입니다. 탕자의 아버지처럼 좋은 분입니다. 그저 회개하는 자를 언제든지 용서하십니다. 그 용서받는 기쁨, 이것이 가장 큰 것입니다. 그것을 잊지 말아야 합니다.

또한 둘째는 놀라움입니다. Surprise. 이건 어디서 오느냐 하면 우리가 가지고 있는 옛적 지식을 넘어설 때입니다. 우리는 '이렇게 하면 이렇게 될 것이다, 저렇게 하면 저렇게 될 것이다'라고 자기가 미리 평가를 해놓습니다만 그걸 넘어설 때입니다. 병들면 죽지요. 그러나 안죽어요. 병원에서 '이제 당신은 죽습니다' 했는데도 안죽어요. '당신 얼마 못삽니다' 해도 살아요. 좀 너무 개인적인 얘기입니다만 제 아내도 의사 네 사람이 회의를 하고 나한테 와서 심각하게 통고하데요. '잘하면 6개월 삽니다. 의학적으로는 6개월 삽니다.' 그러면서 그래 수술해야겠다, 뭐라고 그러더라고요. 그래 난 그때 주치의한테 이렇게 물어보았습니다. "만일에 제 아내가 당신 마누라라면 어떻게 하겠소?" 그랬더니, 그 의사선생님 말씀이 "나는 수술 안합니다." 그러더라고요. 그럼 나도 안하지. 그런데 지금까지 살아 있잖아요. 이걸 뭐라고 그럽니까? 기적이라고 하는 것입니다. 인간의 예측 지식은 요 정도입니다. 그러나 그걸 넘어서는 것입니다. 알고 보면 전부 기적입니다. 사람이 안다는 게 얼마입니까? 할 수 있다는 게 또 얼마나 됩니까? 알고 보면 전부가 다 기적입니다. 이 기적의 세계를 아는 사람이 행복하고 거기에 기쁨이 있습니다. 그걸 깨달을 때마다 '오, 하나님'…… 거기에 감사함이 있습니다.

또한 선물성입니다. 선물이라는 건 율법에서 넘어가는 것을 말합니다. 율법주의, 심은 대로 거둔다 하는데 아, 심은 대로 거두면 우리가 살아남겠습니까? 어떤 의미에서는 '심은 대로 거두지 않는다.' 이것이 은혜입니다. 나는 좋지 않은 것들을 많이 심었어요. 그러나 큰 은혜로운 것들을 거두며 삽니다. 이걸 잊지 말아야 합니다. 꽤 오래전입니다. 제가 50년 전 젊었을 때에 처음 목사가 되어서 설교 제목을 뭐라고 붙였느냐 하면요 '심은 대로 거두지 않는다' 하였습니다. 아, 그랬더니 당장 사방에서 전화가 오고 난리가 났어요. 내 믿음은 그렇습니다. 내가 생각할 때는 심은 대로 거두면 난 벌써 죽었어. 그러나 분명한 것은 썩어질 것을 심고 썩지 않을 것을 거둔다는 것입니다. 여기에 내 기쁨의 근거가 있습니다. 죽을 짓을 심고 생명을 거둔다, 죽어 마땅한 짓을 하고 살고도 영광을 누린다…… 내가 믿는 하나님은 그것입니다. 여러분, 심은 대로 거둔다는 이치 앞에 여기 살아남을 사람 어디 있습니까? 그러나 이걸 잊지 말아야 합니다. 선물은, 선물은 심은 대로 거두지 않는 것입니다. 내가 심은 것을 다른 사람이 거두고요, 아, 주께서 심은 바를 내가 거두는 것입니다. 이 선물성을 깨달아야 됩니다. 공짜입니다. 내가 심고 내가 거두고 있는 게 아닙니다. 그리스도께서 심고, 우리의 조상들이 심고, 고마운 분들이 심고 그리고 내가 거두고 있는 것입니다. 선물입니다. 선물성, 이걸 알아야 됩니다. 알 때만이 기쁨이 있습니다. 선물 속에 살아도 선물이 뭔지를 모르는 사람에게는 소용없습니다. 이 선물성을 깨닫고 오늘 깨닫고 내일 깨닫고 깊이 깨달을수록 감격하는 것입니다. 어떻게 오늘 내가 여기에 있나? 깊이 생각해야 합니다.

    제가 사흘 전에 평양에 갔다가 어제 저녁 오후에 돌아왔습니다.

저는 평양에 갈 때마다 늘 느낍니다. 참 너무너무 감사하고 감격합니다. 어떻게 내가, 내가 살아 있나? 그리고 내가 여기 있나? 내가 이 대학을 짓기 위해서 여기에 와 있는 것이 너무 감격스럽습니다. 대학의 건물 12동이 올라갔는데 기적 중의 기적입니다. 이런 것을 볼 때마다 생각합니다. 깊이 생각합니다. 나를 위해 한평생 기도하신 어머니를 생각합니다. 그의 기도가 있어서 오늘 내가 있는 것입니다. 제가 그 어머니의 호적을 보았습니다. 오래 전에 보니까 94세까지 사셨습니다. 아, 깜짝 놀라서 그날 밤에 기도를 하는데 "이 어려운 세상에 뭣 하러 94세까지 사셨습니까? 얼마나 힘든데……" 했습니다. 제 귀에 쟁쟁하게 들려집니다. "너 위해 기도하느라고 오래 살았다." 여러분, 우리의 삶 전체가 선물이라는 걸 잊지 마세요. 공짜입니다. 거저 주신 것입니다. 그 선물성에 대한 감격을 모르면 영영 불행합니다.

또한 다윗은 생각합니다. 행복 중에 가장 큰 행복은 기도응답입니다. 그래서 '주여, 기도를 응답해주세요. 내 기도를 들어주심을 감사하나이다' 합니다. 여러분, 이 기도하는 행복을 모르는 사람은 영적으로 행복할 수가 없습니다. 기도하는 행복, 기도하는 행복을 즐기며 사는 것이 예수믿는 사람입니다. 또 동시에 기도의 응답을 즐깁니다. 내 기도를 들어 주시는 하나님, 곱배기로 들어주시고 백 배로 들어주시고 내 기도보다 몇천 배로 응답해주시는 그 하나님을 생각할 때 그것이 최고의 행복입니다. 다윗은 그랬어요. 하나님과 만나는 것, 하나님 앞에 기도하고 응답받고 내 기도를 들어주시는 하나님 감사합니다, 감사합니다, 하는 것. 그것이 그 영혼의 기쁨이었더란 말입니다. 그래서 시편 84편에 보면, 그는 여호와의 궁전을 사모합니다. 제비새끼, 참새를 부러워합니다. 저들은 하나님의 전에 거합니다. 하나님의 전에 거하는 자가 복이 있습니다. 또한 하나님의 사람으로 쓰이는 행복을 느낍니다. 그래서 주의 전에서의 하루가 밖에서의 천 날보다 낫습니다. 주의 전에서 내가 문지기 노릇을 하겠습니다. 그것이 궁전에 거함보다 낫습니다…… 여러분, 다윗은 생각합니다. 하나님의 손에 사랑을 받고 하나님의 손에 쓰이는 기쁨, 하나님이 나를 통해서 위대한 역사를 이루고 계시단말입니다. 부족하고 허물이 많지만 하나님의 손에 하나님의 경륜 속에 소중하게 쓰이고 있다, 그 쓰이는 기쁨, 그 섬기는 기쁨을 말합니다. 그 사랑 안에 내가 있고 그 경륜 속에 내가 있다…… 여러분, 깊이 생각해야 합니다.

　　철학자 힐티(C. Hilty)는 말합니다. '신을 대신할 만큼 인간을 지배하고 있는 세 가지 힘이 있다. 첫째가 돈, 둘째가 명예, 셋째가 향락이다. 이로부터 벗어나는 자는 자유하고 이로부터 벗어나는 자에게만 기쁨이 있다.' 여러분, 돈 명예 향락을 잘 생각해보세요. 여기에 붙들리고 있는 동안 사람 처절해집니다. 이로부터 자유할 때 그리고 주님을 만날 때 진정한 기쁨이 거기에 있습니다. 기쁨은 추구한다고 얻어지는 게 아닙니다. 기쁨은 하나님이 주실 때만 있을 수 있습니다. 이걸 잊지 말아야 합니다. 오직 하나님께로부터 옵니다. 하나님과의 관계로부터 옵니다. 이 기쁨이 그 가슴에서 용솟음칠 때 이것이 바로 생명력이요 건강이요 창조력이요 오늘을 사는 능력이 되는 것입니다.　△

그 아버지의 기쁨

아버지는 종들에게 이르되 제일 좋은 옷을 내어다가 입히고 손에 가락지를 끼우고 발에 신을 신기라 그리고 살진 송아지를 끌어다가 잡으라 우리가 먹고 즐기자 이 내 아들은 죽었다가 다시 살아났으며 내가 잃었다가 다시 얻었노라 하니 저희가 즐거워하더라 맏아들은 밭에 있다가 돌아와 집에 가까왔을 때에 풍류와 춤추는 소리를 듣고 한 종을 불러 이 무슨 일인가 물은대 대답하되 당신의 동생이 돌아왔으매 당신의 아버지가 그의 건강한 몸을 다시 맞아 들이게 됨을 인하여 살진 송아지를 잡았나이다 하니 저가 노하여 들어가기를 즐겨 아니하거늘 아버지가 나와서 권한대 아버지께 대답하여 가로되 내가 여러 해 아버지를 섬겨 명을 어김이 없거늘 내게는 염소 새끼라도 주어 나와 내 벗으로 즐기에 하신 일이 없더니 아버지의 살림을 창기와 함께 먹어 버린 이 아들이 돌아오매 이를 위하여 살진 송아지를 잡으셨나이다 아버지가 이르되 얘 너는 항상 나와 함께 있으니 내 것이 다 네 것이로되 이 네 동생은 죽었다가 살았으며 내가 잃었다가 얻었기로 우리가 즐거워하고 기뻐하는 것이 마땅하다 하니라

(누가복음 15 : 22 - 32)

그 아버지의 기쁨

우리는 몇달 전에 TV나 혹은 라디오를 통해서 참으로 마음 아픈 뉴스 아닌 뉴스를 들은 적이 있습니다. 여러분 다함께 마음 아프게 생각했을 것이라 믿고 있습니다. 한 어머니가 아들의 집에 있었는데 딸의 집에 갔으면 좋겠다고 해서 딸의 집으로 갔고, 또 딸은 말하기를 아들의 집, 오빠의 집에 가라고 했습니다. 두 집을 전전긍긍하다가 밤이 되었습니다. 마침 집집마다 다 가게문을 닫아버려서 들어갈 수가 없게 됐습니다. 그래서 밤깊은데 길에서 잠을 자다가 순경에게 발각되어 파출소로 인도되어 하룻밤을 지내게 됩니다. 그러나 내가 실수해서 길을 잃어버린 것이라고, 자식들에게 잘못이 없다고, 그렇게 극구 변명하는 그 어머니를 볼 수 있었습니다. 이것이 현실이요 이것이 어머니 마음입니다.

한 아버지가 있었습니다. 국가의 독립을 위해서 투쟁하다가 아홉 번이나 감옥에 갇혔던 사람이 있습니다. 그가 여섯 번째 감옥에 갔을 때 13세의 딸은 할아버지와 그 어머니조차 다 감옥으로 끌려간 뒤라서 아무도 돌아볼 수가 없었습니다. 아버지는 딸에게 교육을 시키고 싶으나 시킬 수가 없었습니다. 그는 마침내 2년 옥살이 하는 동안에 사랑하는 딸에게 매일같이 편지를 썼습니다. 이 아버지는 13세의 딸에게 강인한 정신과 민족사상을 가르치게 됩니다. 올바른 세계관도 가르치게 되어서 큰 역사가 이루어졌습니다. 그 아버지는 인도 수상, 첫번째 수상이었던 네루(Jawaharlal Nehru) 수상이고 그의 13살 된 딸이 훗날에 위대한 여성 지도자가 되고 1966년 인도의 수상이 된 인디라 간디(Indira Gandhi)입니다. 이 편지를 모아서「세계사 편력」이라고 하는 책을 발간하게 되었습니다. 그 아버지와 그 딸의 관계가 얼마나, 얼마나 절절한가를 읽을 수가 있습니다.

오늘본문에서 우리는 또하나의 아버지를 봅니다. 흔히들 성서 해석학자는 누가복음 15장의 이 탕자의 비유 안에는 세 탕자가 있다고 그렇게 말합니다. 집을 나갔던 탕자, 집 안에서 아버지의 마음을 이해하지 못한 또다른 제2의 탕자, 또 이 탕자들을 사랑하고 기다리고 맞이하는 아버지도 또다른 의미의 탕자다 하는 것입니다. 제가 언젠가는 이 세 탕자를 하나하나 한 주일에 하나씩 세 주일 동안 설교한 일도 있었습니다. 이 아버지, 참 좋은 아버지입니다. 예수님께서 소개하시는 이 아버지는 곧 하나님 아버지를 설명하는 데 가장 적절한 비유였다고 생각합니다. 그런데 이 탕자 비유를 잘 읽어보세요. 아무리 보아도 이 아버지에게는 고통하는 아버지, 애통하는 아버지, 절망하는 아버지, 실망하는 아버지의 모습이 없습니다. 그런 모습이 전혀 비치지 않고 있다는 것입니다. 또한 탕자가 집을 떠날 때 아버지와 아들 사이에 어떤 이야기가 오고 갔는지 그 장면에 대해서도 기록은 없습니다. 그저 짐작할 수만 있습니다. 어쨌든 아버지의 전권은 대단한 것이기에 못간다면 못가는 것이고 안준다면 안주는 것입니다. 그런데 유산의 1/3, 다시 말하면 아버지가 죽을 때에 받을 수 있는 유산 그것을 이 아버지는 아직 임종이 가까워오지도 않았지만 아들이 원하니까 거기에 집착하니까 그래 가져라, 유산을 미리 내줍니다. 허용을 합니다. 그리고 집을 나간 아들을 지켜보면서 그는 두고두고 계속 아들을 기다립니다. 그 못내 기다리는 아버지를 생각해보세요. 그저 스스로 돌이켜 돌아오기를 바라는 마음입니다. 그저 재산 다 없어도 상관없고 다 버려도 상관없고 아깝지 않다, 좋은 아들이 되어 돌아와다오, 아들이 되어서 돌아오기만 한다면 더 바랄 것이 없다, 그것이 아버지의 마음입니다. 그렇게 아들은 집을 나갑니다.

철학자 아리스토텔레스의 유명한 말이 있습니다. '비극이 우리들의 마음을 정화시킨다.' 두고두고 생각해봅시다. 좀더 희극으로 살아야겠는데 사람들은 비극에서 무엇인가를 생각하고 비극만이 인간을 정화시킨다 한다면 참으로 슬픈 얘기가 아니겠습니까? 이 아들이 좋은 일에서 좋은 환경에서 아버지의 마음을 알았다면 얼마나 좋겠습니까만 이렇게 한번 탕자가 되고 둔갑을 하고 그 고통을 치르고나서야 아버지를 아버지라 부르게 되고 아버지의 마음을 이해했다고 하니 이 인간의 모습이 참 참으로 처절합니다. 꼭 그래야 합니까? 꼭 이런 고통을 치러야 하겠습니까? 여러분, 다시한번 생각해봅시다. 이 아버지가 아들을 보내놓고 기다립니다. 오늘본문에 보면 매일같이 기다렸던 것같습니다. 문 앞에 나와서 매일 기다렸는데 아직도 거리가 멀 때에 아버지는 아들을 알아봅니다. 그리고 달려나가서 끌어안고 입을 맞춥니다. 이 장면을 보면서 우리는 이 아들이 집을 나갔을 때에 아버지가 어떤 모습으로 살았고 어떤 마음으로 지냈는가를 충분히, 충분히 짐작할 수 있습니다.

여러분, 이것을 알아야 합니다. 집 나간 아들을 생각하는 아버지, 막 나가려는 아들을 지켜보는 아버지, 뭘 생각했겠습니까? 마치 내 잘못인 것처럼 뉘우칩니다. 좀더 사랑했더라면, 좀더 다른 방법으로 사랑했더라면, 좀더 너그럽게 대했더라면, 아니, 좀더 저를 이해했더라면 아들이 집을 나가지 않을 수 있지 않았겠나, 그렇게 뉘우치는 것입니다. 뉘우치며 아니, 어쩌면 아들 대신 회개하며 그렇게 아들을 보내고 기다리고 있는 것입니다. 그리고 아직도 그 아들을 믿고 있습니다. 절대 절망하지 않습니다. 그저 자식 하나 버렸다, 잘못됐다, 그렇게 끝내지 않았습니다. 여전히 매일같이 그는 기다렸습니다. 믿음으로 반드시 올 것이라고 기다리는 그 믿음. 바로 거기에 아버지의 마음이 있는 것입니다.

저는 일생동안 잊지 못하는 중요한 경험이 하나 있습니다. 오래 전 얘기입니다만 제가 잘 아는 청년이 하나 있습니다. 고향에서 같이 피란을 나왔습니다. 앞뒷집에 살았습니다. 이 청년이 3대 독자입니다. 아버지 어머니가 그를 극진히, 극진히 사랑했습니다. 어쩌면 딸이 둘이 있는데도 딸은 제쳐놓고 아들만 좀 너무너무 위한다 싶었습니다. 이 아이가 고등학교 나오고 영영 정신을 못차리고 나쁜 친구들과 어울립니다. 그래서 흔히 말하는 조폭 비슷하게 됐습니다. 대학 등록금까지 가지고 가서 먹어버리고 술 마셔 버리는 정도니까요. 여러 가지로 어려웠습니다. 저도 만날 때마다 권면해 보았습니다. 이 관계를 끊고 새롭게 출발하려고 해도 도저히 되질 않습니다. 이 친구들 때문에. 자기도 이길 수가 없어서 마침내 자원해서 군대 나갑니다. 이 모든 관계를 끊기 위해서 새롭게 살아 보겠다고 결심하고 군대를 자원해서 나갔습니다. 그리고 몇달 후에 처음 휴가를 나왔습니다. 오랜만에 굴레에서 풀렸으니 얼마나 좋겠어요. 아, 또 다시 그 친구들과 같이 먹고 마시고 돌아다니고 정신없이 다니다가 그만 귀대 날짜를 이틀 놓쳤습니다. 이미 귀대해야 될 사람이 아직 이틀을 지냈단 말입니다. 이제 정신차리고 아 큰일났다, 빨리 돌아가야 하겠다고 생각을 하고선 아버지 어머니께 얘기했습니다. "귀대 날짜가 지났으니 지금 갔다간 맞아 죽습니다. 그러니까 그저 최선을 다해 봐야겠는데 넉넉하게 용돈을 좀 주세요." 아버지 어머니가 이렇게 대답했습니다. "네 말을 어떻게 믿냐?" 이랬습니다. 너무 답답해서 나에게까지 왔어요. "아, 형님. 날 좀 도와주세요." 그래 제가 "야, 이놈아. 네 말을 어떻게 믿냐?" 아, 전에도 제가 못되게 놀 때 용돈을 무척 많이 주었거든요. 이제 정신차렸다는 녀석이 또 이러니까 "너 말을 어떻게 믿냐?" 그랬어요. "알았습니다." 하고 갔어요. 가서 매를 많이 맞았어요. 자살했어요. 그 아버지 어머니가 얼마나 괴로워하는지…… 생각해보세요. 저도요, 그 마지막 한마디를 믿었다면 될 것을…… 그 한마디, 이제라도 진실해보려고 애쓰는 그 마음을 좀 이해했더라면 좋았을 걸…… 이해하지 못했어요. 자식을 잃고 나서 두 분이 바로 둘 다 세상 떠나는 걸 보았습니다. 여러분, 이 부모님들은 이렇게 말했어요. 우리가 잘못했다고, 내가 잘못했다고, 내가 저를 믿어주지 않았고, 저의 진실을 인정해주지 않았다고…… 자기의 죄인 것처럼 회개하고 뉘우치고 병들어 가는 것을 보았습니다.

　여러분, 집 나간 자식을 기다리는 아버지의 마음은 이 모든 잘못이 내게 있는 것처럼 뉘우치는 것입니다. 무엇인가 내게 잘못이 있지 않았나? 그러면서 회개하며 뉘우치며 또 그러면서 또 믿으며 무슨 생각을 하겠어요? 돌아오기만 해라. 아무것도 묻지 않겠다. 돌아오기만 해라. 돌아 왔으니 용서한 게 아닙니다. 용서하고 기다린 것입니다. 재산이고 뭐고 상관없다. 제발 돌아오기만 해다오. 다 용서하고 기다린 것입니다. 이것이 아버지의 마음입니다. 아들이 돌아옵니다. 스스로 돌아옵니다. 거지의 모습으로 돌아옵니다. 그러나

이 아버지는 마냥 기쁘기만 합니다. 왜? 마치 내 죄 사함 받은 것처럼 내가 잘못한 일들이 이제 와서 면죄된 것 같은 느낌을 가지는 것입니다. 네가 살아 왔으니 나는 살 수 있다. 이제, 네가 만일에 안돌아오면 나는 못산다. 죄책 때문에…… 네가 살아 왔으니 나는 산다. 그래서 기쁜 것입니다. 자식 하나가 돌아왔다는 간단한 의미가 아닙니다. 이건 신학적 의미요 신앙적 의미가 있는 것입니다. 그래서 건강하게 돌아왔다는 이 하나만 가지고 그렇게 이 아버지는 기뻐하고 있습니다. 자기 죄에 대한 면죄부라도 받은 것처럼 말입니다. 그래서 잔치를 합니다. 재산도 명예도 가문도 상관없습니다.

형은 분명히 이 재산에 대해 계산하면서 '창기와 함께 재산을 먹어버린 이 아들을 왜 사랑하십니까?'라고 심판하고 있지만 아버지는 들은 척도 하지 않습니다. '이거 무슨 소리냐? 죽었다 살았고, 잃었다 얻었노라.' 이것이 아버지의 마음입니다. 더구나 스스로 제 발로 걸어 들어왔지요. 그 부끄러움을 다 무릅쓰고 아버지를 찾아온 그 아들을 이렇게 크게 환영하고 있는 것입니다.

에리히 프롬(Erich Fromm)의 「사랑의 기술」이라고 하는 책은 너무나 유명합니다. 「The Art of Loving」이라는 이 책에서 사랑은 분명히 받는 것이 아니고 주는 것이라고 합니다. 잘 아는 얘기입니다. '받는 것이 아니고 주는 것이다.' 주는 것이지요. 그런데 거기에 3가지 의미가 있습니다. 첫째, 주기는 주는데 수동적이고 피동적이고 이기적이고 장사꾼의 마음으로 줍니다. 계산적입니다. 그래서 우리가 자식에게 줄 때 이거 조심해야 됩니다. 말하자면 나이많았을 때를 생각해서 투자하는 마음으로 주면 안됩니다. 그런 생각으로 줘서는 안되는 것입니다. 제가 어느 목사님 사모님을 아는데 자랑삼아 나에게 얘기합니다. 자기는 아이들에게 용돈을 줄 때 전부 기록해놓는대요. "몇 월 며칟날 얼마, 몇 월 며칟날 얼마…… 앞으로 갚아라." 그랬대요. 그랬더니 언젠가 아이가 이러더래요. "얼마 주세요. 앞으로 갚을께요, 이자 많이 보태서 갚을께요." 그러는 바람에 그 기록하는 걸 중단했다고 그러더라고요. 여러분, 그래서 되겠습니까? 그래서는 감동이 없습니다. 이렇게 하는 것은 대가를 요구하는 것입니다. 대가를 요구하는 것, 그런 마음은 전혀 사랑도 아닐 뿐더러 감동이 없습니다.

또하나는 주는 일을 희생의 도구로 생각하는 것입니다. 그래서 그지 참고 건뎌야지, 인내하는 것이다, 내가 희생하는 것이다, 희생을 미덕처럼 생각하며 주는 것입니다. 이런 것에도 감동이 없습니다. '내가 너를 위해서 희생한다' 그러면 요새 아이들은 똑똑해서 '누가 낳으랍디까?' 그런다고요. '자기 아들 키우면서 무슨 그렇게 말이 많아.' 그런다고요. 안그래요? 여러분 생각해야 됩니다. 마치 큰 덕이라도 나타내는 것처럼 그렇게 생색을 내지 마세요. 그것도 소용없는 것입니다.

에리히 프롬의 마지막, 세 번째 사랑은 이것입니다. 오늘 성경 말씀대로 내것이 다 네것 아니냐? 다 내것이 네것이다. 이 마음으로 주는 것입니다. 네게 내가 안준다면 지금은 네가 받을 때가 아니라서 못주는 거지, 내것은 다 네것이다. 어째 내것이 따로 있느냐? 다 네것이다. 그런고로 줄 수 있다는 것입니다. 주는 것이 좋고 준다는 그 자체가 특권이고 주는 마음 자체를 기뻐하고 있는 것입니다. 이것이 진정한 창조적 사랑이라고 그렇게 말합니다. 여러분, 참사랑은 사람을 변화시킵니다. 뿐만 아니라 사랑은 창조적인 것입니다. 하나님의 사랑은 대상을 찾아 헤매는 것이 아니라 대상을 창조하는 것입니다. 이걸 잊지 말아야 합니다. 우리 부모님들의 사랑도 때때로 순결할 때에 감동적인 것은 바로 이런 의미에서입니다.

그래서 아버지의 마음, 이 아버지의 간절한 마음, 이 기뻐하는 마음, 이 벅찬 감격을 이제 아들은 이해한 것같습니다. 이 탕자만은 이해한 것같습니다. 그래서 변명을 하지 않습니다. 처음에는 '내가 하늘과 아버지께 죄를 지었습니다. 그런고로 머슴의 하나로 취급해 주세요.' 뭐 이런 말을 좀 했습니다만 입 딱 다물고 맙니다. 나는 그 마음이 너무 아름다워요. 뭐, 내가 죽을죄를 지었습니다, 그것도 건방진 소리요. 잊어버려. 아버지는 지금 뭘 생각하고 있습니까? 전혀 과거를 말하지 못하게 합니다. 아버지는 과거를 잊었어요. 내가 잊었으니 너도 잊어라. 뿐만 아니라 이 시간에 뭐 집을 나갈 때 어땠느니, 가서 어땠느니, 뭐 어쩌고…… 그만해라. 그냥, 그냥 기뻐하는 것이 좋겠다는 것입니다. 어두운 과거를 다시 기억한다는 게 문제가 되는 것입니다. 그걸 쑤셔가지고 무슨 해결이 있다는 것입니까? 비판해서 말입니다. 깊이 생각해야 합니다. 그런고로 여기서 아버지는 과거를 기억하지 못하게 합니다. 어두운 과거의 연장선에서 미래가 있는 게 아닙니다. 밝은 미래에 의해서 오늘이 있는 것입니다. 이것이 아버지의 마음입니다. 네게는 활짝 열린 미래가 있다. 내 아들이니라. 내 재산 전부가 다 네것이다. 이제 알아서 해. 이제 어두운 과거를 되씹을 필요가 없다. 기억할 필요도 없다― 이것이 아버지의 마음입니다. 효는 아버지의 마음에 대한 이해에서 시작됩니다. 함께 즐거워하는 것입니다. 아버지의 마음속에 흡수되는 것입니다. 그리고 기뻐할 것입니다.

누가복음 15장에 보면, 잃은 양 비유가 있습니다. 양을 찾고 목자는 기뻐합니다. 데나리온 한푼 동전을 잃어버렸다가 찾은 사람의 기쁨이 있습니다. 아들 잃어버렸다가 찾은 사람의 기쁨이 있습니다. 합해서 이리할 때 하늘나라의 잔치가 있다고 말합니다. '하늘 아버지의 기쁨이 있다.' 그 기쁨 속에 내가 있는 것입니다. 이것이 효의 근본입니다.   △

땅에 쓴 글씨

예수는 감람산으로 가시다 아침에 다시 성전으로 들어오시니 백성이 다 나아오는지라 앉으사 저희를 가르치시더니 서기관들과 바리새인들이 간음 중에 잡힌 여자를 끌고 와서 가운데 세우고 예수께 말하되 선생이여 이 여자가 간음하다가 현장에서 잡혔나이다 모세는 율법에 이러한 여자를 돌로 치라 명하였거니와 선생은 어떻게 말하겠나이까 저희가 이렇게 말함은 고소할 조건을 얻고자 하여 예수를 시험함이러라 예수께서 몸을 굽히사 손가락으로 땅에 쓰시니 저희가 묻기를 마지 아니하는지라 이에 일어나 가라사대 너희 중에 죄 없는 자가 먼저 돌로 치라 하시고 다시 몸을 굽히사 손가락으로 땅에 쓰시니 저희가 이 말씀을 듣고 양심의 가책을 받아 어른으로 시작하여 젊은이까지 하나씩 하나씩 나가고 오직 예수와 그 가운데 섰는 여자만 남았더라 예수께서 일어나사 여자 외에 아무도 없는 것을 보시고 이르시되 여자여 너를 고소하던 그들이 어디 있느냐 너를 정죄한 자가 없느냐 대답하되 주여 없나이다 예수께서 가라사대 나도 너를 정죄하지 아니하노니 가서 다시는 죄를 범치 말라 하시니라

(요한복음 8 : 1 - 11)

땅에 쓴 글씨

어떤 목사님께서 아침 일찍 차를 몰고 어딘가 좀 급히 가시게 되었습니다. 길을 나섰더니 어떤 차 하나가 뒤에서 쫓아오더니 옆으로 아주 위험하게 난폭 운전을 하면서 앞질러 가는 것입니다. 목사님이 화가 났습니다. 참다못해서 목사님은 속도를 더 내서 그 차를 따라가 앞질러서 딱 가로막고 차를 세웠습니다. 차 문을 열고 나와서 그 사람을 향해서 "야, 너 나와" 하고 소리를 쳤는데 나올 때 보니까 자기 교회 집사님이더랍니다. 그래서 아주 큰 부끄러움을 당했다고…… 본인한테서 들었습니다. 일생동안 잊을 수가 없다고 합니다. 여러분, 차를 운전하시지요? 저도 수십 년 동안 차를 운전합니다만 차 운전을 가만히 보면 이 속에 철학이 있습니다. 한마디로 말하면 도사가 돼야 됩니다. 여러 가지 드릴 말씀이 있습니다만 우선 운전자는 모든 사람을 다 수용하는 성현의 마음을 가져야 합니다. 이런 사람 있고, 저런 사람 있고, 바쁜 사람 있고, 급한 사람 있고, 못된 사람도 있고, 뭐 세상에 별별 사람들이 다 있다고 생각해야 합니다. 차 운전하고 다닌다고 욕도 많이 먹습니다. 이유 없이 소리지르고 가는 사람도 있어요. 거 어떡하겠습니까? 그럴 때마다 그러려니 하고 살아야 합니다. 세상은 그저 그렇거니 하고 살아야 합니다. 저들을 내가 가르칠 수도 없고 내가 지도할 수도 없습니다. 그러면 할 수 없는 일이라면 그대로 수용해야 합니다. 이게 철학입니다. 고치지 못할 일이라면 받아들여야 됩니다. 바꾸지 못할 일이라면 내가 정정하게 바르게 수용해야 하는 것입니다. 초연하게 큰일을 하는 사람은 작은 일에 너무 신경을 써서는 안되는 것입니다. 먼 미래를 바라보는 사람은 눈앞에 있는 일에 너무 그렇게 괘념치 말아야 할 것입니다.

　오늘본문에 보면, 인간적으로 아주 짜증나는 나쁜 사람들이 있습니다. 이런 사람들이 나쁜 사람들입니다. 아주 고약한 사람들이 예수님 앞에 나타납니다. 요한복음 8장 1절을 우리가 보았습니다만, "감람산으로 가시다." 왜요? 기도하러 가신 거지요. 감람산으로 가서 밤새 기도하셨어요. 그리고 아침에 성전에 올라가서 백성들에게 가르칩니다. 이 아름다운 시간, 참으로 성스러운 아침입니다. 성스러운 아침에 이거 웬일입니까? 여기 성경대로 간음하다 붙들린 여자 하나를 사람들이 끌고 옵니다. 한번 상상을 해보십시오. 그 갈기갈기 찢긴 옷과 흐트러진 머리. 이걸 끌고 와서 딱 세워놓고 "이런 여자를 어떻게 할 것입니까?" 하고 물어보는 것입니다. 모세의 율법에 분명히, 신명기 22장에 보면 이런 사람은 끌어내다 돌로 쳐 죽이라고 했거든요. 그러니까 '모세의 율법대로 쳐 죽일까요? 말까요?' 이렇게 물어봅니다. 이는 예수님을 고소할 조건을 얻고자 하여서라고 6절에 말씀하고 있습니다. "고소할 조건을 얻고자 하여 예수를 시험함이러라."

　질문이라는 게 또 묘합니다. 몰라서 묻는 말이 있지만, 알고 묻는 말이 있습니다. 몰라서 물으면 내가 배우려고 하는 자세이지만 알고 묻는 것은 상대방을 괴롭히는 것입니다. 가끔 질문이라는 그 자체가 상대방 마음을 아주 그야말로 찢어놓는 경우가 있습니다. 「질문 경영학」이라는 책이 있습니다. 질문 하나가 대단히 중요하다는 것입니다. 그런데 왜 이렇게 물어보느냐 하면 모세의 율법대로 한다면 쳐 죽여야 하기 때문입니다. 그러나 당시 로마 사람들의 법은 절대로 사형 집행은 로마에서만 하게 돼 있습니다. 그러니까 만일에 '율법대로 쳐 죽여라' 하면 로마의 법을 어기는 것이 되고 또 '죽이지 말라' 하면 율법을 어기는 것이 됩니다. 이게 딜레마입니다. 이래도 걸리고 저래도 걸리고. 이런 묘한 질문을 가지고 나와서 예수님을 괴롭히는 것입니다. 어떻게 할까요? 많은 백성이 보는 데서 이제 예수님께서 어떻게 하실까? 이것을 듣고자 합니다. 예수님께서 이렇게 대답해도 그것으로 예수님을 비하시키고, 괴롭히고, 저렇게 대답해도 백성들로부터 비난을 받게 됩니다. 이런 대단히 중요한 위기의 질문을 받게 된 것입니다.

자, 예수님께서 이런 절박한 시간, 이런 아주 짜증나는 시간에 어떻게 하셨는가? 오늘본문에서 보게 됩니다. 이 나쁜 사람들, 이 악의에 찬 사람들, 아니, 악의에 찬 사건 앞에서, 이 절박함 앞에서 예수님께서 어떻게 하셨는가 하는 것입니다. 이건 중요한 교훈을 우리에게 줍니다. 몸을 굽혀 땅에 손가락으로 글씨를 쓰셨다— 예수님께서 글씨 쓰셨다는 것은 여기밖에 없습니다. 땅에다가 손가락으로 글씨를 쓰셨다— 이건 Cool down 시키는 것입니다. 지금 사람들이 돌을 들고 막 치려고 하는 시간이거든요. '와' 막 소리를 지르는데 이 격한 마음을 Cool down, 가라앉히는 데는 이게 효과적입니다. 땅에다가 글을 쓰십니다. 호기심도 있고, 뭐라고 썼나? 왜 저러는가? 사람들은 의아하게 예수님을 보았겠지요. 격한 마음을 일단 가라앉히는 그런 시간입니다. 여러분, 자세히 생각해봅시다. 듣는 것과 보는 것을 생각해보세요. 듣는 것보다 읽는 것이 중요합니다. 읽을 때 생각하게 됩니다. 보는 것보다 듣는 것이 중요합니다.

제가 가끔 다른 교회 집회를 인도하러 가면 지금 우리 교회와 달리 교회의 한쪽에다가 커다란 스크린을 만들어놓고 거기다가 제 얼굴을 크게 비춥니다. 그러고선 나보고 설교하라고 합니다. 제가 딱 보고 "이거 끄세요" 합니다. 당장 끄라고 합니다. 설교자가 끄라는데 안끄겠어요? 끄고나서 말을 합니다. "잊지 마세요. 보는 것이 많아지면 듣는 것이 없어집니다. 듣는 것이 없어지면 생각하는 것도 없어집니다. 보는 것이 커지면, 보십시오. 손을 내가 이렇게 들면 손이 둘이지요. 스크린 갖다놓으면 넷이 됩니다. 손 네 개가 왔다갔다 합니다. 그 커다란 얼굴도 보다보면 뭐 잘생겼느니 못생겼느니 머리가 많이 빠졌다느니 오늘 많이 피곤한가보다라느니 아, 별생각 다 하게 됩니다. 그 보는 것 때문에 내가 지금 전하는 말씀에 온전히 청종하지 못하게 되거든요." 그러니까 다시 말합니다. '보는 것이 많아지면 듣는 것이 적어진다. 그런고로 꺼라.' 이렇게 하고 그 다음부터는 안켜요. 그거 참 생각 많이 해야 됩니다. 보는 게 좋은 줄 알지만 보는 동안이 문제가 됩니다. 철학적으로 말하면 또 이걸 경험이라고 말하지요. '경험하면 좋겠다.' 그런데 내가 직접 경험하고 경험하고 경험하면 몰라집니다. 점점 멍청해집니다. 그 경험에 집착하면서 생각이 없어집니다. 알겠어요? 젊은 사람들이 경험부터 먼저 하니까 사랑이 뭔지를 모르고 살지 않습니까. 이걸 알아야 합니다. 생각이 먼저라야 합니다. 이게 인간입니다.

여러분, 우린 걸핏하면 전화로 다 해결하려고듭니다. 아닙니다. 정말로 사랑하는 사람입니까? 편지를 쓰세요. 편지 쓰면서 생각하고 편지를 읽으면서 생각합니다. 짧은 편지지만 편지를 읽을 때 절절히 우리 마음에 깊이 파고드는 거 아닙니까? 전화 한 통으로 "I love you" 끝. 이거가지고는 안되는 것입니다. 그보다는 편지입니다. 이건 생각하게 하니까요. 시간을 가지고 생각하게 하거든요. 읽는 것, 이거 중요합니다. 그래서 여전히 책은 중요한 것입니다. 요새와서 읽는 것이 없어졌어요. 전부 그저 화면으로 보고 화면으로 처리하는데 이것이 인간 정신문화를 망가뜨리고 있어요. 읽어야 됩니다. 읽으면서 생각합니다. 깊이 생각합니다. 이게 아주 중요한 것입니다. 그래 예수님께서 사람들로 하여금 읽게 만드셨습니다. 땅에다가 글을 쓰셨습니다. 생각하고 반성하고 그리고 냉정을 되찾도록, 침착하도록 하셨다는 것입니다. 이건 중요합니다. 급한 일일수록 생각을 많이 해야 됩니다. 중요한 일일수록 더 많은 시간을 생각해야 하고, 기도하고 침착하게 대처해야 한다는 말씀입니다.

　19세기 영국의 지성을 대표하고 있는 존 러벅(John Lubbock)이라고 하는 분이 있습니다. 인류학자이면서 곤충학자였는데 그의 책 가운데「인생에 관한 17일간의 성찰」이라는 재미있는 책이 있습니다. 17일 동안 깊이 성찰을 해보았는데 그의 결론은 이렇습니다. 역시 인간은 관계 기술이 있어야 한다― 관계, 이 인간의 관계 속에서 우린 깊이 생각해야 되는데 그 원칙은 평등의식이다, 죽음은 사람을 평등하게 만든다…… 여러분, 평등합니다. 언젠가는 다 평등합니다. 요새 돌아가는 유행어 아시지요? 평등시리즈. 50이 넘으면 용모의 평등. 뭐 그 여자가 그 여자입니다. 60이 넘으면 지식의 평등. 뭐 안다고 해봐야 무식하긴 마찬가지입니다. 70이 넘으면 재산의 평등. 돈있으나마나 옷은 입어봐도 맵시가 안나고 좋은 집에 살아도 허리만 아프고. 재산의 평등입니다. 그 다음에 하나 건너뜁시다. 90이 지나면 생사의 평등. 살아 있으나 죽은 거다― 죽으나 사나 뭐 거기가 거기입니다. 자, 한 번 더 생각해보십시오. 이 완전한 평등의식에서 사람을 봐야 합니다. 누구를 보든지 내가 특별한 사람이 아닙니다. 저 사람과 나는 같아요. 조금 다른 점이 있는 듯하나 아닙니다. 내가 아프면 저도 아파요. 그래서 이웃을 내 몸과 같이 사랑하라 하십니다. 보세요. 이 평등하다고 하는 의식을 기본으로 깔고 생각해야 됩니다. 뭐 돈 좀 있다고 다를 것 없고, 공부 좀 했다고 다를 것 없고, 젊었다고 다를 것 없어요, 죽음 앞에서. 죽음은 사람을 평등하게 만듭니다. 그런고로 완전한 평등의식으로 사람을 대해야 한다는 것입니다.

두 번째는, 현명하게 되기 위해서는 일단 앉아서 경청해야 한다 했습니다. 뭐니뭐니해도 듣는 것보다 좋은 일이 없어요. 인격은 듣는 것으로 결정이 됩니다. 저는 교인들의 신앙을 이렇게 평가합니다. 예배시간 빠지지 않고 나와서 그 듣는 자세를 보고 평가합니다. 밖에 나가서 얼마나 선한 일 하는지 직장에서 얼마나 그리스도의 증인으로 사는지는 그 다음 얘기입니다. 나, 흥미 없습니다. 중요한 것이 이 자리에서 열중해서 집중적으로 하나님의 말씀을 받아먹을 때 사람이 달라지는 것입니다. 그래서 설교란 많이 깨닫게 하고, 많이 느끼게 하고, 많은 지식을 주고…… 뭐 그거 중요하지 않습니다. 사람을 변화시키는 것입니다. 사람이 변화되는 것은 바로 말씀을 받아들이는 그 순간에 이루어지는 것입니다. 경청, 이보다 더 중요한 일이 없습니다. 이보다 더 중요한 효도가 없습니다. 이보다 더 훌륭한 인격도 없습니다. 경청, 거기서 인격의 변화가 오는 것입니다. 세 번째는 인격이란 바로 인생을 말한다는 것입니다. 행동을 심으면 습관이 되고, 습관을 심으면 인격이 되고, 인격을 심으면 운명이 된다—

그는 이렇게 말하고 있습니다.

오늘 성경이 강조하는 게 뭡니까? 행동하기 전에 생각하라는 것입니다. 경청하라는 것입니다. 내 마음에 들려오는 양심의 소리를 들으라는 것입니다. 그리고 하나님 앞에서 자신을 보라, 그리고 행동할 것이다- 돌을 던지는 행동이 먼저가 아닙니다. 내가 급하게 말해버리는 것이 아닙니다. 경청하고 생각하고, 그리고 또 한 가지 재미있는 것이 있습니다. 당시에는 글을 읽는 사람이 많지 않았거든요. 저도 어렸을 때 그런 일 많이 봤어요. 편지가 왔는데 편지를 읽을 수가 없어서 길 가는 나를 붙들고 '편지 읽어주세요' 하는 말 많이 들어보았어요. 여러분은 그런 거 봤어요? 요새야 뭐 글 모르는 사람이 없지만 옛날에는 그게 많았어요. 편지는 왔는데 그게 무슨 소리인지 모르겠거든요. 그래서 남에게 읽어달라고 하는 것 말입니다. 동네에 편지 읽어줄 사람이 몇 안되거든요. 자 이런 때를 생각해보세요. 2,000년 전에, 예수님께서 땅에다 글을 쓰시는데 이 글을 볼 사람이 별로 없거든요. 그러니 지성인들만, 글씨를 아는 사람들만 가서 읽어본 것입니다. 이 사람들이 지성인입니다. 지성인이 먼저 생각하게 하고 또 집단화된 세력을 분산시키는 것입니다. 그래서 글씨를 본 사람만 하나씩 보고 가고 한 사람 또 보고 가고 이렇게 분산이 되는 것입니다. 그냥 집단화되어서 와와 소리지르면 이건 뭔지도 모르고 그냥 큰 위험에 빠지게 됩니다. 그런데 하나하나 개별화하여 분산시켰다는 그 말씀입니다. 그러니까 집단화된 흥분을 개별적으로 분산시켜서 스스로 반성하게 했다는 것입니다. 참 중요한 사건입니다. 예수님은 놀라워요. 이렇게 해결하셨습니다. 이렇게 해서 시간을 벌어놓고서 모두가 다 Cool down 된 다음에 이제 조용히 말씀하십니다. "죄 없는 자가 먼저 돌을 던져라."

　죄라고 할 때 우리는 남을 심판할 때와 같은 그런 죄만 생각하려고 합니다. 이 사람은 지금 간음죄를 범했어요. 그러면 간음죄는 이 여자가 범했지요. 그러나 살인죄는 저 사람이 범했거든. 거짓말은 내가 했거든요. 위선죄는 내가 하고 있거든요. 죄라고 하면 다 같은 죄지요. 그런데 꼭 이 사람이 지은 죄만을 죄라고 생각하려는 그런 잘못된 우리의 집착이 남을 비판하게 하는 것입니다. 저 사람이 말하는 죄는 내게 없어요. 대답할 말이 있어요. 그런 일 없다고. 그러나 그 외의 죄가 많아요. 가끔 저는 중요한 질문을 받습니다. "목사님, 거 많은 어려움을 당하고 계신데, 목회를 어떻게 참고 하십니까?" 그런 얘길 해요. 어떻게 참고 견디냐고요? 난 참는 데는 그렇게 별로 어려움이 없어요. 왜요? 내가 죄인이니까. 아니 죄인 보고 죄인이라고 하는데 무슨 말을 하누? 저 사람이 지적하는 그 죄는 내가 없어. 그건 아니야. 하지만 다른 면으로는 많잖아요. 그래서 내가 농담삼아 진담삼아 말합니다. 아, 들키지 않은 죄가 얼마나 많이 있는데, 고까짓것 하나가지고 내가 지금 시비를 벌이겠느냐고.

　오늘 말씀에서 이야기하시는 중요한 것은 이것입니다. 죄 없는 자—물론 간음죄는 아닐 것입니다. 간음하다 붙들린 사람은 이 사람뿐입니다, 이 자리에서는. 그러나 죄 없는 자라고 할 때, 거기서 빠져나갈 사람은 없습니다. 만약 그 사건과 같은 사건만을 생각한다면 여기에 문제가 있는 것입니다. 설사 간음죄 아니라도, 교만죄, 거짓죄, 불경건죄, 이기의 죄, 얼마든지 다 죄인이지요. 그런고로 오늘 죄 없는 자가 돌을 던져라 할 때 아무도 던질 사람이 없어요. '하나하나 양심에 가책을 받고 다 가버리더라. 그 여자 혼자서 서 있더라.'

이거 기가막힌 이야기입니다. 그렇습니다. 이 여자는 고독한 여자입니다. 참으로 고독한 여자입니다. 신명기대로 말하면 간음죄는 두 사람이 한 것 아닙니까. 남·여 두 사람이 와야 합니다. 어떻게 한 사람만 죄인입니까? 두 사람 다 끌어내다 돌로 쳐라 했습니다. 그랬는데 한 사람만 끌려 온 것입니다. 남자는 어디로 도망갔는가봐요. 자, 그러면 이 사람만 억울하잖아요. 지금 간음죄라고 말하지만 어쩌면 강간죄인지도 몰라. 어떻게 내가 지금 이 자리에서 나만 죄를 당해야만 하느냐고 할말이 많습니다. 당신들은 죄인이 아니냐고 외칠 수도 있습니다. 그러나 그녀는 아무 말도 말할 수 없는 그런 사람입니다.

김홍식 소장님이 쓰신 책 가운데「우리가 살아가야 할 이유」라는 아주 재미있는 교양서적이 있습니다. 그 속에서 그는 이런 유명한 말을 합니다. '실패했을 때에 가장 두려운 것은 실패 자체가 아니고 실패하는 순간 가까웠던 사람들이 다 멀어진다는 것이다. 그렇게 좋았던 친구들이 다 가버리고 나 혼자 남는다는 것이다. 그 누구 한 사람만이라도 내 진실을 이해할 수만 있다면 나는 살아가야 할 이유가 있다.' 오늘 이 여자가 이렇게 불쌍해졌습니다. 그에게는 위로자가 없습니다. 변명하는 사람도 없습니다. 이해해주는 사람이 없습니다. 오직 예수님만 이 고독한 여인, 이 불쌍한 여인을 이해하고 위로자가 됩니다. 그래서 프레드 러스킨(Fred Luskin)의「용서」라고 하는 책에 보면 이런 명언을 합니다. '사람은 자유가 필요합니다. 내 영혼이 자유해야 하는데 자유의 뿌리는 용서에 있다. 남을 용서할 때 과거로부터 자유할 수 있고, 내가 남을 용서할 때 모든 두려움으로부터 자유할 수 있다.' 모든 두려움 깊은 곳에는 남을 심판한 그 심판죄가 있다는 것입니다. '다 용서하고나면 자유롭다. 또한 용서하고 나면 미래가 보인다.' 환하게 미래가 보여요. 미래가 안보이는 이유는 깊이깊이 들어가보면 내가 남을 정죄하고 있기 때문입니다. 이걸 잊지 말아야 합니다. 그리고 용서할 때 비로소 나 자신을 바로 볼 수 있다는 것입니다.

그렇습니다. 오늘 예수님께서는 엄청난 말씀을 하십니다. "너를 정죄한 자가 없느냐?" "없습니다." 죄 없는 자가 돌을 던지라고 하신 예수님께서는 돌을 던지셔야 됩니다. 죄 없는 분이시니까. 그러나 예수님의 이 귀한 말씀을 가까이 들으세요. '나도, 죄 없는 나도 너를 정죄하지 아니하노라.' 예수님의 말씀입니다. 바로 여기에 성육신적인 인카네이션의 의미가 있습니다. 나는 죄 없으나 죄 있는 자처럼 너를 이해하고 너를 정죄하지 아니하노라. △

성령으로 난 사람

바리새인 중에 니고데모라 하는 사람이 있으니 유대인의 관원이라 그가 밤에 예수께 와서 가로되 랍비여 우리가 당신은 하나님께로서 오신 선생인줄 아나이다 하나님이 함께 하시지 아니하시면 당신의 행하시는 이 표적을 아무라도 할 수 없음이니이다 예수께서 대답하여 가라사대 진실로 진실로 네게 이르노니 사람이 거듭나지 아니하면 하나님 나라를 볼 수 없느니라 니고데모가 가로되 사람이 늙으면 어떻게 날 수 있삽나이까 두번째 모태에 들어갔다가 날 수 있삽나이까 예수께서 대답하시되 진실로 진실로 네게 이르노니 사람이 물과 성령으로 나지 아니하면 하나님 나라에 들어갈 수 없느니라 육으로 난 것은 육이요 성령으로 난 것은 영이니 내가 네게 거듭나야 하겠다 하는 말을 기이히 여기지 말라 바람이 임의로 불매 네가 그 소리를 들어도 어디서 오며 어디로 가는지 알지 못하나니 성령으로 난 사람은 다 이러하니라

(요한복음 3 : 1 - 8)

성령으로 난 사람

　여러 해 전에 소망교회의 어느 집사님 초청을 받아서 아주 큰 공장을 방문해보았습니다. 그분은 공장 사장으로 오래 계시면서 크게 성공을 했습니다. 직원들을 예수믿도록 전도하고 싶은 생각에서 오랫동안 준비하여 좋은 프로그램을 만들어 저녁에 직원들을 마당에 다 모아놓았습니다. 그 프로그램들 사이에 목사의 설교, 전도 강연을 넣었습니다. 그래서 전부 믿지 않는 사람이라고 전제하고 제게 그저 한 30분 동안만 이 분들에게 좋은 얘기를 해주시면 좋겠다고 하여 일부러 공장까지 가서 이 행사에 참여해보았습니다. 그런데 내가 보기에 한 2,000명 되는 사람을 마당에다 모아놨는데 하루 종일 일하고 피곤한 사람들이니, '자 이 분들에게 무슨 말을 해야 될까' 마음이 아주 참 힘들었어요. 오늘 이 자리에 나오신 여러분과는 다르지요. 이 분들은 피곤해서 얘기를 들으려고 하는 사람들이 별로 없거든요.
　그런데 아무튼 제가 이제 강연을 해야 되겠는데 그 집사님이 저를 소개하는데 뭐라고 하는가 하면 그 첫마디가 "여기에 서신 이 분은 아주 위대한 목사님이십니다" 그래요. "그 이유는 나를 담배 끊게 한 분입니다. 내가 금연학교에 3번이나 갔다왔습니다. 그러고도 하루에 세 갑씩 담배를 피우면서 그것을 못끊어서 이래선 안되는데 안되는데 하면서도 그저 그렇게 살았는데, 어느날 이 목사님께서 설교하시는데 딱 한마디 그 말씀이 마음속에 쑥 들어오는 순간 담배 생각이 싹 없어졌습니다. 내가 끊어야겠다, 끊어야 된다, 그래야 건강하다, 뭐 그런 생각 전혀 없이 어느 사이에 담배 생각이 싹 없어져서 수십 년 동안 피워오던 그 담배를 끊게 됐습니다. 그런데 그때에 목사님의 입을 통해 주신 말씀이 이것입니다. '창조주께서 주신 고귀한 자유를 하찮은 담배에게 빼앗기는 불쌍한 사람들!' 아, 그 말씀 한마디가 쑥 들어오는데 어느 사이에 신기하게 싹 바뀌었습니다." 자기가 이렇게 일장 설교 서론을 다 했지요. 그래서 나는 그 다음 얘기만 하면 되는 것입니다. 이런 전도 강연을 한번 한 일이 있습니다.

여러분은 스스로 얼마나 자유하다고 생각하십니까? 몸이 자유한 것도 중요하지만 정신이, 특별히 마음이, 내 생각이, 이 가슴이 정말로 자유한가? 어느 사이에 무엇엔가 붙들려 있다면 바로 여기에 문제가 있는 것입니다. 성도 여러분, 음주운전이라는 걸 생각해보았습니까? 지금 우리나라에 자동차사고, 이러저러한 작고 큰 사고들이 많은데 그 사고원인의 40%가 음주운전입니다. 그러니까 쉽게 말해서 모두가 술만 안먹으면 자동차 사고가 40% 준다는 그 말입니다. 생각해보십시오. 여러분이 버스를 타고 갑니다. 버스를 운전하는 사람은 운전기사입니다. 가만히 보니까 이 운전기사가 얼굴이 벌게요. 가만히 보자니 이 양반이 운전대를 쥐고 이리저리 흔들흔들하는 것입니다. 얼마나 불안하겠습니까. 그 뒤에서 구경만 하고 있을 수 있습니까. 아니, 뒤에서 손을 모으고 기도만 할 수 있겠습니까. 이건 안되죠. "야, 너 내려와!" 그래야 될 것 아닙니까. 그리고 운전사를 바꿔야지요. 아니, 술취한 운전사가 운전하는 자동차를 타고 뒤에 앉아서 벌벌 떨고 있다면 이 얼마나 딱한 현실입니까. 그런데 말입니다. 잘 생각해보십시오. 큰 차가 움직이는 것은 운전기사가 운전을 하기 때문입니다. 가끔 보면 커다란 트럭이 옆으로 지나갈 때, 와

굉장히 크다 하는 생각이 듭니다. 요새는 왜 이렇게 큰 트럭이 많은 지요. 옛날에는 바퀴 10개만 있어도 크다고 했는데 요샌 12개짜리도 있어요. 엄청난 트럭이 지나가는데 그러나 가만히 보면 운전기사는 조그만, 조그만 사람입니다. 그 조그만 사람이 그 큰 차를 운전하고 가는 것입니다. 그렇지 않습니까. 이런 걸 많이 봐요. 자, 그런데 그 운전기사를 운전하는 건 누구입니까? 그 사람의 정신입니다. 만일에 그가 마신 술이 그 운전기사를 운전하고 있다면 이건 큰일이지요. 바로 이것이 우리가 생각해야 될 문제입니다.

데살로니가전서 5장 23절에 보면 인간에 대하여 삼분설로 말씀하고 있습니다. 신학적으로 흔히 삼분설이라고 하는데요. 몸과 혼과 영, 이 세 가지를 말하는 것입니다. 몸은 육체입니다. 몸이라고 하는 육체는 본능에 의해서 움직입니다. 그래서 먹어야 하고, 자야 하고, 쉬어야 하고, 다 본능에 따라서 행동해야 합니다. 그런데 그 본능은 이성의 지배를 받습니다. 맑은 이성이 판단합니다. '먹어라, 먹지 마라, 가라, 가지 마라, 아, 이렇게 하면 안된다, 이렇게 하면 너도 죽고 남도 죽는다······' 그렇지 않습니까. 이성이 판단해주는 것입니다. 음식 하나를 놓고 보더라도 먹고 싶다고 다 먹습니까. 그렇다면 사람이 아니지요. 아무리 맛있는 음식이라도 먹어서는 안된다면 안 먹는 것입니다. 내게 해로우면 먹을 수가 없는 것입니다. 그렇게 정신이 내 본능을 지배합니다. 이것이 오랫동안 잘 다스리면 그 다음에 내 본능까지도 오리엔테이션을 잘 받아서 아주 순리적으로 순종하는 기능을 가진 인간이 된다는 그 말입니다. 건전한 인격이지요. 그런가하면 또 정신이라고도 하고 혼이라고도 하는 이성은 또다시 영의 지배를 받아야 해요. 그런데 그 이성은 생각하는 기능이기 때문에 영이라고 하면 문제가 됩니다. 생각 이전의 기능입니다. 우리는 생각에서부터 모든것이 이루어지는 줄로 착각을 하는데 중요한 일은 다 생각 전에 있는 일입니다. 생각보다 훨씬 더 먼저 있는 것입니다. 오히려 내 생각이 생각하지 못하는 그 무엇에 의해서 지배되고 있다는 이 점을 사람들은 모르고 있어요. 똑똑한 척해도 다 헛소리입니다. 여기서 문제가 됩니다. 내 생각이 온전한 것이 아닙니다. 벌써 내 생각 뒤에 또 다른 것이 있어요. 그것에 의해서 내 생각이 지금 컨트롤되고 있다는 이 점을 잊지 말아야 합니다. 그러면 영은 또 어떠냐? 그 영은 다시 하나님의 영에 의해서, 그리스도의 영에 의해서 다스려져야 온전한 인격으로 된다는 말입니다.

여러분, 장애라는 말이 있지요? 이 Disorder라고 하는 것은 병과는 다릅니다. 병은 Disease고 Disorder는 장애입니다. 병과 장애. 장애는 이미 진행이 끝난 것입니다. 우리가 아는대로 시각장애인, 지체장애인, 청각장애인, 뭐 이렇게 장애에 대해 많이 말합니다만 참으로 이건 어려운 일입니다. 참 힘든 생활을 살아가는 분들입니다만 우리가 모르고 있는 게 있습니다. 우리가 무슨 다른 육체의 장애에 대해서는 쉽게 알지만, 인격장애, 성격장애, Personality disorder, Character disorder, 이런 것이 문제라는 말입니다. 내 성격에 병이 왔어요. 내가 장애자입니다. 내 인격까지 지금 망가졌어요. 그런데 자신도 모르고 있잖아요. 잘난 체하는 것, 그건 중증입니다. 인격장애자라는 것은 구제불능이라는 말입니다. 어떡하면 좋겠습니까?

그래서 심리학자들은 Selfexamination, 소위 자가 진단법을 말합니다. 적어도 이런 문제가 있을 때는 내가 지금 문제가 있다는 것을 한번쯤 생각해야 됩니다. 첫째, 편협적인 인격. 그래서 남을 의심해요. 시기질투가 있어요. 그리고 성냅니다. 이런 사람은 편협성이 있기에 그렇습니다. 그 속에는 지나친 이기심이 있습니다. 이기심이 뿌리박고 있어서 이런 편협적인 성격이 됩니다. 둘째, 정신불열성이 있어요. 이것은 허무함에 빠지고 사람이 멍청해지고 그 다음에는 고립되고 고독하여집니다. 그건 또 왜 그럴까요? 이건 자기 소외감에서 오는 것입니다. 자기 존재 의식이 병이 들었어요. 셋째, 연극성이라고 하는 문제도 있어요. 이런 증상은 과장을 잘해요. 언제나 자기 환상에 사로잡혀 마술성을 가지고 있으며, 허풍을 떨어요. 이런 사람들은 돈 벌고 돈을 써도 급하지 않는데, 돈 번 셈치고 미리 써요. 요새 그 카드 결제 때문에 생기는 문제들을 보면, 도대체 그거 다 정신장애자입니다. 아, 돈 갚을 수 없으면 안쓰면 되지. 이걸 다 이렇게 써놓고서 자살까지 하는 사람들, 이는 벌써 오래전에 병자입니다. 그렇지 않습니까. 이게 그렇게 할 수 있는 일입니까. 이게 다 문제입니다. 또 이건 자기 교만에서 오는 것입니다. 자기 과장이거든요. 또한 넷째, 경계성이라는 게 있어요. 피해망상증입니다. 자기도 피해에 빠집니다. 자기폐쇄감입니다. 이건 위선입니다. 또한 흔히 말하는 히스테리라는 반응입니다. 히스테리는 과민반응이에요. 반대를 위한 반대를 합니다. 세상을 삐딱하게 봐요. 항상 어둡게만 봐요. 그것도 병자입니다.

지금 다섯 가지를 말했습니다만, 이 외에도 자가진단법이 많습니다. 이렇게 뭐 다 긴 얘기는 하지 않겠습니다. 그럼 문제는 무엇입니까? 요점은 나의 마음을 내 마음대로 못한다는 것입니다. 내 생각은 고사하고 생각 뒤에 있는 내 마음까지도 내 마음대로 못하는 것입니다. 그러면 우리가 진단을 해야 됩니다. 그러면 그 마음은 어디서 온 것입니까? 누구의 지배를 받고 있느냐는 것입니다. 그래서 마음의 문제는 간단히 말하면 주군 문제입니다. 주군, 요새 주군이라는 말을 잘 쓰잖아요. 누가 주인이냐? 예수믿는다는 게 뭡니까? 종교학적으로 말할 때는 예수 그리스도를 주로 고백하는 것입니다. **My Lord**. 내 주로 고백하는 것이 바로 예수믿는다는 뜻입니다. 이제는 그리스도가 내 주인이요, 내 마음의 주인이요, 어떤 일로든지 그리스도께 생각을 돌려서 그의 뜻에 의해서 결론을 내리는 것입니다. 이런 사람을 그리스도인이라고 하게 됩니다. 그가 주군입니다. 나는 스스로 자유하지 못합니다. 이걸 잊지 말아야 합니다. 자유롭다고 생각하지 마세요. 자유인이 아닙니다.

그 유명한 빌리 그레이엄(Billy Graham)목사님의 설교 중에 그런 말이 나와요. 종종 그 말이 나옵니다. 물에 떠내려가는 사람이 자기가 살기 위해서 자기 머리카락을 자기가 잡아 뜯어 올린다고 합니다, 열심히. 그런다고 살아납니까? 자기 혼자서 자기 머리카락을 암만 올려봤댔자 물에 빠져요. 결국은 밖에서 아웃사이더 누군가가 줄을 던져줘야지, 그리고 그 줄을 잡아야 사는 것이지 자기가 버둥거린다고 되는 게 아니거든요.

미안합니다만 제가 친구와 성지순례 갔다가 한번은 사해를 구경했습니다. 여러분도 사해에 가보면 꼭 하고 와야 될 일이 있어요. 사해 바다에 들어가서 목욕을 한번 해야 합니다. 그거 못하고 오면 그 비싼 돈 주고 갔다가 공치는 것 아닙니까. 사해라는 게 도대체 뭡니까? 거기에서 목욕을 하는데 이 친구가 목욕을 전혀 못하는 사람이거든요. 나는 거기서 딱 손을 놓으니까 둥둥 떠요. 거기에 들어가 한가히 둥둥 떠다니고 있는데 아, 이 양반은 그걸 못하고 그냥 버둥

버둥해요. 내가 그랬어요. "버둥 스톱하면 된다. 그냥 가만히 있어." 그러면 뜨는 건데, 이 소금물이 짜니까요. 이 사해라는 게 짜거든요. 어느 정도로 이 물에서 사람이 뜨는고 하니, 그대로 누워서 책을 볼 수가 있어요. 그 정도로 뜨는데 왜 버둥거립니까. 그 친구는 끝까지 버둥거리다가 한 번도 떠보지 못했어요. 이거 보세요. 제발 버둥대지 마세요. 그냥 손을 들어요, 그냥 손을 들어. 하나님 앞에 내 주여 뜻대로, 탁 손을 놓으세요. 어디까지? 판단력까지, 내 느낌과 판단까지 다 반납해버려. 그 순간 부상합니다. 딱 떠올라옵니다. 이걸 잊지 말아야 합니다. 그래서 그리스도를 주로 섬겨야 합니다.

오늘성경에 보면 니고데모라는 사람이 나옵니다. 이 사람은 바리새인입니다. 종교인이지요. 10절에 보면, 그는 학자요, 관원이요, 산헤드린 공회의 회원입니다. 또 권력층이요, 부자입니다. 요한복음 19장 39절에 보면 그는 부자입니다. 게다가 탐구성도 있어요. 예수님에 대해서도 그는 탐구하고 싶었어요. 그래서 예수님께 밤에 몰래 찾아와서 질문을 합니다. 저는 밤에 이렇게 몰래 찾아왔다는 게 마음에 안들어요. 왜요? 다른 사람한테 들키지 않으려고, 혼자서 독점하려고 들었기 때문입니다. 그 자체가 아주 교만이요, 자기우월감에 빠진 사람임을 보여주는 것입니다. 그래서 예수님께서 말씀하십니다. '니고데모야, 중생해야겠다.' 어떻게 이해하십니까? 쉽게 생각하면 '다시 태어나야겠다. 너 그 허세 가지고는 안된다.' 이렇게 말씀하시는 것입니다.

네가 가진 모든것, 모든 판단, 모든 지식 포기해야겠다. 다 부정해버려야겠다. 출생서부터. 원점으로 돌아가라는 것입니다. 중생은 원점으로 돌아가는 것입니다. 중생이라고 번역합니다만 헬라말로는

'게네쎄 아노쎈'입니다. 게네쎄라는 말은 출생이 맞아요. 생명의 시작이요. 원점으로 돌아가서 시작하라는 것입니다. 거기다가 아노쎄 -from above, 위로부터라는 부사가 붙습니다. 위로부터 출생한다, 땅으로부터 출생하는 게 아니고 위로부터 출생한다 그 말입니다. 어쨌든 출생, 이건 신기원을 말하는 것입니다. 내가 가진 지식이나 내가 가진 경력이나 내가 가진 판단력 싹 잊어버려. 그건 안된다. 그걸 발전시키고, 그걸 개혁하고, 그걸 다시 세우고, 그걸 새롭게 하고 최선을 다하여- 낡은 것의 최선에서 중생이 나오는 게 아닙니다. 우리는 종종 그런 생각을 많이 합니다. '마음에는 원이로되 육신이 약해서……' 그저 마음에 원하는 것을 좀 실천만 했으면 좋겠다, 결심했던대로 좀 했으면 좋겠다, 내가 아는대로 좀 어떻게 살아봤으면 좋겠다, 그렇게 버둥버둥합니다만 그게 잘못된 것입니다. 쓸어버려. 나 스스로 생각하는 판단을 지워버려야 됩니다. 그것이 중생이라는 뜻입니다.

그리고 더욱 오묘한 말씀, 귀한 말씀이 있습니다. "바람이 임의로 불매(8절)" 그랬어요. 어디서 왔다 어디로 가는지 모른다- 너무 너무 중요합니다. 저는 옛날에 신학대학에서 성령론을 강의할 때 "바람이 임의로 불매"를 놓고 몇시간 강의를 했습니다. 너무도 중요한 말씀입니다. '토 프뉴마' 푸뉴마, 프니. 푸늄 이게 바람이라는 말도 되고, 영이라는 말도 됩니다. 영, 바람이자 곧 영입니다. 그런데 영이 임의로 불매- 영이 자기 주도적으로 역사하는 것입니다. 자기 주도적으로.

우리가 모르는 바가 많습니다만 특별히 여러분, 어머니 젖 먹던 생각납니까? 어머니 등에 업혀 다니던 것 생각납니까? 저는 젖 먹던 생각은 안 나고, 어머니 등에 업혀서 어머니가 밥 푸는 걸 봤어요. 그러니까 다섯 살까지 업혔다는 것입니다. 그렇잖아요? 여러분, 젖 먹던 생각이 나는 사람은요 다섯 살까지 젖 먹은 사람입니다. 네 살 전의 일은 기억하지 못하니까. 그러나 내 성격을 이루고 내 운명을 이루고 내 생명의 원인이 되는 신앙적 모든 유산이 나기 전에 있었던 것입니다. 이걸 잊지 말아야 합니다. 내 생각에서 이루어진 게 아닙니다. 내 결단으로 된 게 아니더랍니다. 그 전에 나도 모르게 벌써 다 들었어요. 나도 모르게 배웠어요. 나도 모르게 가슴에서 형성이 됐어요. 아시겠어요? 중요한 일은 다 의식 이전의 일입니다. 의식되면서부터는 의식을 거칠 때부터는 그건 별거 아닙니다. 그런데 우린 그것만 중요하게 생각하려고 합니다. 그것이 문제란 말입니다. 여기서 심리학과 종교의 차이가 나는 것입니다. 바람이 임의로 불매-성령이 Initiative를 가지고 주도적으로 역사해요. 그래서 우리 안에 영을 불어넣을 때 확 사람이 달라지는 것입니다.

특별히 여기 보니까 어디서 왔다 어디로 가는지 모른다 했습니다. 성령이 주도적으로 역사합니다. 의식 이전의 일입니다. 내가 몰라요. 여러분, 그런 생각 안하십니까? 나도 모르게 기쁘고, 어떤 때는 나도 모르게 울적해요. 나도 모르는 사이에 벌써 울고 앉았어요. 나도 모르게 불안에 떨고 있어요. 물어보세요. 누가 물으면 대답할 수 있어요? 내가 왜 이러는 거지요? 그것이 바로 영의 역사입니다. 이걸 잊지 말아야 합니다. 그런고로 그리스도인이란 나도 모르게 기뻐요. 나도 모르게 감사해요. 인간적으로 따지면 말이 안돼요. 이러저러한 일들이 다. 그러나 아, 기쁜데 어떡해요? 행복한데 어떡해요? 나도 모르게 신비로운 행복에 꽉 차 있어요. 이게 충만이라는 것입니다. 누가 물으면 대답할 말도 없어요. 그러나 나는 기뻐요. 내가 소중해요. 내가 만나는 이웃이 반가워요. 그리고 내가 읽는 성경이 이렇게 아름다울 수가 없어요. 한 말씀 한 말씀이. 바로 그것이 성령의 역사입니다. 그래서 성경은 말씀합니다. 스가랴서 4장 6절, 유명한 것입니다. "이는 힘으로도 되지 아니하며 능으로도 되지 아니하고 나의 신으로 되느니라." 힘으로도 능으로도 아니고 오직 하나님의 영으로만 되는 그 역사를 말씀합니다.

바리새인의 경건, 그 엄격한 규율, 이것가지고 영생을 맛볼 수가 없었습니다. 하나님만이 가능합니다. 중생으로만 가능합니다. 성령의 창조적 역사, 주도적 능력만으로 가능합니다. 그런고로 나로서는 불가능하다는 걸 시인을 해야 됩니다. 자기 자신을 십자가에 못 박아야 됩니다. 자기 자신을 완전히 부정하고 그대로 맡기세요. 마음을 여세요. 조용하게 내 음성, 주께서 내게 주시는 거룩한 역사를 체험하게 될 것입니다. 성령 주도적 인간이 될 때, 하늘나라가 보입니다. 주의 음성이 들립니다. 세상이 아름답게 보입니다.

여러분, 인간 상식으로는 이해 못할 이야기를 하나 하겠습니다. 초대교회에 로마에서 원형극장에 들어가서 수만 명의 그리스도인들이 순교당했습니다. 그 순교당할 때 있었던 장면들이 소위「순교사」라고 하는 역사로 편찬되는데, 그 가운데 한 순교자가 써놓은 글입니다. 이것은 우리 인간적인 이성으로는 이해가 안되는 부분입니다. 들어보세요. 그는 이렇게 노래하고 있습니다. '나를 저주하십시오. 그러면 나는 당신을 사랑하게 될 것입니다. 나에게 침을 뱉으십시오. 나는 사랑의 숨결로 당신에게 돌릴 것입니다. 나를 구타하십시오. 신음소리 속에서 사랑을 고백할 것입니다. 나를 찌르십시오. 나는 사랑한다고 절규할 것입니다. 나를 짐승의 먹이로 던지십시오. 사랑의 제물이 될 것입니다. 나를 불태워버리십시오. 나는 사랑의 열기로 당신을 녹여버릴 것입니다.'

　　여러분, 이것이 성령의 역사입니다. 성령 주도적인 역사, 신비롭습니다. 자기 자신에 대해서도 신비롭습니다. 내가 왜 기쁘고 내가 왜 주를 찬송하는지 내 기쁨을 누가 알 수 있겠습니까. 하나님과 나만이 아는 것입니다. 이런 충만함, 이 신비로운 점, 바로 여기에 그리스도인의 모습이 있습니다.　△

원죄의 속성

여호와 하나님의 지으신 들짐승 중에 뱀이 가장 간교하더라 뱀이 여자에게 물어 가로되 하나님이 참으로 너희더러 동산 모든 나무의 실과를 먹지 말라 하시더냐 여자가 뱀에게 말하되 동산 나무의 실과를 우리가 먹을 수 있으나 동산 중앙에 있는 나무의 실과는 하나님의 말씀에 너희는 먹지도 말고 만지지도 말라 너희가 죽을까 하노라 하셨느니라 뱀이 여자에게 이르되 너희가 결코 죽지 아니하리라 너희가 그것을 먹는 날에는 너희 눈이 밝아 하나님과 같이 되어 선악을 알 줄을 하나님이 아심이니라 여자가 그 나무를 본즉 먹음직도 하고 보암직도 하고 지혜롭게 할 만큼 탐스럽기도 한 나무인지라 여자가 그 실과를 따먹고 자기와 함께한 남편에게도 주매 그도 먹은지라

(창세기 3 : 1 - 6)

원죄의 속성

어느 농촌에서 목회하고 계시는 목사님을 자주 괴롭히는 짓궂은 장로 한 분이 계셨습니다. 이 장로님은 목사님을 뵐 때마다 꼭 질문하는 것이 있습니다. "아담 하와가 에덴동산에서 왜 선악과를 따 먹었을까요? 아, 그거 안따 먹었으면 오늘 우리가 고생을 안할 건데요. 그 할아버지 할머니는 그걸 왜 따 먹어가지고……" 아, 동산에 먹을 거 많은데 그건 왜 따 먹어가지고 오늘 우리까지 이렇게 고생을 시키느냐고 늘 그렇게 질문을 하는 것입니다. 왜 따 먹었을까요? 그 할아버지 할머니, 아담 하와가 원망스럽다는 이야기를 자꾸 하는 것입니다. 그래서 목사님이 나름대로 설명을 해보았지만 영 설명을 들을 생각 안하고 그저 만날 때마다 이렇게 괴롭히는 것입니다.
　어느날 목사님의 생일날이 되어 장로님들을 다 목사님 댁으로 초대했습니다. 옛날에는 아침에 잔치를 했거든요. 그래서 아침식사를 하러 오시라고 청했고, 장로님들이 다 오셨는데 맨처음으로 이 장로님이 오셨어요. 그리고 목사님하고 둘이 앉아서 다른 장로님들이 오는 것을 지금 기다리고 있는 중입니다. 그러다가 잠깐 밖에서 누가 찾는다고 하니까 목사님이 밖으로 나가시면서 장로님께 부탁을 했습니다. "음식을 다 차려놨는데 그저 마음대로 보십시오. 하지만, 요 가운데 뚜껑 닫아놓은 거, 요 그릇만은 열어보지 마세요." 그리고 밖으로 나갔습니다. 장로님이 이게 알고 싶은 것입니다. 아니, 왜 이 많은 것 중에 요 가운데 이상하게 생긴 요 뚜껑은 열어보지 말라고 했을까? 궁금하다못해서 몰래 살짝 열었는데, 웬일입니까. 그 속에 참새 한 마리가 숨어 있다가 푸르륵 날아가버리는 것입니다. 이 장로님이 참새를 잡으려고 이 구석 저 구석으로 뛰어다녔고 먼지가 뽀얗게 되면서 난리를 치는데 목사님이 들어오셨어요. 장로님은 그저 민망해서 견딜 수가 없었습니다. 이 장로님, 그 후로는 아담 얘기 안했다고 합니다.

여러분, 원죄라는 말은 영어로 original sin이라고 합니다. original sin의 정의는 이렇습니다. '죄의 원인이 되는 죄.' 우리는 원죄 하면 자꾸 아담과 하와의 죄만 생각을 해요. 거기다가 국한하려고 하는데, 아닙니다. 죄의 속성은 거기서 형성이 됩니다. 그래서 original sin 하면 죄의 원인이 되는 죄입니다. 우리가 죄를 지을 때마다 짓는 죄는 '본죄'라고 합니다. 본죄라는 죄를 짓고 살지만 본죄의 뒤에는 거의 무의식적으로 내가 모르는 중에 깊이 뿌리박혀 있는 원죄라는 것이 있습니다. 이걸 우리가 알아야 하겠습니다. 종교개혁자 칼뱅의 책 중에서 깊이 상고해보면 그는 원죄를 딱 두 마디로 요약합니다. '원죄의 속성은 불신앙과 교만이다.' 그러니까 불신앙이란 쉬운 말로 하면 의심하는 것입니다. 믿음이 흔들리면서 의심하는 것입니다. 그리고 교만입니다. 자기 교만, 이것이 죄의 뿌리가 된다는 얘기입니다. 그러니까 반대로 말하면 믿고 겸손하면 원죄를 이길 수 있습니다. 원죄로부터 벗어날 수 있습니다. 그래서 믿음과 그 소중한 겸손, 이것이 신앙생활에 있어 하나님의 자녀의 기본 속성이 된다는 말입니다. 에덴의 이야기는 그 만족한 낙원으로부터 범죄하여 실낙원한 이야기로서 아주 드라마틱하게 기록되고 있습니다. 논리적으로 설명한 게 아니라 사건 속에서 상징적으로 우리에게 설명하고 있습니다.

심리 영성 치료 연구소, Institute for the Psycho spiritual Health 라고 하는 그런 특별한 기관에 교수로 있는 데이비드 베너(David G. Benner) 교수의 「사랑에 항복하다」라는 유명한 책이 한권 있습니다. 사랑에 항복하다, 뭔가 많이 생각하게 하는 그런 말입니다. 사람들은 사랑받기를 그렇게 갈망하면서도 사랑을 받아들이지 못한다는 것입니다. 사랑을 원하면서도 사랑을 믿지를 못해요. 사랑을 원하면서도 사랑을 수용하지 못해서 사랑받지 못하는 자가 된다는 것입니다. 그 원인은 첫째, 두려움이라는 것입니다. 두려움 자체가 사랑으로부터 벗어난 것입니다. 사랑에는 두려움이 없어요. 사랑이 흔들릴 때 두려운 마음이 생깁니다. 그래서 새로운 변화에 대한 두려움, 미지의 세계에 대한 두려움, 자기 선택에 대한 두려움, 심리적으로 보면 이것들이 전부 사랑을 거부하게 만들어요. 또하나는 죄책감이라는 것입니다. 이것도 사랑에 대한 의심에서 오는 것입니다. 어린아이들을 보세요. 혹 실수를 해서 뭐라고 야단을 맞아도 우리 할아버지, 할머니, 우리 아버지, 어머니가 나를 사랑할 거라는 데 의심이 없어요. 그래서 아무리 밀어도 엉덩이 들이대는 것입니다. 안아줄거라고 생각하고. 이게 바로 어린아이들의 철저한 믿음입니다. 그의 사랑, 그의 용서를 믿기 때문입니다. 그래서 죄책감이 없어요. 또한 그 다음에는 자기 방어입니다. 사람은 자기 방어에 급급해요. 이것은 철저히 교만에 기초를 두고 있는 것입니다.

자, 이제 우리가 원죄를 생각해야 되겠습니다. 사랑은 어떤 것입니까? 스스로 가지고 있는 사랑, 이해하고 있는 사랑을 정리해보세요. 사랑은 모르고 만족하는 것입니다. 다 알아야 할 필요가 없어요. 사랑하니까 꼭 다 알아야 할 필요도 없고, 알려고 하지도 않아요. 왜? 사랑은 믿으니까. 다 가질 필요도 없어요. 이대로 만족합니다. 다시 말하면 풍요의식입니다. 저의 것이 다 내 것이요 내 것이 다 저의 것이며 이제 더 알고, 더 가지고, 더 따지고, 더 소유하는 그런 욕망도 필요가 없습니다. 그 때가 사랑하는 것입니다. 네 꺼 내 꺼 따지면 한평생 살아도 사랑이 아닙니다. 사랑에는 아무것도 몰라도 좋습니다. 그대로 믿으니까 만족한 것입니다.

　그런데 오늘 에덴동산에 된 이야기를 자세히 보면 여기서 문제가 됩니다. 예수님께서 분명히 말씀하십니다. '저들이 나를 믿지 아니합니다. 그것은 나를 사랑하지 않기 때문입니다.' 에덴동산에 있는 아담 하와가 하나님을 믿질 않아요. 하나님의 말씀을 믿질 않았어요. 그 불신이 싹트면서부터 문제가 되는 것입니다. 성경은 분명히 말씀하기를 금단의 열매를 먹으면 "정녕 죽으리라(2 : 17)" 했습니다. You surely die. 반드시 죽으리라 했습니다. 그런데 오늘성경말씀에 보면 "죽을까 하노라" 합니다. 벌써 희석되고 있습니다. 여기서부터 불신이 시작이 됩니다. 그런데 이보다 더 구체적인 것은 뭐냐 하면 바로 금단의 열매에 대한 문제입니다. 금단에는 이유 있습니다. 이걸 잊지 말아야 합니다. 금단에 이유가 있어요. 먹지 말라 했으면 먹지 말라는 데 이유 있는 것입니다. 그대로 받아들이면 되는데 이걸 꼭 먹어야겠다고 생각하고 아니 먹어보아야겠다고 생각을 하는 것입니다. 여기서 의심과 교만이 함께 작용을 하게 됩니다. 여러분, 우리 어린아이들에게는 언제나 금단이 좀 많습니다. 가지 마라, 먹지 마라, 다치지 마라, 올라가지 마라, 내려가지 마라…… 아마 애들이 좀 어른처럼 따져서 말을 하는 것같으면 이럴 것입니다. "말라, 말라, 말라만 하는데 하라는 것은 어디에 있습니까?" 하라는 건 하나도 없고 하지 말라는 것만 있어요. 하지만 하라는 것도 딱 하나 있어요. '먹어라.' 나머지는 전부 하지 말라는 것입니다. 뭘 하지 말라, 하지 말라. 문제가 여기에 있습니다. 하지 말라는 말을 들으면서 만족하게 여길 때도 있지요. 그 하지 말라는 데는 이유가 있으니까. 그렇지 않습니까?

제 아이들이 어렸을 때, 인천에서 목회하면서 그때 뭐 다 그랬지만 난방시설이 시원치 않아 방이 너무너무 추워서 방 안에다 난로를 놨습니다. 연탄난로를 놨는데 집집마다 가보면 연탄난로 놓고 밖으로 이렇게 철망을 두르고 아이들이 거기에 가까이 못하게 합니다. 우리집 난로는 그냥 놨어요. 교인들이 왔다가 그걸 보고는 '아니, 아이거 철망을 둘러놔야지, 울타리를 해놔야지 아이들 들어가면 어떡하라고……' 합니다. 우리 아이들은 그런 거 없습니다. 난로가 따끈따끈할 때, 전부 데려다가 한 번씩 붙였거든요. 악! 하고 울었어요. 그 다음에는 절대로 가까이 안갑니다. 여러분, 그 철망을 만들어놓으면 아이들은 위로 올라가서 떨어져요. 이걸 알아야 됩니다.

가지 마라― 이유 있어요. 먹지 말라― 이유 있어요. 그 속에 사랑이 있어요. 뿐만아니라 금단이라고 하는 말씀 속에 사랑, 사랑의 임재 의식이 있어요. 이것을 보면서 '하나님이 나와 함께 계시다, 하나님의 말씀이 우리와 함께 계시다, 하나님의 사랑의 간섭이 우리와 함께 있다'는 것을 항상 체험할 수 있도록 하기 위해서 동산 중앙에 금단의 열매를 만들어놓으셨습니다. 이걸 잊지 말아야 합니다. 금단에 이유 있습니다. 그런데 말입니다. 다른 말로 표현해봅시다. 한계라는 것입니다. 다 먹을 수 있으되 하나는 안돼요. 그와 같이 우리에게는 한계라는 것이 있어요. 넘어설 수 없는 한계가 있어요. 그것을 사랑으로 받아들여야 됩니다.

　여러분, 어떻게 생각하십니까? 사람마다 오래 살겠다고 몸부림을 치고 참 어지간히 애들 씁니다. 그렇지 않아요? 그런데 정말 오래 살아야겠습니까? 갈 때 되면 가야겠더군요. 어찌 생각하세요? 사람에게 죽는다는 것은 큰 복이라는 걸…… 북한말로 할까요? 접수할 겁니까? 이걸 접수해야 돼요. 죽음은 안식입니다. 성경은 분명 안식이라고 말씀합니다. 죽는다는 건 좋은 것입니다. 행복한 것입니다. 그걸 받아들이지 못하면서부터 문제가 되는 것입니다. 그 외에, 생각해보세요. 지식의 한계, 소유의 한계, 능력의 한계, 시간이라고 하는 한계, 공간의 한계 속에 산다— 그대로 수용해야 됩니다.

　여러분, 오래 살고 싶습니까? 어떤 책에 그랬던데요. 그저 오래 살고 싶으면, 칠십이 넘었으면 고향으로 돌아가라. 어딜 다니고 살다가도 고향으로 딱 돌아가서 그 옛날에 태어날 때 살던 그 자리에서 그 때 먹던 음식을 먹으면서 살아야 오래 산대요. 자꾸 기어나가지 마세요. 뭐 어느 나라 간다, 어느 나라 간다 하고 돌아다니다가 갔다 오다가 죽더라고요. 그러니까 그런 짓 하지 마세요. 그거 아니올시다. 고향, 원점으로 돌아가는 것입니다. 이게 중요한 것입니다. 왜요? 한계가 있으니까요. 성경에 보면 사도 바울에게 건강의 한계를 정해주셨어요. 사도 바울에게는 꼭 건강 하나만이 있어야 될 것 같은데 No! 육체의 가시, 사단의 사자를 주셨습니다. 이것은 제가 아는 바로는 간질병같은 것입니다. 늘 그것 때문에 고생했어요. 하나님 앞에 세 번이나 특별히 기도했지만 하나님 들어주시지 않았어요. 'My grace is sufficient for you. 내 은혜가 네게 족하다.' 한계를 딱 정하셨습니다. 그만하면 됐어. 더 가지려고 하지 마세요. 사도 바울은 이 한계를 받아들입니다. '나는 약할 때 강하다. 이 육체의 가시는 내게 필요하다.' 꼭 있어야 하는 것이라고 받아들이면서 능력의 사람이 됩니다. 금단을 수용했습니다. 왜요? 하나님께서 아시니까. 하나님께서 나를 아시니까. 하나님께서 나를 사랑하시니까. 그 사랑 속에 이 금단이 있음을 알고 믿고 만족하고 행복했더라면 에덴에서 살 수 있었던 것이지요. 그러나 금단의 한계를 넘어서버렸습니다.

요새는 내가 마음에 안드는 게 하나 있어요. 거리 다닐 때마다 여자같은 남자, 남자같은 여자. 어제는 어떤 남자 하나 봤는데 옆에서 저 사람 남자냐 여자냐 그래서 한참 보니까 남자같더라고요. 얼마나 화장을 하고 뭐 모양을 냈는지 참 헷갈립니다. 남자는 남자로 살고, 여자는 여자로 살아야 되는데…… 이 한계를 벗어나면서 심리적으로 정서적으로 모든 면에서 문제가 복잡해지는 걸 우리가 보고 있습니다.

또한 이 에덴에서 볼 수 있는 것은 하나님과 사단, 이 어느 쪽의 말을 듣는 것입니까? 여러분, 이게 중요한 것입니다. 어느 쪽 말을 들어야 합니까? 하나님께서는 분명 '정녕 죽으리라' 하셨습니다. 사단은 말합니다. '안죽어.' 어느 쪽입니까? 결국은 누구의 말을 듣느냐에 따라서 내가 그분 쪽에 종속되는 것입니다. 이게 얼마나 중요한지 모릅니다. 또한 오늘성경에 보면 '그 아내 하와가 선악과를 따서 남편에게 주었더니 받아먹더라.' 딱 요렇게 돼 있거든요. 이게 마음에 안들어요. 그 남편이 그래도 뭐라고 한마디 해야지……. '어쩌자고 그걸 땄냐? 너 크게 잘못했다.' 뭐라고 좀 한마디 해야 이 가정이 사는데, 둘이 꼭 같아요. 그냥 받아먹었어요. 그런데 전설에는 한마디가 있어요. 전설에는 뭐라고 하는고 하니 '너 그거 먹으면 죽는다고 했는데, 너 죽게 되었다' 그랬더니, 하와가 하는 말이 '그래 좋겠수다. 나는 죽고 딴 여자하고 잘살아보세요.' 그랬대요. 그러니까 아담이 '그래, 그래 같이 죽자' 하고 먹었다누만. 여러분, 하나가 된다는 것이 좋은 거같고 화합이 좋은 거같아도 이건 좋은 게 아닙니다. 불의와 화합하는 것은 옳은 게 아닙니다. 불신앙에 화합하는 것은 옳은 게 아닙니다. 이걸 꼭 명심해야 합니다.

그 다음에는 오늘본문에 보니 회개가 없어요. 이렇게 따 먹고 그만입니다. 두려움은 있는데 회개는 없어요. 변명은 있는데 진실은 없어요. 그리고 이 가정에 문제가 생겼는데 책임을 선가해요. 책임지는 사람이 없어요. '내 잘못입니다'라는 말이 없어요. 그래서 하와는 말합니다. '뱀이 먹으래서 먹었습니다.' 아담은 '아내가 주니까 먹었습니다.' 서로가 책임을 전가합니다. 그때부터 지금까지 원죄의 속성은 이어지고 있습니다.

라인홀드 니버(Reinhold Niebuhr)는 인간의 3가지 교만을 말합니다. 첫째가 권력의 교만. 한계를 넘어서는 권력에 대한 욕망이요, 더 가지려는 마음으로 이것이 문제가 됩니다. 둘째, 지식의 교만. 더 알려고 하는 것, 아니 어느 순간에는 지식에 대한 욕구마저 포기할 필요가 있는데도 말입니다. 여러분, 다 알 필요가 없습니다. 너무 많이 알려고 하지 마세요. 그것이 바로 원죄에서 나옵니다. 마지막으로 도덕적 교만. 내 잘못은 없고 다른 사람의 잘못이 있는 것처럼 하여 자기 자신을 상실하게 됩니다. 여러분, 원죄에서 자유하게 되는 길이 어디에 있습니까? 에덴을 회복할 수 있는 길. 그것은 바로 믿음과 사랑입니다. 그리고 믿음 안에서 만족하는 것입니다. 더 알려고 하지도 말고 쳐다보지도 말고 주신 바 안에서 스스로 만족하며 행복한 것으로 알 것입니다. 감사하는 자를 마귀도 유혹하지 못합니다. 행복한 사람의 마음속에는 시험이 없습니다. 자유할 수 있습니다. 여러분, 실낙원에서 복낙원으로 향하는 길이 어디 있는가를 다시한번 생각해야 하겠습니다. △

구원 얻을 만한 믿음

루스드라에 발을 쓰지 못하는 한 사람이 있어 앉았는데 나면서 앉은뱅이 되어 걸어 본 적이 없는 자라 바울의 말하는 것을 듣거늘 바울이 주목하여 구원받을 만한 믿음이 그에게 있는 것을 보고 큰 소리로 가로되 네 발로 바로 일어서라 하니 그 사람이 뛰어 걷는지라 무리가 바울의 행한 일을 보고 루가오니아 방언으로 소리 질러 가로되 신들이 사람의 형상으로 우리 가운데 내려오셨다 하여 바나바는 쓰스라 하고 바울은 그 중에 말하는 자이므로 허메라 하더라
(사도행전 14 : 8 - 12)

구원 얻을 만한 믿음

　히브리사람들의 지혜를 모은 「탈무드」에 나오는 이야기입니다. 어떤 사람이 무려 3년 동안을 하나님 앞에 간절하게 기도했습니다. 아주 특별한 소원이 있어서 나름대로 간절히 소원을 하나님 앞에 기도하였더니, 하나님께서 크게 감동을 받으시고 그에게 응답을 주셨답니다. "네가 그렇게 3년 동안이나 아주 정성을 다해서 기도하나 도대체 네가 구하는 바가 뭔지 너무 산만하고 복잡해서 나도 모르겠다. 그러니까 이제부터 잘 생각을 해서 대답을 해라. 세 가지만 들어주마." 그랬답니다. 오직 세 가지만 들어줄 테니 원하는대로 말하면 즉각적으로 이루어질 것이라는 말씀에 많이 생각하다가 그는 항상 마음에 두었던 소원을 말했습니다. "하나님, 모든 사람으로부터 사랑받게 해주세요. 그저 사랑받는 사람 되게 해주세요." 요새 젊은 사람들 가스펠 송에 보면 '당신은 사랑받기 위해 태어난 사람'이라는 노래가 있기는 합니다. 사랑받는 사람, 모든 사람으로부터 사랑받는 사람이 되게 해달라고 그렇게 기도했더니 당장 이루어지는데 문 밖에서부터 많은 사람들이 따라와서 붙들고 '나는 당신을 사랑합니다' 하고 길거리 나서니까 여자들이 전부 따라와서 '당신을 사랑합니다' 합니다. 여기 가나 저기 가나 '사랑합니다. 존경합니다' 하는데 지쳐서 도망 다니다가 마지막에 그는 넘어지면서 이렇게 기도했답니다. "하나님, 제발 이 모든것을 물리쳐주세요." 두 번째 소원이 이루어졌습니다. 두 번째 소망까지 다 끝났어요. 이제 어떡하면 좋겠어요? 하나밖에 안남았는데. 이걸 가지고 며칠을 고민을 해도 문제입니다.

그간에 많은 소원을 가지고 3년을 기도한 것같은데 진짜 딱 한 마디 하나님 앞에 소원을 말하려니까 할말이 없는 것입니다. '뭐라고 해야 하나, 뭐라고 기도해야 하나, 무엇을 달라고 해야 하나……' 그래서 마침내 하나님 앞에 이렇게 기도했답니다. "하나님, 뭐라고 기도해야 할지 가르쳐주세요" 그랬답니다. 그랬더니 하나님께서 응답하십니다. "내가 너라면 나는 지혜를 구하겠노라. 입장을 바꾸어 나는 솔로몬처럼 지혜를 구하겠노라." 지혜라는 말은 히브리말로는 레브 슈메츠입니다. 그걸 직역을 하면은 '듣는 마음-Hearing Heart'입니다. "하나님, 듣는 마음을 주십시오, 그렇게 기도하겠노라." 그렇게 응답하셨다고 합니다.

성도 여러분, 듣는 마음, 듣는 귀, 듣는 겸손, 또 들리는 믿음 얼마나 중요한 것입니까. 이 듣는 마음이 없는 것처럼 불행한 일이 없어요. 요새 베스트 셀러 중에 하나로 「경청」이라는 책이 있습니다. 성공의 비결은 한마디로 경청이다— 아주 재미있고 설득력 있는 설명을 주는 책입니다. 여러분, 듣는 마음, 경청하는 그 마음, 그 자체가 축복입니다. 그래서 예수님께서 그 소중하고도 귀한 복음을 전하시고 많은 설교를 하신 다음에 설교 끝부분 결론에서는 꼭 이런 부록이 있습니다. 예수님의 설교의 부록— "들을 귀 있는 자는 들을지어다." 들을 귀 있는 자는 들을지어다— 무슨 말씀입니까? 이렇게 소중한 말씀을 내가 너에게 하고 있다만 들을 귀가 없는 사람은 못들어. 어떡하면 좋아요. 어떤 사람은 더 완악해지고 있어요. 더 강퍅해지고 있어요. 들을 귀가 없는 사람은 못들어요. 그런고로 들을 귀 있는 자, 들을 수 있는 축복을 받은 사람은 들을지어다— 이렇게 결론지었던 것을 볼 수 있습니다.

여러분, 들리지 않는 마음, 의심하는 마음, 끝내 믿어지지 않는 마음, 이것은 심판받은 마음입니다. 심판이라면 역사 끝에 있는 종말론적인 심판이 있고, 우리가 세상 떠나 하나님 앞 심판대 앞에 가서 받을 심판도 있습니다만 현재적 심판이 있습니다. 오늘 이 시간에 이미 심판받은 사람이 있습니다. 그게 누구냐? 이 자리에 앉아서 말씀을 못듣는 사람입니다. 차라리 밖에 있는 사람은 언젠가 교회 나올 때가 있겠지요. 들려질 수 있겠지만 이 교회까지 나와서 여기서 말씀을 못듣는 사람, 심판받은 사람입니다. 그 귀를 막아버렸습니다. 마음이 둔해졌습니다. 마음이 강퍅해졌습니다. 그런고로 들을 귀가 없습니다. 그래 많은 사람이 다 은혜를 받아도 이 사람 은혜 받지 못합니다. 참으로 불쌍한 사람입니다. 들을 귀 있는 자는 복받은 사람이고, 들을 귀가 없는 사람, 들을 마음이 없는 사람, 듣고 믿는 믿음이 없는 사람은 불쌍한 사람입니다. 사실은 자기도 자기 마음대로 못합니다. 내가 왜 이렇게 됐는지 자신이 모르고 있단말입니다. 가슴을 치면서도 귀가 열리지 않습니다. 들리지 않는 걸 어떡하면 좋겠습니까.

삼성전자 마케팅 팀장이었고 유통 총사령관을 역임하면서 일등 조직, 일등인재를 키웠다고 하는 전옥표 사장님이 계십니다. 이 분이 30년 간의 현장 노하우를 담은 책을 한 권 썼는데요, 생생한 현장감이 있는 책입니다. 책 제목이 재밌습니다. 「이기는 습관」. 여러분, 여기서 습관이라는 말을 중히 생각해야 되겠고 이긴다는 말의 뜻을 생각해야 합니다. 이기는 습관, 작은 일에서부터 큰일까지 이기는 습관입니다. 죄송하지만 오늘 아침에도 여러분은 이겨서 여기 나온 것입니다. 이 주일날 아침에 일찍 일어나서 나오는 분, 우리 교인들 가운데 우등생입니다. 게으름을 이겼어요. 나태함을 이겼어요. 또 적어도 여러 가지 나를 시험하는 것들을 이겼어요. 자기를 이기고, 의심을 이기고, 게으름을 이기고 이 자리에 나왔습니다. 여러분도 아시는 대로 이기고, 이기고, 이겨서 그 다음 일을 또 이길 수 있는 것입니다. 이걸 잊지 말아야 합니다. 그래서 이기는 것도 이겨본 사람이 이긴다는 것이 이 책의 명제입니다. 이기는 것도 이기는 사람이 이긴다 — 하나의 습관이라는 것입니다.

이 습관이 되는 생활양식을 여섯 가지로 말하는 중에 실행력 편에서 이렇게 말하고 있습니다. 성공의 걸림돌이 뭔가? 왜 성공하지 못하나? 그것은 '타성에 젖어서 대충대충 하는 마음' 때문이다라 했습니다. 심각성이 없어요. 이것도 습관이며, 교만입니다. 무슨 일을 하나라도 할 때, 정성을 다하지 않고 뭐 그까짓 거 대충하고 넘어간다면 그건 엄청난 교만입니다. 이런 것들이 사람을 실패로 이끄는 것입니다. 또하나는 '배우고 싶은 마음이 없다.' 듣는 마음이 없다는 것입니다. 배우는 데는 윗사람 아랫사람이 없습니다. 누구에게든지 배우는 것입니다. 누구에게나 머리를 숙이고 마음을 열고 들으면 다 유익합니다. 이런 마음이 없어요. 배우고자 하는 마음, 듣는 마음이 없기 때문에 성공하지 못하는 것입니다. 그러기 위해서는 듣는 습관이 돼야 합니다. 배우는 습관이 있어야 된다는 것입니다. 그리고 '무엇에 목숨을 걸어야 할지를 결정하지 못하고 살기 때문'이라 합니다. 여러분, 어떤 일을 할 때 적어도 여기에다가 목숨을 걸어야 됩니다. 그만큼 확실해야 되는데 해도 그만, 안해도 그만, 그렇게 습관이 돼 버렸어요. 그러면 그에게는 성공은 없는 것입니다.

「탈무드」에 유명한 말이 있지 않습니까. '가장 강한 사람이 누구냐? 자기 자신을 이기는 사람. 가장 행복한 사람이 누구냐? 자기가 가진 것을 가장 귀한 것으로 여기는 사람. 가장 지혜로운 사람이 누구냐? 모든 사람으로부터 배우는 사람이다.' 모든 사람으로부터 배워요. 윗사람 아랫사람이 없어요. 성공하는 사람은 누구에게서든지 배우는 마음을 가지고 있더라.

오늘본문에 보면, '루스드라에 나면서부터의 앉은뱅이가 있었다'고 말씀하고 있습니다. 나면서부터 앉은뱅이된 사람이 사도 바울의 설교하는 말씀을 듣고 있습니다. 그는 걸어본 적이 없는 사람입니다. 일생 한 번도 제 발로 바로 서본 적이 없는 사람입니다. 그러나 여기에 어떻게든, 누가 데리고 왔든, 메고 왔든, 업어 왔든 이 자리에 왔어요. 그리고 앉아서 말씀을 듣고 있습니다. 걷지는 못해도 듣기는 합니다. 이게 중요한 것입니다. 가능한 것을 가능케 하고 있습니다. 걷지 못한다는 불평 때문에 듣지 않는 사람이 아닙니다. 걷지는 못해도 그는 듣는 겸손을 가지고 있어요. 그것도 감사하며 듣고 있습니다. 오늘본문에 깊은 감동을 주는 부분이 어디 있는가 하니 "바울이 주목하여 구원받을 만한 믿음이 그에게 있는 것을 보고……"- 이 대목이 아주 중요합니다. 구원얻을 만한 믿음이 있는 것을 보고, 보았다는 이 부분입니다. 구원얻을 만한 믿음이라고 말하고 그것을 보았다는 말이 목회자인 제게는 아주 충격적으로 들려옵니다.

여러분은 잘 모르시지요? 목사에게 비밀이 있습니다. 여기 이 자리에서 설교하면서 보면 미안하지만 여러분의 신앙성적표를 다 매길 수 있어요. 여기 앉아서 고민이 있는 사람, 부부싸움 한 사람, 뭐 무슨 문제든 훤하게…… 저도 한 40년 목회를 했더니 도가 틔었어요. 이제는 압니다. 이제는요. 정말입니다. 오랜 기간 목회를 통해서 말입니다. 설교할 때 보면 열심히 듣는 사람이 있습니다. 참 소중합니다. 그 정말 앞에 앉아서 말씀을 듣는 자세를 보면 이건 듣는 게 아니라 받아먹는 것입니다. 제비새끼처럼 받아먹습니다. 그냥, 전적으로 그냥 받아먹습니다. 확실하게 100%로 받아먹는 것입니다. 그런 분이 있어요. 어떤 때는 내려다보기가 부끄러울 정도로 열심히 뚫어지듯 쳐다보며 집중적으로 말씀을 듣는 그런 분들이 있어요. 이렇게 말씀에 집중하는 분들, 몰두하는 분들은 믿음이 무럭무럭 자랍니다. 그 생활에 변화가 옵니다. 여러분, 설교란 지식을 주는 게 아닙니다. 깨달음을 주는 것도 아닙니다. 결단을 주는 게 아닙니다. 감동을 주는 게 아닙니다. 설교의 결론은 변화시키는 것입니다. 어느 정도? 나도 모르게, 말씀에 몰두하다보면 나도 모르게 변화가 오는 것입니다. 이제 뭐 깨닫고나서 실천을 하겠다, 뭐 어떻게 하겠다 하는 그런 얘기 하는 게 아닙니다. 말씀 듣는 순간 속이 변하고, 영혼이 변하고, 얼굴이 변하고, 라이프 스타일이 변하고, 몸도 변하는 것입니다. 몸도. 이것이 성경에 나타난 말씀이고 또 우리의 경험이기도 합니다.

 제가 환자들을 찾아서 혹 가정의 문제가 있는 경우 심방할 때가 있습니다. 제가 이제는 심방을 안하지만 옛날에는 하루에 평균 27집 심방을 했습니다. 심방을 많이 다니면서 보면 이 집 저 집에 문제가 많아요. 그 문제를 놓고, 성경을 읽고 말씀을 전합니다. 1년에 한 번 만나는 시간이니까 소중한 시간이거든요. 전할 말씀을 많이 준비해 가지고 갑니다. 요 집에 꼭 필요한 말씀을 전해야겠다고 생각하고 앞에 앉혀놓고 딱 앉아서 그야말로 일대 일로 말씀을 전하는 그런 시간입니다. 여러 사람이 같이 오긴 했지만 그야말로 이 한 분에게 일대 일로 전하는 것입니다. 그런데 말입니다. 이 말씀을 듣는 자세를 내가 봅니다. 아, 전하는 말씀을 잘 받아들이면서 어떤 분은 눈물로 받아들이고 어떤 분은 말씀에 언더라인을 하고 다시 읽어야겠다고 생각을 하시는 분도 있어요. 그렇게 열심히 받아들이는 분이 있어요. 그리고 기도하면 병이 나아요. 그런가하면 어떤 분은 듣는 자세가 없어요. 아, 지금 본인에게 설교하는 동안에도 또 밖에서 누가 부르면 나갑니다. 들락날락할 뿐만 아니라, 제가 제일 싫은 게 뭐냐 하면 음식 준비한다고 부엌에 뭐 올려놓은 게 지금 끓고 있다고 들락날락하면서 또 날 보고 하는 말이 설교하래요. 자기는 음식 가지러 가면서, 설교하래요. 예배 계속 하래요. 그 때마다 '아이구 주여, 이건 지금……' 하기야 지금 누굴 원망하겠어요. 내가 그렇게 잘못 가르친 거니까. 아, 청종하는 마음이 없어요. 이렇게 교인들이 다 같이 모여 있는 것도 아니고 일대 일로 그 가정을 찾아갔는데 아니, 이 소중한 시간에 이게 뭡니까? 듣는 마음이 없어요. 그러면 말씀이 그만 빗나가고 말아요. 말씀의 역사는 나타나지 않는 것입니다. 이걸 우리가 깊이 생각합니다.

 자, 오늘본문을 보세요. 구원얻을 만한 믿음이 있는 것을 보고…… 사도 바울이 설교하면서 봤더니 앞에 앉은 이 앉은뱅이가 뚫어져라 쳐다보고 그저 마음을 열고 아멘, 아멘 하면서 계속 열중하여 몰두해서 듣고 있는 것입니다. 그래 듣다가 구원얻을 만한 믿음이 있는 것을 보고 "바로 일어서라" 하니 벌떡 일어서는 것입니다. 이거 놀랍지 않습니까? 믿음이 뭡니까? 듣는 마음입니다. 전적으로 total acceptance. 전적으로 수락하며 듣는 것입니다. Concentration,

몰두해서 듣는 것입니다. 청종하는 것입니다.

특별히 오늘본문에서 생각해야 될 것은 순종하면서 듣는다는 것입니다. 딴생각을 하지 않아요. 전혀 하지 않습니다. 몰두하고 깊이 취해서 끌려가면서 듣는 것입니다. 말씀을 그대로 뭐 결론만 듣겠다는 게 아니고 내가 듣고 싶은 말만 듣겠다는 게 아닙니다. 처음부터 끝까지 차례차례 듣고 나가는 것입니다. 여러분도 잘 아시는대로 서론을 듣지 못하면 결론도 못듣는 것입니다. 어느 중간에서 빼먹어서는 안되는 것입니다. 다 필요해서 이 과정을 거쳐서 말씀하고 있는 거니까 열심히 듣는 것입니다.

재밌는 얘기가 있습니다. 마르틴 루터가 커다란 개를 한 마리 키웠대요. 아침에 식사를 하는데 빵도 먹고 고기 조각도 잘라 식탁에 앉아서 혼자서 먹고 있는데 개가 무릎 앞에 앉아가지고 이게 먹고 싶어서 루터의 손이 빵으로 가면 빵을 보고 루터의 손이 입으로 가면 입을 보고 쳐다보고 내려다보고 쳐다보고 내려다보고 열심히 열중해서 보더랍니다. 그래서 루터가 고기조각 하나를 찢어서 줬어요. 그리고 무릎을 치면서 유명한 말을 했습니다. '이 개가 이 고기조각을 쳐다보는 동안은 아무 생각도 하지 않는다. 오로지 이 고기조각만 쳐다본다. 열중, 집중. 그런데 나는 하나님을 앙모하고 하나님을 믿고 하나님을 쳐다본다고 하면서도 소위 기도한다고 하면서도 "하나님 아버지" 해놓고는 이 생각 저 생각…… 이렇게 해서야 되겠는가.' 이렇게 개탄을 했다는 것입니다. 그렇습니다. 정말 집중해서, Concentrating, 아주 몰입해 들어가는 그런 청종이 있어야 하거든요.

특별히 오늘본문을 깊이 생각해보면 그것만이 아닙니다. 앉은뱅이는 말씀을 듣는 동안 자기가 한 번도 걸어본 적이 없는 앉은뱅이라고 하는 것을 잊어버렸어요. 자기의 과거를 잊어버렸어요. 어두운 과거, 그 지금까지 수십 년 동안 앉은뱅이로 비렁뱅이로 살아온 과거를 다 잊어버렸어요. 그리고 현재 지금 앉은뱅이로 여기 앉아 있다는 것도 잊어버렸어요. 이게 중요한 것입니다. 듣는 말씀에 몰두하면서 자기자신을 완전히 부정해버렸어요. 자기의 과거도 현재도 없어요. 오직 듣는 말씀만이 있어요. 이 얼마나 소중한 시간입니까. 깊이 생각할 문제입니다. 정말로 소중한 시간입니다. 이때에 사도 바울이 말씀합니다. 큰 소리로 가로되 "네 발로 바로 일어서라." 이 사람은 바로 서 본 일이 없는 사람이거든요. 바로 일어서라 할 때 벌떡 일어섰어요. 이거 놀라운 얘기가 아닙니까. 이 사람이 조금 믿음이 적은 사람같았으면 일어서라 할 때 이랬을 것입니다. 분명히 저같았으면 그랬을 것입니다. '바울 선생님, 내가 여기 앉아 있으니까 누군지 모르나본데…… 제가 나면서부터 앉은뱅이입니다. 사람 놀리는 거요? 사람 놀리는 거냐고? 일어나라 마라. 내가 일어날 수 있는 사람이냐고?' 그렇지 않아요? 지금이 바로 이런 시간입니다. 그러나 이 분은 그렇지 않았어요. 바로 일어서라— 벌떡 일어섰어요. 놀라운 역사가 일어났어요. 그는 말씀, 그 설교말씀의 그 문맥을 따라서 계속 취해 들어가고 있는 것입니다.

여러분, 예수님의 비유가 뭡니까? 예수님께서 윤리적으로 이래라저래라 꼬집어서 한 말씀 하신 것은 많지 않아요. 이야기입니다. 전부 이야기입니다. 어떤 집에 두 아들이 있는데 하나가 집을 나갔다, 아버지가 기다렸다…… 죽 얘기 하십니다. 죽 들어나가보니 탕자가 바로 나 자신이더라고요. 어떤 날은 예수님께서 이런 말씀 하십니다. 사마리아로 가는 길에 불한당맞은 사람이 누워 있더라, 그런데 이 사람도 지나가고 제사장도 지나가고 다 지나가는데 사마리아사람이 그를 도왔더라…… 이런 재미있고 긴 이야기를 죽 하십니다. 몰두해서 듣다가 마지막에 가서 예수님 말씀하십니다. "너도 그렇게 하라." 여러분, 생각해보십시오. 여기에는 서론, 결론이 없어요. 처음서부터 끝까지 다 들어야 되는 것입니다. 뚝 잘라서 들을 생각 하지 마세요. 이것을 분명히 생각해야 됩니다. 예수님의 이야기를 죽 듣다보면 그 속에서 나 자신이 발견되고 그것이 능력으로 나타나게 됩니다. 그러니까 말씀에 끌려가면서 들었어요. 자기를 잊어버리고 들었어요. 자기 처지도 망각하고 들었어요. 그리고 말씀의 결론에 가서 적용을 합니다. 적용이 나타납니다. "바로 일어서라." 벌떡 일어섰어요. 놀라운 일입니다. 바로 이것이 믿음입니다. 이것이 청종이라고 하는 것입니다.

그 유명한 데일 카네기의 말 가운데 이런 말이 있어요. '성공한 사람들은 다음 세 가지 말을 절대로 하지 않는다. 첫째, '없다'라는 말을 안한다.' 왜일까요? 없는 게 아닙니다. 가진 게 더 많아요. '잃었다.' 아닙니다. 세상에 잃어버리는 일은 없어요. 다 잃어버려도 지혜는 얻었어요. 절대 적자로 계산하지 않아요. 흑자입니다. 잃은 게 아니라 얻은 것입니다. '그 이상은 없다, 끝났다는 말을 하지 않는다.' 왜요? 그건 내 생각이지 하나님께서 끝나는 일은 없거든요. 오히려 시작일 수 있지요. 이걸 깊이 생각해야 합니다. 기적은 하나님께서 주신 축복입니다. 이 기적이 나타나기 위해서는 말씀의 역사가 있고 말씀에 대한 믿음이 있고 그 믿음에의 순종이 있습니다. 그래서 기적은 나타납니다. 여러분, 잊지 말아야 합니다. 성경이 있다 하면 있는 것입니다. 말씀이 가능하다 하면 가능한 것입니다. 말씀이 사랑하신다고 했으면 나는 사랑받는 존재입니다. 아무것도 묻지 마세요. 말씀을 지식으로가 아니고 감동으로도 아니고 생명력으로 받아요. 그대로 잘 청종, 청종, 청종, 순종, 순종, 순종 해 보세요. 일어나라. 벌떡 일어날 수 있는 것입니다. 이 놀라운 기적과 이 능력을 체험하면서 오늘도 승리의 생활 하시기를 바랍니다. △

묻지 말고 먹으라

모든 것이 가하나 모든 것이 유익한 것이 아니요 모든 것이 가하나 모든 것이 덕을 세우는 것이 아니니 누구든지 자기의 유익을 구치 말고 남의 유익을 구하라 무릇 시장에서 파는 것은 양심을 위하여 묻지 말고 먹으라 이는 땅과 거기 충만한 것이 주의 것임이니라 불신자 중 누가 너희를 청하매 너희가 가고자 하거든 너희 앞에 무엇이든지 차려 놓은 것은 양심을 위하여 묻지 말고 먹으라 누가 너희에게 이것이 제물이라 말하거든 알게 한 자와 및 양심을 위하여 먹지 말라 내가 말한 양심은 너희의 것이 아니요 남의 것이니 어찌하여 내 자유가 남의 양심으로 말미암아 판단을 받으리요 만일 내가 감사함으로 참예하면 어찌하여 내가 감사하다 하는 것에 대하여 비방을 받으리요 그런즉 너희가 먹든지 마시든지 무엇을 하든지 다 하나님의 영광을 위하여 하라 유대인에게나 헬라인에게나 하나님의 교회에나 거치는 자가 되지 말고 나와 같이 모든 일에 모든 사람을 기쁘게 하여 나의 유익을 구치 아니하고 많은 사람의 유익을 구하여 저희로 구원을 얻게 하라

(고린도전서 10 : 23 - 33)

묻지 말고 먹으라

　제 집안 이야기를 좀 하렵니다. 제 아내가 네 살 때 한 살 위의 오빠하고 둘이서 시골에서 자라면서 손잡고 이 집 저 집, 이 골목 저 골목 하루종일 돌아다니며 놀았답니다. 어떤 집 앞을 지나가다가 닭을 잡는 걸 보았습니다. 닭을 몇 마리 잡아다가 발로 밟고, 목을 따고, 피를 내는 걸 보았습니다. 그리고 '악!' 하고 울었습니다. 아주 기절할 것처럼 울었습니다. 그 후로 칠십이 넘어서도 아직도 닭고기를 못먹습니다. 좀 먹어보라고 해도 먹으려고 하면 딱 걸리는 것입니다. 이게 걸려서 오빠하고 둘 다 지금껏 닭고기를 못먹습니다. 못볼 걸 본 것입니다. 다시말하면 보아서는 안될 것을 보았습니다. 안보았으면 좋았을 걸 보았습니다. 닭고기만 먹어야지 닭 잡는 것까지 볼 필요는 없지요. 잡는 걸 보았기 때문에 일생토록 닭고기를 못먹어요.
　인간은 합리적 존재이고 합리성을 추구하는 존재입니다. 인간의 인간됨의 그 가치는 확실히 이성에 있다고 봅니다. 생각하고, 알고, 비판하고, 추리하는 기능이 있어서 인간만의 독특한 행복을 누리며 사는 것이거든요. 알고자 하는 욕망이 있습니다. 그리고 알고 깨달을 때마다 통쾌합니다. 그러나 여러분, 다 아는 것은 아닙니다. 아니, 다 알 필요도 없습니다. 나아가서는 몰라야 될 것은 모르는 게 좋습니다. 굳이 알려고 하지 마세요. 모르는 게 좋습니다. 그냥, 그냥 사세요. 그것이 바로 인간이 인간답게 사는 비결이기도 하고요 행복하게 사는 비결입니다. 사람이 다 알고 행동하는 게 아닙니다.

행동한 다음에 아는 경우가 더 많지요. 알아서 좋은 것이 있고, 몰라서 좋은 것이 있습니다.

그런 의미에서 제가 결혼 주례할 때마다 신부에게 꼭 당부를 합니다. 어제도 주례하면서 신부에게 얘기했습니다. "나하고 약속하자. 밤에 남편이 잘 때, 몰래 남편의 핸드폰 뒤져보지 마라. 요거 눌러보고 '요 번호 누구 거냐?' 묻지 마라. 그냥, 그냥 모르고 사는 게 좋다. 그거 알아서 뭐 어쩌라는 얘기냐? 사랑은 강탈하는 것이 아니다. 사랑은 억지로 받아내는 것이 아니다. 그렇게 하는 줄 알면 만정이 떨어진다. 사랑받지 못하는 여자가 되고 만다." 그렇게 약속하기는 했는데 지킬는지 모르겠어요. 그런데 여러분, 생각해보세요. 우리가 가진 지적 욕망, 이걸 제한해야 됩니다. 믿음으로 때로는 사랑으로 이걸 제한하는 지혜가 필요합니다. 보십시오. 적어도 죽을 날은 모르는 것이 좋아요. 이걸 알겠다고 점쟁이 찾아가는데 거 한심한 짓입니다. 점쟁이 저도 모르는데 남의 죽을 날을 어떻게 알겠어요. 어쨌든 죽을 날은 모르고 사는 게 좋아요. 그러나 머지않아 죽을 텐데 뭐, 걱정할 거 없지 않습니까. 가만히 있어도 죽을 텐데요. 아나 모르나 간에. 그런 건 모르는 게 좋아요. 예수님께서도 주님 재림하시는 날짜에 대해서 사람들이 궁금해하니까 말씀하시기를 '그건 너의 알 바 아니다' 하셨습니다. '너의 알 바 아니다' 하시면 '예, 그런 줄 알겠습니다' 그러고 말지, 그거 알겠다고 머리를 싸매고 성경을 연구하다가 잘못된 신앙 가진 사람들이 많습니다.

'차라리 몰랐다면 좋았을 걸, 차라리 몰랐다면 좋았을 걸' 하는 일이 얼마나 많습니까? 아니, 몰라야 행복했던 것입니다. 그걸 잊지 말아야 합니다. 어느 분이 Jew─유대사람하고 친했어요. 그 친구가 어느날 골탕을 먹이려고 일부러 중국집에 들어가서 돼지고기 탕수육을 시켰어요. 맛있게 다 먹었어요. 같이 맛있게 먹고나서 마지막에 "자네, 그 지금 먹은 거 무슨 고기인지 아나?" "모르는데……" "그거 돼지고기야." 그때 그 친구 하는 말입니다. "그거 왜 이제와서 말하나? 그 말 안했으면 좋았을 걸……" 그 다음 얘기가 더 재밌습니다. "어쩐지 맛이 있더라." 하하하. 유대인은 돼지고기 안먹습니다. 먹어선 안됩니다. 그러나 이미 먹었습니다. 그러면 몰랐으면 좋았을 걸. 이걸 알아가지고 께름칙하게 살아야 하겠습니까? 모를 것은 모르는 게 훨씬 좋습니다.

성경에 기록된 2,000년 전 당시로 돌아가 보면 오늘의 말씀을 쉽게 이해할 수가 있습니다. 당시에는 우상의 제물이 많았습니다. 일반 사람들은 짐승을 죽일 때에 반드시 우상에게 일단 약식의 제사를 드리고 짐승을 잡았습니다. 그뿐만 아니라 제사의식을 통해서 많은 제물을 우상에게 드리고 마지막에 저들이 먹고서 남으면 그 남은 고기를 시장에 내다 팔았습니다. 그러니까 시장에서 사는 고기는 대부분 우상에게 한번 제사 드렸던 것이거든요. 그런데 우상의 제물을 먹으면 우상제사에 동참하는 것이 됩니다. 우상제사에 참예하는 것이 된단 말입니다. 자, 이런 상황에서 문제가 생깁니다. 음식은 음식입니다. 고기는 고기입니다. 그런데 단순히 음식으로 보느냐 아니면 우상의 제물로 보느냐 하는 관념의 차이가 있습니다. 분명한 것은 언제나 음식은 음식일 뿐인데 이것을 먹으면 제사에 동참하는 것이 된다는 생각을 하기 쉽다는 것입니다. 여기에 시각의 차이가 있습니다. 그래서 로마서 15장 1절 이하에 보면, 강한 자와 약한 자를 말합니다. 어떤 음식을 먹을 때 '이건 음식이다, 단순한 음식일 뿐이다' 하고 먹는 사람, 그는 강한 사람이고요 음식을 먹을 때마다 께름칙해가지고 이게 우상의 제물인가 아닌가를 꼭 생각하는 사람이 있단 말입니다. 그러면 탈나지요. 이렇게 생각하고 벌벌 떠는 사람이 있어요. 아니, 못먹는 사람이 있어요. 그런데 문제가 나로서는 그것이 아무것도 아닌데 저 약한 사람에게는 이게 신중한 문제가 된다는 것입니다. 여기서 우리가 깊이 생각해야 됩니다.

하버드 대학 교수인 하워드 가드너(Howard Gardner)의 「비범성의 발견」이란 책이 있습니다. 그 책에서 우리 인간이 세상을 살아갈 때는 뭐니뭐니해도 확고한 신념을 가지고 살아야 한다고 말합니다. 먹든지 마시든지 뭘 하든지 확고한 신념으로, 갈까 말까? 가지 말고, 먹을까 말까? 먹지 말고, 만날까 말까? 만나지 말고, 죽을까 말까 죽어야 되는 것입니다. 어쨌든 확고하게 확고한 신념을 지니고 사는 것이 중요하다는 것입니다. 두 번째는 매사에 긍정적 자세를 가져라 합니다. 여러분, 의심하기로 들면 끝도 없어요. 여러분 옆에 있는 남편 믿을 수 있어요? 그 아내를 믿을 수 있어요? 잠자는 애를 믿을 수 있어요? 이거 의심하기로 들면 끝도 없는 것입니다. 그래서 항상 긍정적 자세를 가지고 사는 것이 중요합니다. 모든것을 긍정적으로 보는 시각. 그리고 세 번째는 자신이 하고 있는 일이 특별한 일이 아니라는 것을 알아야 합니다. 신념도 좋고 긍정도 좋지만 고집을 부리면 안됩니다. 다른 사람도 나와 같은 마음입니다. 나도 다른 사람과 같은 사람입니다. 다만 시각의 차이가 있을 뿐이고 시차가 있을 뿐입니다. 경험의 차이가 있을 뿐입니다. 모든 사람이 동일하다, 나도 저와 같고, 저도 나와 같다…… 그런 여유 그 마음으로 사는 것이 바로 진정한 의미에서의 비범성의 발견이라고 그렇게 말하고 있습니다.

오늘본문에는 기독교 윤리적, 또는 도덕성의 원리를 말해주고 있습니다. 첫째, 하나님의 영광을 위하여 하라 합니다. "먹든지 마시든지 무엇을 하든지 다 하나님의 영광을 위하여 하라." 우리가 하나님의 영광 영광 합니다만 그건 무슨 뜻입니까? 어떻게 하면 하나님께 영광이 돌아갑니까? '이 모든것은 하나님께서 주신 겁니다' 하는 마음입니다. 하나님께서 주신 것입니다, 감사합니다— 여러분, 이 감사가 하나님께 영광 돌리는 것입니다. 원망과 불평을 하면 하나님께 욕 돌리는 것입니다. 그저 '감사합니다, 고맙습니다' 하는 마음, 그리고 항상 선물로 받은 마음입니다. '내 공로로, 내 의로, 내 선으로 된 게 아니고 보상으로 받는 게 아니라 이건 선물입니다. 나는 조금 수고했는데 하나님께서는 큰 것을 주셨습니다, 감사합니다' 하는 것입니다.

제가 목사님들을 모아 강의를 많이 합니다. 지난 주간에도 강의를 했는데 강의 마지막에는 질문을 받습니다. 그 질문 중에 해마다 질문받을 때마다 나오는 질문이 하나 있습니다. 공통적으로 물어보는 질문이 '목사님, 40년 목회하고 후회하는 거 없습니까?' 꼭 그 물음이 있어요. 그러면 저는 대답합니다. "여러분, 이 시간에 대답하겠습니다. 저는 후회 없습니다. 왜 없느냐? 내가 기대가 적었으니까요. 내가 생각했던 것보다 다 잘됐으니까. 내가 한 건 작은 거요, 하나님께서 큰일을 이루셨어요. 내가 한 수고는 쪼끔이고 하나님께서는 위대한 일을 이루셨어요. 나는 부족하고 허물이 많지만 나를 통해서 너무나 큰 일을 이루셨기 때문에…… 후회라니? 말조심하세요. 어떻게 후회가 있겠소?" 이렇게 말하면 목사님들이 깜짝 놀라요. 사실이 그렇습니다. 저는 어떤 일에도 후회는 없습니다. 죄송합니다. 후회 없는 마음이 하나님께 영광 돌리는 마음입니다. 지금까지 살아온 것을 뒤돌아보면서 '이것이 잘못됐고, 저것이 잘못됐고, 억울하고, 이래서는 안되는 건데, 저래서는 안되는 건데……' 이거 다 하나님께 욕 돌리는 것입니다. 이걸 잊지 말아야 합니다.

하나님께 영광을 돌리는 것은 하나님의 사랑을 느껴야 됩니다. 범사에 하나님의 사랑을 느끼고 하나님의 위대함을 느끼고 행복해야 돼요. 나의 행복이 하나님께 영광이 된다는 걸 잊지 마세요. 여러분, 아이들을 위해서 음식을 차려 놓습니다. 아이들이 밥 먹을 때마다 '아, 꿀맛입니다. 감사합니다' 하고 밥 먹고 일어서면서 '잘 먹었습니다. 감사합니다' 그래야 그게 부모님께 영광 돌리는 거지, 이게 짜고 시고 뭐 어쩌고 하면서 찌그럭거리면 이거는 아니거든요. 이거는 정말 아닙니다. 행복해야 합니다. 행복에 벅차 있어야 합니다. 감사, 그것이 하나님께 영광을 돌리는 것입니다. 하나님께 영광 돌리는 것은 내 스스로가 행복한 것입니다. 범사에 감사하고, 범사에 행복을 느끼고 사랑을 느껴요.

유명한 처칠(Winston Churchill)은 하나님께 식사기도 할 때마다 특별한 기도를 했어요. 우린 식사 기도가 좀 긴 게 흠이지요. 어디서부터 잘못되었는고 하니 '이 음식 먹고 건강하여……' 그때부터 잘못되는 것입니다. 거 왜 복잡하게 하는지…… '이 음식 주셔서 감사합니다. 아멘' 하고 먹으면 딱 좋겠는데 뭐 이 음식 먹고 건강하여 어쩌고 하면서 남북통일까지 가니까 기도가 길어질 수밖에요. 이거 영영 감사기도같지 않아요. 그런데 이 분은 딱 두 가지 감사 기도를 했어요. '하나님, 좋은 음식 맛있는 음식 주셔서 감사합니다. 왕성한 식욕을 주셔서 감사합니다.' 입맛 없으면 안되잖아요. 맛있게 먹는다는 게 얼마나 행복한 것입니까. 이렇게 맛있게 먹으면 하나님께서도 기뻐하신다는 걸 잊지 마세요. 거, 찌그럭대지 마세요. 그러면 하나님께 욕 돌리는 것입니다. 하나님께 영광. 또한 목적의식이 분명해야 돼요. 오직 하나님의 영광을 위하여 먹든지 마시든지 그리할 때 하나님께 영광이 돌아갑니다. 우리 믿는 사람의 생활철학 제1호가 하나님께 영광입니다.

두 번째, 이웃에 덕을 세우도록 하라 합니다. 왜? 다른 사람의 약함을 돌아봐야 되겠거든요. 그래서 모든것이 가하나 다 가한 것이 아닙니다. 나로서는 가하나 저에게는 가한 것이 아니요 나는 당당하지만 저 사람은 께름칙해요. 그렇다면 내가 어느 쪽을 택해야겠습니까? 사도 바울은 이래서 말씀합니다. "내가 만약에 고기를 먹어서 다른 사람에게 시험이 된다면 나는 영원히 고기를 먹지 아니하리라." 이까짓 거 안먹으면 되지요. 한 사람 구원하기가 얼마나 어려운데 다른 사람의 믿음을 위해서 내가 스스로 자제할 것이라고 말씀합니다.

여러분, 그저 웬만하면 나의 욕구보다는 다른 사람의 욕구, 내 소원보다는 다른 사람의 소원, 다른 사람의 기쁨을 생각하며 사는 거 그것이 나의 인생의 영역을 넓히고 내 인격의 성숙도를 더하게 합니다. 거기에 또 다른 행복이 있습니다. 내가 먹어야만 좋은 게 아니거든요. 남을 먹이고 잘먹는 걸 보면서 내가 행복한 거 아닙니까? 이 높은 행복을 생각해야지요. 특별히 성경은 아주 구체적으로 말씀합니다. 내 자유함이 남에게 거리낌이 되지 않게 하라는 것입니다. 여러분, 나의 자유가 다른 사람을 방해해서는 안됩니다. 내가 가야 할 길이 있고, 마땅히 해야 할 일이 있지만 다른 사람에게 폐를 끼쳐서는 안되지요. 아니, 다른 사람에게 덕이 되도록 해야 합니다. 이웃의 약점, 이웃의 부족한 점, 이웃의 약한 믿음, 다 생각해야 됩니다. 깊이 생각해야 됩니다.

우스운 얘기입니다만 언젠가 한번 손자 손녀가 아주 어렸을 때 내게 왔어요. 그러더니 손녀 아이가 큰 걱정을 해요. "할아버지, 할아버지." "왜?" "아니 글쎄, 오빠가 엄마하고 결혼한대요. 그래서 나는 할수없이 아빠하고 해야 될 거같아요." 아주 큰 걱정을 해요. 애를 놓고 내가 무슨 말을 해야 됩니까? 그래서 내가 그랬지요. "그렇게 잘 되도록 해라." 그러고 말았지요. 거기 무슨 긴 설명이 필요합니까? 어리석고 유치한 말을 할 때는 그냥 봐주세요. 거 투정 대는 거, 거 좀 받아주면 안되겠습니까? 뭘 거기다 대고 이러니 저러니 말싸움을 벌입니까? 시비를 벌이지 마세요. 그냥 기다려주세요. 좀 이제 컸어요. 요즘은 초등학교 다니는데 요사이에 물어봤어요. "아빠하고 결혼할래?" 그러니까 안한대요. 보세요. 좀 기다리면 되지 않습니까. 그걸 놓고서 어쩌고 어쩌고 그러는 게 아닙니다. 그냥 관용하고 이해하고 기다리세요. 조금만 더 기다리세요. 비판에 앞서서 기다리세요. 의젓하게 아무 걱정 하지 말고 웃으면서 기다리세요.

또한 바울의 윤리는 이렇습니다. 스스로 종이 되는 것이라고 말씀합니다. 고린도전서 9장 19절, 9장 22절에서 말씀합니다. '여러 사람을 얻기 위하여 여러 모양이 되었다.' 마치 주체의식이 없는 것같으나 그럴 수밖에 없어요. 여러 사람을 얻기 위해서 여러 사람, 율법 있는 사람에겐 있는 사람처럼, 율법 없는 사람에겐 없는 사람처럼, 어리석은 사람에게 어리석게, 지혜로운 사람에게 지혜롭게…… 왜? 그 사람을 구원하기 위하여. 그 사람을 이해하기 위해서 나는 그렇게 여러 모양이 되었다 하고 말씀합니다. 이것이 삶의 원리입니다. 그리고 사도 바울은 강하게 말씀합니다. 기독교 윤리의 핵심이라고까지 말씀합니다. '그리스도께서 위하여 죽으신 형제를 식물로 망하게 하지 마라.' 유명한 말씀입니다. 한 사람을 놓고 봅시다. 이게 누구입니까? 예수님께서 이 분을 위해서 십자가에 돌아가셨어요. 그 생명이 얼마나 소중합니까? 그렇게 소중한 사람을 내가 한 끼의 음식 때문에 시험에 빠뜨려서 되겠습니까? 그리스도께서 위하여 죽으신 그 고귀한 형제를 하찮은 식물 문제로 망하게 하지 마라— 많이 생각해야 합니다. 생활 원칙입니다.

오늘본문으로 돌아가 봅니다. "양심을 위하여 묻지 말고 먹으라 (25절)." 묻지 말고. 묻지 말라— 알려고 하지 말라는 그 말입니다. 더 알려고 하지 말어. 그냥 먹어요, 감사함으로. 먼저는 나의 양심을 위해서. 몰라야 좋을 건 모르는 것이 좋거든요. 그 모든 과정을 알 필요가 없거든요. 그저 모르는대로 믿음으로 받아들이세요. 그게 내 양심을 위해서입니다. 내 양심이 강한 양심이 아닙니다. 여러분, 가만히 보면 그런 일이 있지 않습니까. 안들어야 될 말 들어놓으면 그거 뒤에 두고두고 문제가 되거든요. 안봐야 될 걸 보고나면 그거 지워버리는 데 시간이 많이 걸려요. 어렵습니다. 잊어버려. 차라리 안 듣는 게 좋아요. 어떤 분은 누구하고 얘기하다가 좀 좋지 않은 얘기가 나오기 시작하면 '그만합시다. 그 말 다 듣고나면 제가 이거 소화하는 데 시간이 많이 걸립니다. 그런고로 여기서 그만합시다. 그거 별로 좋은 얘기 아닌 것같으니 그만합시다' 합니다. 이 얼마나 중요한 것입니까. 철학자는 이렇게도 말합니다. '그 의심되는 얘기는 나에게 하지 마세요. 내가 가진 의심도 많으니까.' 여러분, 듣고 보는 것을 다 알려고 하는 것 그거 별로 좋은 마음이 아닙니다. 제한할 줄 알아야 돼요. 나의 양심을 위하여 묻지 말 것이고, 또 다른 사람의 양심을 위해서 말입니다. 지금 식사를 하는데 이것 우상의 제물이라고 말해버리면 나도 힘들지만 저 사람은 더 힘들어요. 께름칙하고 두고두고 마음에 걸리니까 묻지 말어. 그 말은 묻지도 말고 알려고 하지도 말고 알지도 말어. '묻지 말고 먹어라, 양심을 위하여.' 대단히 중요한 얘기입니다.

　한 양로원에 있는 노인들이 모여가지고 좌담을 했는데 '후회되는 것, 당신들이 일생동안 살아오면서 후회되는 사건의 공통점'이 뭔가를 한번 연구해봤대요. 그랬더니 아주 재미있는 얘기가 나왔어요. '첫째, 즉석을 좋아한 것이 후회스럽다.' 즉석 불고기, 즉석 사진, 뭐든지 즉시즉시. 이제 생각해보니 그것이 잘못됐다는 것입니다. 또 하나는 '벌떡 일어나지 못했다.' 잠자리에서 일어난다면 벌떡 일어나지 왜 뭉개고 돌아가나. 그 많은 세월 그것이 좋지 못했다는 것입니다. 식사할 때 기왕에 음식을 먹는데 맛있게 먹지. 왜 불평하며 먹었던가, 그게 후회스럽다고 했어요. 또 한 가지 있어요. '나쁜 습관으로부터 벗어나지 못한 것을 후회한다.' 왜? '딱 한잔만 더' 그러고서는 망가졌어요. '한번만 더' 하다가 일생이 망가졌어요. 과감하게 딱딱 끊었어야 하는데. 그리고 모두가 하는 말입니다. 마지막으로, 나 자신을 위한다고 하다가 위한 것도 없고 남을 위해서 산 것이 너무 없어요. 사랑할 수 있었는데, 베풀 수 있었는데, 얼마든지 좋은 일 할 수 있었는데 세월이 다 갔고 물질도 내 손에서 다 떠났어요. 후회가 그것입니다. 남을 위해 살지 못한 것 공통적으로 후회하고 있더랍니다.

토마스 H. 그룸(Thomas H. Groome)이라고 하는 분이 「Christian Religion Education」이라고 하는 책에서 말합니다. 인간의 자유 세 가지를 말합니다. 첫째, 합리적 사유의 자유. 생각이 자유로워야 됩니다. 생각이 깨끗해야 합니다. 이거 걸리고 저거 걸리고 가책의식에 후회의식에 께름칙한 것 안됩니다. 생각이 맑아야 합니다. 둘째, 선택과 의지의 자유. 누구 때문도 아니고 누구 위해서도 아닙니다. 완전한 자기 선택입니다. 그리고 자기가 책임지는 것입니다. 누구에게 책임 돌릴 것 없어요. 내 책임입니다. 그런 마음. 세 번째가 중요합니다. 행동차원에서의 자유. '자유를 내 스스로 버릴 줄 알아야 한다.' 내 자유를 남을 위해 버립니다. 그럴 때 행복으로 되돌아옵니다. 여러분, 확실한 원칙을 가지고 살아야겠습니다. 모든것은 하나님의 영광을 위하여 그리고 이웃에게 덕을 끼치기 위하여 그리고 내 양심을 위하여입니다. 묻지 말고 먹어라……　△

독수리 날개로 보여주신 은혜

　　이스라엘 자손이 애굽 땅에서 나올 때부터 제 삼월 곧 그 때에 그들이 시내 광야에 이르니라 그들이 르비딤을 떠나 시내 광야에 이르러 그 광야에 장막을 치되 산 앞에 장막을 치니라 모세가 하나님 앞에 올라가니 여호와께서 산에서 그를 불러 가라사대 너는 이같이 야곱 족속에게 이르고 이스라엘 자손에게 고하라 나의 애굽 사람에게 어떻게 행하였음과 내가 어떻게 독수리 날개로 너희를 업어 내게로 인도하였음을 너희가 보았느니라 세계가 다 내게 속하였나니 너희가 내 말을 잘 듣고 내 언약을 지키면 너희는 열국 중에서 내 소유가 되겠고 너희가 내게 대하여 제사장 나라가 되며 거룩한 백성이 되리라 너는 이 말을 이스라엘 자손에게 고할지니라
　　　　　　　(출애굽기 19 : 1 - 6)

독수리 날개로 보여주신 은혜

　카프마 부인의 「광야의 샘」이라고 하는 유명한 저서가 있습니다. 그 책에 나오는 이야기입니다. 카프마 부인 본인의 생생한 경험담이기도 합니다. '나는 누에고치를 관찰하다가 바늘구멍만한 작은 구멍을 통해서 나비가 천신만고 끝에 나오는 것을 불쌍히 여겨서 가위로 그 구멍을 넓혀주었다. 그랬더니 나비가 쉽게 나왔다.' 여러분은 보셨는지 모르지만, 저는 어렸을 때 이 모습을 많이 보았습니다. 누에고치에 구멍이 뚫립니다. 꼭 바늘구멍만한 동그란 구멍입니다. 그 구멍을 통해서 나비가 나옵니다. 번데기가 변해서 나비가 되어 나오려고 할 때 좌우간 한나절 고생을 합니다. 작은 구멍으로 나오느라고 푸득푸득거리는 것 참 불쌍하게 여겨지기도 합니다. 그런데 이렇게 카프만 부인이 가위로 그 구멍을 넓혀주었더니 나비가 쉽게 나왔다는 것입니다. 그리고 카프만 부인이 넋두리를 합니다. 너무나 재미있는 이야기입니다. '나는 하나님보다 더 사랑과 자비가 크다.' 부인은 그렇게 스스로 만족했습니다. 하나님께서는 나비를 요 작은 구멍을 통해서 나오게 하심으로 나비를 고생시키시는데, 부인은 그 구멍을 크게 뚫어주어 나비가 밖으로 쉽게 나오게 했으니, 하나님보다 자신의 자비가 더 크다고 스스로 만족해했다는 것입니다. 한데 이상합니다. 부인이 몰랐던 것이 하나 있습니다. 나비가 작은 구멍을 통해 나오려고 애를 쓰는 중에 영양분이 날개 끝까지 공급되고, 그렇게 마찰을 겪으면서 강해진다는 것을 부인은 몰랐던 것입니다. 결국 자기가 가위로 구멍을 뚫어주어 쉽게 나온 나비는 나중에 다 죽었고, 그 작은 구멍을 통해 나오느라고 큰 고생을 한 나비는 다 살아서 알을 낳게 되었더라는 이야기입니다. 여러분, 무엇을 생각합니까? 꼭 편하기만 해야겠습니까? 꼭 편해야 되겠습니까? 우리가 지금 어려운 고난을 통과하고 있다면 이 과정이 반드시 있어야 하겠기에 있는 것입니다. 그 속에 하나님의 음성도 있고, 하나님의 축복도 있고, 하나님의 인도하심도 있다는 것을 잊어서는 안됩니다.

심리학자들은 말합니다. 인간으로서 살아가는 데는 3가지의 절대요건이 있어야 한다는 것입니다. 그 첫째는 Need of Significance, 의미의 필요입니다. 다시 말하면, 살아가는 의미와 그 중요성, 존재의 의미를 꼭 가져야 된다는 것입니다. 어쩌면 이 존재의 의미를 향하여 우리는 많은 시련을 겪어나가는 것입니다. 아니, 우리로 이 존재의 의미를 깨닫게 하기 위하여 우리 앞에 많은 시련들이 있는 것입니다. 그 둘째는 Need of Security, 안정성의 필요입니다. 평화가 뭐냐? 참 평화가 뭐냐? 그것을 일생동안 배우는 것입니다. 돈인 줄 알았는데 돈이 아닙니다. 정치인 줄 알았는데 정치도 아닙니다. 명예인 줄 알았는데 명예도 아닙니다. 좋은 집에 살면 평화가 있습니까? 아닙니다. 그것도 아닙니다. 어쩌면 한 평생 참평안이 무엇인가를 공부해가는 것입니다. 그 셋째는 Need of Belongings, 소속의 필요입니다. 세상을 살아가면서 가정이 뭔지, 친구가 얼마나 소중한지를 알아야 합니다. 직장에 나가는 것이 얼마나 중요한지를 알아야 합니다. 돈 얼마를 받느냐 못받느냐가 중요한 것이 아닙니다. 이런 것들이 다 우리에게 무엇을 말해줍니까?

'21세기 장수비결'이라고 하는 제목의 작은 기사가 「리더스 다이제스트」 7월호에 실린 것을 읽어보았습니다. 그 기사는 장수하려면 우선 적게 먹으라고 주장하고 있었습니다. 그저 많이 먹으면 일찍 죽습니다. 그러니까 알아서 하십시오. 적게 먹어라— 그 다음은 친구를 사귀라는 것입니다. 특별히 인상적인 것은 결혼하라고 주장한 것입니다. 결혼하면 남자는 7년을 더 살고, 여자는 3년을 더 산답니다. 알아서 하십시오. 또 몸을 움직이라는 것입니다. 또 적포도주를 마시라는 것입니다. 이렇게 그 기사는 몇 가지로 요약하여 우리에게 장수의 비결을 알려주고 있었습니다. 결혼하라, 친구를 사귀라는 것이 무슨 말입니까? 소속감을 가져야 한다는 것입니다. 우리는 독립 독립, 자유 자유 하지만, 그것 가지고는 생명을 보존하지 못합니다. 소속관계를 분명히 할 때 건강해질 수 있고 장수할 수 있다는 것을 우리에게 말해주는 것입니다. 소속이 필요합니다.

　오늘본문에 보면 이스라엘 백성이 애굽에서 430년 동안 노예생활을 합니다. 그러니까 저들은 노예의 후손으로 태어난 것입니다. 태어날 때부터 노예입니다. 본질상 노예입니다. 노예로 죽어갈 수밖에 없는 숙명입니다. 그러나 하나님께서 큰 기적으로 그들을 구원하십니다. 여기에는 우리가 꼭 기억해야 할 신학적 문제가 있습니다. 이스라엘에 대한 구원은 동시에 애굽에 대한 심판이기도 하다는 것입니다. 그런고로 심판과 구원은 동시에 이루어집니다. 우리는 때때로 구원만을 바라면서 왜 구원이 속히 오지 않느냐고 답답해하지만, 구원이 있기 위해서는 먼저 심판이 있어야 합니다. 심판과 동시에 이스라엘의 구원이 이루어집니다. 이는 하나의 귀한 은사일 뿐만 아니라 하나의 작품이기도 합니다. 이 귀한 역사적 작품이 이루어지기 위해서는 상당한 과정과 준비가 있어야 했던 것입니다. 애굽 사람을 심판하시고, 이스라엘을 구원하시는 큰 역사를 이루십니다. 그렇게 하나님께서는 이스라엘과 관계를 맺으십니다. '내가 너희를 구원했다. 그걸 기억하라. 종 되었던 것을 기억하라. 그리고 내가 너희를 구원해냈다는 것을 잊지 말아라. 큰 기적을 통해서, 10가지 재앙을 통해서, 홍해를 열고 닫는 사건을 통해서 내가 이스라엘을 구원했는 사실을 잊지 말아라.' 이렇게 계속 말씀하십니다. 잊어서는 안됩니다. 이것을 잊어버릴 때마다 불평이 생깁니다. 이것을 잊어버릴 때마다 저들은 하나님의 은총의 세계에서 떠났던 것을 우리는 볼 수 있습니다. 또 저들은 이것을 잊어버릴 때마다 하나님을 원망했고, 하나님의 진노를 샀던 것을 우리는 볼 수 있습니다.

오늘본문도 물론이거니와, 신명기 32장 10절에서 12절까지에도 같은 말씀이 있습니다. 신명기에 있는 말씀은 모세의 마지막 설교 가운데 나오는 중요한 본문입니다. 하나님께서는 광야에서 저들을 만나주시고, 호위하시고, 자기눈동자같이 보호하시고, 독수리가 독수리 새끼를 보호하는 것처럼 보호하셨다고 성경은 말씀합니다. 오늘본문 4절도 말씀합니다. "내가 어떻게 독수리 날개로 너희를 업어 내게로 인도하였음을 너희가 보았느니라." 이 독수리라고 하는 것, 독수리 날개라고 하는 말 속에 엄청나게 귀한 복음이 담겨 있습니다. 독수리는 새 중의 왕입니다. 마치 백수의 왕이 사자인 것처럼, 날짐승 중에서는 독수리가 왕입니다. 독수리는 힘이 세고 위엄이 있습니다. 자유와 용맹의 상징입니다. 우리가 어쩌다가 비행기를 타고 날아봅니다마는, 그것은 별것 아닙니다. 독수리가 날아다니는 모습을 보면 참 자유롭고 멋지다는 생각을 하게 됩니다. 서서히 날개를 쫙 펴고 날으는 모습을 보면 독수리는 참 자유롭고 축복받은 짐승이라는 생각을 하게 됩니다. 날갯짓을 유별나게 하는 것도 아닙니다.

그대로 몇 미터나 되는 그 큰 날개를 쫙 펴고 공중을 배회합니다. 얼마나 굉장합니까. 그래서 우리는 독수리를 자유와 용맹의 상징으로 여기고 있습니다. 독수리는 총 48종이 있다고 합니다. 독수리는 아무도 손을 댈 수 없고 올라가지도 못하는 벼랑 높은 곳에 둥지를 만듭니다. 직경이 무려 2.7미터에 달하는 둥지도 있다고 합니다. 그 무게가 무려 2톤입니다. 그러니까 독수리가 그 둥지를 만드는 데 얼마나 많은 시간이 걸렸겠는가를 알 수 있습니다. 독수리는 2톤짜리 둥지를 만들어놓고, 거기에다 알을 낳아 새끼를 키웁니다. 독수리가 먹이를 향해 급강하할 때는 그 속도가 시속 180km나 된다고 합니다. 또 90km의 반경을 자기왕국으로 삼고 그 지경을 배회하면서 살아간다고 합니다. 이것이 독수리입니다. 한데, 여기에 문제가 있습니다. 자기새끼를 훈련시키는 과정이 문제입니다. 독수리는 자기새끼를 혹독하게 훈련시킵니다. 새끼가 어느 정도 자라면 아주 높은 데서 그 새끼를 벼랑 아래로 떨어뜨립니다. 자기발로 새끼를 밀어서 강제로 떨어뜨리는 것입니다. 새끼는 죽는다고 버둥거리며 땅으로 떨어집니다. 독수리는 멀리서 그 모습을 바라봅니다. 그렇게 잘 지켜보다가 때가 되면 급강하를 하여 새끼가 땅에 완전히 떨어지기 직전에 툭 채가는 것입니다. 독수리는 그 새끼를 자기날개 위에 올려놓고 다시 상승합니다. 그리고 그 높은 곳에서 그 새끼를 다시 떨어뜨리는 것입니다. 이런 훈련을 계속 반복하여 새끼가 독수리답게 살아갈 수 있도록 키우는 것입니다.

새끼 독수리를 발로 밀어 땅으로 떨어뜨릴 때, 그 새끼 독수리는 얼마나 제 어미를 원망하겠습니까. 그러나 그 과정은 꼭 있어야 했던 것입니다. 독수리는 그렇게 제 새끼에게 나는 법을 가르칩니다. 독수리의 특징은 나는 데 있습니다. 하루종일 날 수도 있어야 하고, 기류를 타고 이리저리 날 수도 있어야 합니다. 그것을 훈련시키는 것입니다. 또 독수리는 강한 날개를 가져야 합니다. 강한 날개가 거저 주어지는 것이 아닙니다. 자꾸 움직여야 됩니다. 많이 날아야 됩니다. 그렇게 새끼를 강하게 만드는 것입니다. 독수리로 살아가는 법을 가르치는 것입니다. 독수리는 독수리로 살아야 하기 때문입니다. 그래서 새끼를 벼랑 아래로 떨어뜨리고 그 새끼가 땅에 닿기 전에 급강하여 그 새끼를 채어 다시 올라가는 것입니다. 결론적으로 독수리는 독수리 새끼에게 고통을 가하는 것입니다. 고통을 줍니다. 이 고통은 필수적입니다. 민족이건 개인이건 마찬가지입니다. 고통 없이 강한 민족이 될 수 없고, 고통 없이 강한 개인이 될 수 없습니다. 편안하게 살아서는 안되는 것입니다. 그래서는 아무짝에도 못씁니다.

요사이 우리는 딱한 모습을 많이 봅니다. 부잣집 아들들 군대에 가서 고생 좀 하고 오면 좋으련만, 그걸 안보내려고 요리조리 피하게 했다가, 나중에 와서 정치가로 내세우고, 경제가로 내세우려니까 군대 안갔던 것 때문에 길이 막히는 것 아닙니까. 아마 그럴 것입니다. 아들 군대 안보냈던 부모들이 이럴 줄 알았으면 진작 보낼 걸 하겠지만, 늦었습니다. 벌써 망가진 것입니다. 그까짓 3년 좀 고생하면 안됩니까. 당장 전쟁이 난 것도 아니지 않습니까. 설사 전쟁이 나도 그렇지요. 여러분, 이것을 잊지 말아야 합니다. 고통을 가해야 합니다.

또 지켜보는 것입니다. 고통을 가하고 내버려두는 것이 아닙니다. 멀리서 지켜봅니다. 절대 버려두지 않습니다. 아니, 버려지지도 않습니다. 먼 길 내보내고 지켜봅니다. 독수리는 독수리 새끼를 지켜봅니다. 그 떨어지고 있는 모습을 지켜봅니다. 독수리는 자기새끼의 능력과 형편을 잘 알고 있습니다. 새끼가 어느 정도 날 수 있는지를, 어느 정도를 감당할 수 있는지를 독수리는 다 알고 있습니다. 절대로 버려두지 않습니다. 이것을 잊지 마십시오. 여러분은 절대로 버려진 존재가 아닙니다. 거기에 하나님의 사랑이 있고, 하나님의 눈이 있고, 하나님의 팔이 함께하고 있다는 것을 잊지 말아야 합니다. 그리고 독수리의 수준까지 가르치십니다. 하루종일 날 수도 있는 독수리, 그 수준까지 훈련시키신다는 것입니다. 말로 가르치시는 것이 아닙니다. 사건 속에서 가르치십니다. 이론으로 가르치시는 것이 아닙니다. 절절한 사건 속에서 스스로 깨닫도록 하시는 것입니다. 이래라저래라 하는 말씀도 없습니다. 그냥 내버려두십시오. 스스로 선택하고 스스로 일어설 때까지 – 이것이 하나님의 교육법입니다. 우리를 가르치시는 법입니다. 사건 속에서, 사건을 통하여 역사하십니다. 잊지 말아야 합니다.

독립 운동가이자 신앙인인 도산 안창호 선생은 참으로 우리민족의 자랑입니다. 그는 훌륭한 신앙인이요, 교육가이기도 했습니다. 그는 임종시에 목사님의 손을 꼭 붙잡고 들릴까말까한 가느다란 목소리로 이렇게 말했다고 합니다. "목사님, 낙심하지 마세요. 하나……" 거기까지 말씀하고 돌아가셨습니다. 그 다음 말이 무엇이었겠습니까. 아마도 '하나님께서 우리민족을 구원하실 것입니다'가 아니었겠습니까. 도산 안창호 선생은 이 민족의 수난을 보면서 이것이 우리민족을 향한 하나님의 축복이라고 생각했습니다. 하나님께서는 우리민족을 절대로 버리지 아니하실 것이라고 믿었습니다. 반드시 해방되는 날이 올 것이라고 믿고 간증하며 세상을 마쳤습니다.

우리의 마음을 놀라게 하는 이야기가 있습니다. 너무 충격적입니다. 요새 초등학교 학생들을 놓고 설문조사를 해보았답니다. 아이들에게 6·25가 뭐냐고 묻고 그 답으로 글을 쓰라고 했답니다. 그 결과, 상당수의 아이들이 6·25를 조선시대에 벌어진 사건으로 알고 있었다고 합니다. 조선왕조 500년 역사 가운데 한 사건이라는 것입니다. 요새 어린아이들은 6·25를 제대로 모릅니다. 아니, 전혀 모른다고 해도 과언이 아닙니다. 이것이 문제입니다. 하나님께서는 출애굽기, 신명기, 민수기를 통하여 계속 말씀하십니다. '애굽에 종되었던 것을 기억하라. 잊지 말아라. 그래서 유월절을 지키라. 그래서 장막절을 지키라.' 여러분, 유월절은 애굽에서 나온 일을 기념하는 날이요, 장막절은 광야에서 살던 생활을 기념하는 날입니다. 유대인들은 이 날들을 지금도 지키고 있습니다. 장막절에는 자기 집에서 살지 않습니다. 엄연한 자기집을 놔두고 광야 그 뜨거운 데로 나가 거기에 천막을 쳐놓고 일주일을 살아야 합니다. 이 일 하지 않으면 이스라엘이 아닙니다. 자기민족이 옛날에 그렇게 고생했다는 것을 몸으로 경험하게 하는 것입니다. 우스운 얘기지만, 바빠서 못나가는 사람은 자기집 마당에다가라도 천막을 쳐놓고 자야 됩니다. 방 안에서 자면 이스라엘이 아닙니다. 천막에서 자야 됩니다. 왜? 이스라엘이 그 옛날 천막 속에서 40년을 살았기 때문입니다. 그 종되었던 일을 기억하라는 것입니다. 그 하나님의 능력과 하나님의 권능과 하나님의 구원하심을 기억하라는 것입니다. 잊어버리면 안되는 것입니다. 과거를 잊어버려서는 안되는 것입니다.

더 중요한 것은 과거에 매여서는 안된다는 것입니다. 과거의 은혜를 생각하고, 그 하나님의 손길을 보고, 그 하나님의 사랑을 느끼며, 그 거룩한 은혜에 가슴깊이 감격하는 순간들이 이어져야 다시는 애굽으로 돌아가지 않을 수 있는 것입니다. 하나님께서 정하신 구원의 길이 있습니다. 하나님께서 정하신 discipline, 훈련과정이 있습니다. 그의 교과과정대로, 그의 지혜대로 우리는 따라가야 합니다. 그러면서 하나님께서 원하시는 사람으로, 하나님께서 원하시는 제사장의 나라로, 하나님께서 기뻐하시는 백성으로 자라야 합니다. 그렇게 우리후손들을 가르쳐 그 거룩한 은혜를 물려주어야 할 것입니다.

저는 6·25를 강제노동수용소인 광산에서 맞았습니다. 내 일생에서 가장 어렵게 지낼 때입니다. 저는 거기에서 6·25를 만났습니다. 뼈아픈 경험입니다마는, 그때는 참으로 위험했습니다. 하루하루가 그렇게 힘들 수가 없었습니다. 방에는 이부자리조차 없었습니다. 그냥 가마니때기를 펴놓고 그 위에 지푸라기를 깔아놓고 잤습니다. 옷을 입은 채로 누웠다가 그대로 일어났습니다. 그것이 침실이었습니다. 식당은 아예 없었습니다. 그저 조그마한 구멍으로 밥과 국을 내주면 그거 받아가지고 풀밭에 와 앉아서 먹고, 빈 그릇을 놓고 일하러 나갑니다. 그것이 식사였습니다. 아침, 저녁 시간도 따로 없었습니다. 어두울 때 일어났고, 어두울 때 저녁식사를 했습니다. 그리고 하루종일 광산에서 일해야 했습니다.

그 어려운 시련을 민족적으로 또 개인적으로 겪었습니다. 잊지 말아야 합니다. 그런 시련이 있었기에 오늘 내가 있는 것입니다. 잊지 말아야 합니다. 하나님께서 정하신 시련입니다. 그런고로 그 크신 역사, 독수리 날개로 지켜주시는 하나님께 감사하며, 그 은혜를 믿고 온전히 순종하며 몸과 마음과 정성을 다해 살아갈 때 진정한 자유함이 함께하는 것입니다. △

한 가지 부족한 것

어떤 관원이 물어 가로되 선한 선생님이여 내가 무엇을 하여야 영생을 얻으리이까 예수께서 이르시되 네가 어찌하여 나를 선하다 일컫느냐 하나님 한분 외에는 선한 이가 없느니라 네가 계명을 아나니 간음하지 말라, 살인하지 말라, 도적질하지 말라, 거짓증거하지 말라, 네 부모를 공경하라 하였느니라 여짜오되 이것은 내가 어려서부터 다 지키었나이다 예수께서 이 말을 들으시고 이르시되 네가 오히려 한 가지 부족한 것이 있으니 네게 있는 것을 다 팔아 가난한 자들을 나눠주라 그리하면 하늘에서 보화가 네게 있으리라 그리고 와서 나를 좇으라 하시니 그 사람이 큰 부자인 고로 이 말씀을 듣고 심히 근심하더라

(누가복음 18 : 18 - 23)

한 가지 부족한 것

　철학자 에피쿠로스(Epicouros)는 인간의 쾌락을 3가지로 설명하고 있습니다. 그 옛날에 그런 설명을 합니다. 우리 인간은 누구나 쾌락을 추구하고 있는데, 그 쾌락은 다른 말로 하면 행복일 수도 있습니다. 첫째는 필수적 쾌락입니다. 필수적인 행복입니다. 이 필수적이고 기본적인 행복은 배고픔과 졸음과 추위 등을 채울 수 있는 쾌감입니다. 여러분, 배고플 때 한 그릇의 식사를 하면 얼마나 행복합니까? 바로 그 쾌락입니다. 이건 기본적인 것입니다. 목마를 때 물을 마시는 것, 아 그 참 행복한 것입니다. 또 졸음이 올 때 잠을 자는 것, 참 좋은 것입니다. 저는 차를 운전하다가 좀 심하게 졸릴 때는 차를 세워놓고 그 시끄러운 데서도 잠깐 눈을 붙이는데 그 참 기가 막힌 행복감이 듭니다. 눈을 뜨면 정신이 맑아질 때, 참으로 잠자는 것이라는 게 이게 이렇게 좋은 것이구나 싶습니다. 그래서 성경에 있는 말씀도 생각해봅니다. "사랑하시는 자에게는 잠을 주시는도다 (시 127 : 2)." 정말 잠은 절대 필수적인 것입니다. 그리고 추위를 이기는 것, 우리가 추울 때 옷을 입기도 하고 난롯가에 앉기도 하고 집안에서 이 추위를 면하게 됩니다. 쾌감입니다. 이런 쾌감은 필수적인 것입니다.

　그런데 두 번째가 문제입니다. 필수적이지 않은 쾌감이 있습니다. 그런 행복이 있습니다. 그것은 좋은 음식입니다. 대충 먹어도 되고, 굳이 그렇게 거하게 차려 먹어야 되는 것은 아니거든요. 그런데 너무 그렇게 요란스럽게 좋은 음식을 먹으려고 하는 것 그거 좋은 마음은 아닙니다. 그런가하면 호화스러운 잠자리- 그래 잠자리가 좋다고 잠이 옵니까? 잠이 와야 자는 거지. 아무 데나 누워도 편하게 자는 사람이 있는가 하면, 좋은 잠자리에서도 밤새껏 잠을 못자는 사람도 있지요. 이런 좋은 잠자리만을 찾겠다고 하는 사람, 또 화려한 거처, 이런 것들은 필수적이 아닌 쾌락입니다. 꼭 그래야 될 이유가 없습니다. 조금 더 생각할 필요가 있지요.

그런가하면 한 단계 더 나아가서 공허한 쾌락이 있다고 합니다. 공허한 쾌락, 이게 뭡니까? 명성과 인기와 칭찬입니다. 사람들로부터 받는 칭찬입니다. 그거 받기를 원해요. 사람들이 나를 알아주기를 원하는 그런 간절한 마음들이 있어요. 그래서 그저 여러 모로 애를 많이 씁니다. 인기를 얻기 위해서 어떤 사람들은 머리를 빡빡 깎기도 하고, 어떤 사람은 머리를 기르고, 뭐 어떤 사람은 좀 예쁘게 해서 인기를 얻으려고 하는가 하면, 어떤 사람은 미치광이처럼 사자머리를 하고 다니기도 하는데, 고생 많이 합니다. 이게 뭡니까? 명성입니다. 사람들로부터 인정받으려는 욕망, 이것은 기본적으로 공허한 것입니다. 그러면 사람들이 왜 허망하게 사느냐, 왜 공허하게 살아가야 하느냐 하는 것은 바로 필수적이 아닌 것에 너무 집착하고 있고 그 다음에 공허한 것에 목숨을 건다는 데 이유가 있다는 것이지요. 그래서 에피쿠로스는 말합니다. 철학자는 말합니다. '빵과 물만 있다면 신도 부럽지 않다.' 옛날에 그렇게까지 말하고 있습니다.

성공의 비결에 대해서 흔히들 말하기를 3P라고 하는 말을 상식적으로 말합니다. Purpose, Passion, 그리고 Priority. 이 3가지를 말합니다. 이건 기본적인 것입니다. 어쩌면 원리적인 것인 것이기도 합니다. Purpose - 목적입니다. 흔히 말하기를 방법이 잘못됐다고들

합니다. 자본이 부족했고, 지식이 부족했고, 후원자가 없었고, 배신을 당했고, 환경이 어쨌고…… 전부 방법에 대한 이야기만 열심히 말합니다만 이제 무릎을 꿇고 앉아서 다시 한번 하나님 앞에 정직하게 반성해보세요. 목적이 잘못된 것입니다. 이걸 잊지 말아야 합니다. 사람들은 방법이 잘못된 것만 열심히 생각합니다. 목적이 잘못된 건 생각을 안해요. 목적이 잘못됐기 때문에 방법이 빗나갔던 것입니다.

방법이 잘못된 건 죄가 아닙니다. 목적이 잘못된 게 죄입니다. 또한 실패의 원인이기도 합니다. 더 깊고 중요한 진리가 하나 있습니다. 그것은 바로 목적이 변한다는 것입니다. 우리가 교회 나오는 것도 그렇지요. 어떤 때는 참 좋은, 순수한 동기로 교회 나옵니다. 그러나 어느 사이에 달라집니다. 어떤 사람은 바치겠다는 마음으로 출발했다가 받겠다는 마음으로 돌아옵니다. 봉사하는 마음으로 출발했다가 아니, 존경받겠다고 둔갑을 해버립니다. 이 둔갑이 문제입니다. 그런데 중요한 것은 자기도 모른다는 것입니다. 어느 사이에 내 마음이 달라졌는지 내 목적이 달라졌는지를 자신도 모른다는 데 문제가 있습니다. 정말 어려운 문제입니다. 우리가 깊이깊이 생각해야 됩니다. 목적, 좋은 목적, 바른 목적 그리고 변하지 않는 그 목적에 성공이 있다는 것입니다.

둘째는 Passion입니다. 이건 정열입니다. 열심을 내야 됩니다. 목적에 합당한 열심, 다른 말로는 Concentration 혹은 Simplify, 뭐 이런 단어로 바꿨습니다만 다 같은 말입니다. 단순한 마음으로 단순하게 집중적으로 생각하고 노력하고 힘써야 한다는 것입니다. 뭐겠습니까? 우리가, 내가 가지고 있는 여력이 남아 있어서는 안돼요. 후회 없을 만큼 총력을 다해야 합니다.

　세 번째는 Priority입니다. 좀더 실제적이고 중요한 교훈입니다. 우선순위가 중요하다는 것입니다. 어차피 다 하지도 못하고 다 알지도 못해요. 아니 다 할 수도 없고 다 할 필요도 없습니다. 부득불 우선순위를 정해야 합니다. 무엇이 중요한가? 그것만 하고 나머진 버릴 생각을 해야지요. 다 할 생각하면 안됩니다. 이것도 하고 저것도 하는 거 아닙니다. 부득불 'Priority No.1－절대 우선, 이것만은 반드시' 그것이 필요하거든요. 그것을 정해놓고 살아야 되는데 대게 실패하는 사람들의 이유는 이것도 해보고 저것도 해보고, 이것도 할 것 같고 저것도 할 것같고…… 보니 대체로 재주 많은 사람이 실패해요. 제 친구 가운데도 참 재주가 좋은 사람이 있었습니다. 얼마나 글씨를 잘 쓰는지요. 저는 그랬습니다. 당신은 죽은 다음에도 그 손은 무덤 밖으로 내놔야겠다고. 정말 글씨를 이리 잘 쓸 수가 없어요. 또 음악을 잘해요. 뭐 못하는 게 없어요. 그런데 가만히 보니까 다 실패했어요. 된 게 아무것도 없어요. 이게 얼마나 무서운 것입니까. 우선순위－ 우선된 것을 취하고 나머지를 버릴 줄 알아야 되는 것입니다.

　스티븐 코비(Stephen R. Covey)라고 하는 유명한 분이 계시지요. 그의 「성공하는 사람들의 7가지 습관」이라는 유명한 책이 있는데, 뒤 이어 재작년에 「성공하는 사람들의 8번째 습관」이라는 책이 나왔습니다. 그 책 중에서 우선순위에 대해서 아주 강조합니다. 그러면서 우리에게 이렇게 질문을 하고 있습니다. '만일에 당신에게 심장마비가 왔다면, 그리고 병원에 실려간다면 지금 당신은 무슨 생각을 하겠는가? 생각해보자.' 두 번째는 '당신의 직장 생활이 이제 2년밖에 안남았다면 나머지 2년을 어떻게 보내겠는가? 아직도 월급이 적다 많다 하겠는가? 지위가 높다 낮다 하겠는가? 사람들이 알아준다, 알아주지 않는다고 그러겠는가?' 이것이 바로 문제라는 것입니다. 세 번째는 '내가 지금 하나님 앞에 서야 한다면 나는 지금 무엇을 생각해야 하겠는가?' 이렇게 묻고 있습니다.

오늘본문에 부자 청년이 하나 있습니다. 이 사람은 이 원리에 비추어 볼 때, 목적도 없고 정열도 없고 우선순위도 모르는 사람입니다. 그런고로 실패했습니다. 그는 생명문제에 대해서 고민하고 있습니다. 분명히 고민을 했습니다. 그래서 예수님께 나아와서 영생을 얻겠다고 합니다. 어떻게 해야 영생을 얻느냐고 묻습니다. 생명 문제에 대해서의 '조에 아이오니언'이라는 말은 '조에'는 생명이고 '아이오니언'은 영원한 것입니다. 영원한 생명, 즉 생명 문제에 대해서 생각을 합니다. 여러분, '생명'과 '소유'는 비교가 되지 않습니다. 아, 우선 살고 볼 거지요. 생명과 소유를 비교해서 생각하는 것처럼 멍청한 짓이 없는 거예요. 생명보다 더 중요한 것이 어디 있습니까?

어떤 환자가 수술대에 올라가 누웠습니다. 의사가 마취를 하고 수술을 해야 하겠는데 이 마취 후에 깨어날 수 있는지 없는지 그건 알 수 없습니다. "마지막으로 할말이 없습니까?" 심각해졌습니다. 그때 환자 하는 말입니다. "선생님, 저는 보시는 바와 같이 예쁜 마누라도 있고, 늠름한 아들딸도 있고, 재산도 있고, 명예도 있고, 권세도 있고 다 가졌습니다. 다 가졌는데 딱 한 가지가 없습니다. 건강이 없습니다." 그때 의사는 집도하기 전에 이렇게 비웃는 것이었습니다. "선생님, 지금 거짓말 하고 있습니다. 한 가지만 없는 게 아닙니다. 다 없는 겁니다. 어떻게 건강 한 가지입니까? 건강과 함께 당신은 다 잃어버린 것입니다. 다 없다는 데서부터 생각을 하십시오."

그렇습니다.

　참 아쉽게 생각되는 제 친구가 하나 있습니다. 유학을 가서 공부를 합니다. 열심히 공부를 합니다. 아주 진실한 분입니다. 그런데 의사가 여러 번, 여러 번 충고했습니다. "지금 건강으로는 안됩니다. 아무래도 공부를 중단하면 좋겠습니다"라고 충고를 합니다. 그럼에도 불구하고 이 분은 이제 얼마 안남았는데요, 1년 밖에 안남았다며 그냥 다그쳐서 마쳤고, Ph.D 학위를 얻었습니다. 물론 저도 축하했습니다. 환영회에도 참석했습니다. 아, 얼굴은 좀 초췌해졌지만 그저 기분좋게 귀국한 것을 맞아주었습니다. 1년 후에 죽었어요. 이 무슨 미련한 짓입니까? 저는 그 장례식에서 여러 가지를 생각했습니다. '이 바보 같은 사람아.' 생각해보세요. '아, 그거 박사학위가 뭐 대단한 거냐? 거기다가 목숨을 걸어?' 이거 보세요. 그러나 이게 남의 얘기가 아닙니다. 생명을, 이 생명의 소중함을 어째서 생각하지 못하느냐? 그까짓 명예 그까짓 돈 그까짓 것. 그게 무슨 대단한 것입니까? 생명, 생명 또 동시에 영원한 생명! 어차피 이 땅의 생명은 죽을 거니까. 뭐 그저 얼마 살다가 갈 거니까. 이 생명은 임시적인 것이라서 그리 중요하지 않습니다. 더 중요한 것은 영생. 안그렇습니까? 여러분, 믿거나 말거나 영생보다 중요한 게 어디에 있습니까? 영생, 영생, 영생. 그래서 이 사람이 예수께 와서 '무엇을 해야 영생을 얻겠습니까?'라고 묻게 됩니다. 이 사람은 젊은 사람입니다. 율법사입니다. 명예도 있어요. 귀한 유산을 받은 사람같아요. 존경도 받아요. 이런 사람이니 뭐 부러울 것이 없어요. 그런데 아무리 생각해도 생명은 유한하거든요. 이대로 가다가 죽을 거거든요. 아깝거든요. '무엇을 해야 영생을 얻겠습니까?'라고 영생 문제, 궁극적 관심에 대해서 묻고 있습니다.

그런데 이 사람의 생각은 이런 거같습니다. 이제 젊음도 있고 지식도 있고 명예도 있고 권세도 있고 다 가졌는데 플러스 알파, 영생까지 가지고 싶은 것입니다. 다 갖고 하나 더 그리고 영생까지…… 이걸 바랐던 것입니다. 그래서 무엇을 더 해야, 무엇을 해야만 영생을 얻겠느냐고 묻는 것입니다. 그러나 예수님의 말씀은 '네가 포기해야 얻을 수 있다' 하십니다. 이 사람은 포기가 없이, 자기 부정이 없이 영생을 바랐습니다. 그러나 예수님께서는 어려운 시험을 겁니다. '다 버려라. 그래야 얻을 것이다.' 영생이라는 것은 영원한 생명인 동시에 그리고 영원한 미래에 있는 것이며 동시에 현재적으로는 그 영생을 보장받고 사는 오늘의 생활을 말하기도 합니다. 그런 고로 오늘의 행복이요, 오늘의 자유함입니다. 그런데 버려야 할 것을 버리는 데 문제가 있습니다. 눈앞에 있는 행복을 위하여 그는 버려야 할 것을 버리지 못했다는 것입니다. 그는 결국 소중한 행복을 놓치고 맙니다. 예수님 만난다는 게 얼마나 귀한 일입니까? 그 일생에 딱 한 번 만나는 이 중요한 시간에 그만 기회를 놓치는 불행한 사람이 되고 맙니다.

일반적으로 생각할 때는 말입니다. 우리가 영생을 알게 되고 혹은 평화, 행복을 생각하게 된다면 우선 깨달음을 생각합니다. '아는 것이 영생이다.' 그래 깨닫는 것이 영생일 거라고 생각합니다. 혹은 윤리적 행위를 생각하기도 하고 어떤 때는 청렴을 생각합니다. 깨끗하게 사는 것이 영생의 길이라고 그렇게들 흔히 생각합니다. 혹은 신비 체험을 생각하기도 합니다. 또 선행과 공로를 생각하며 극단적으로 생각하는 사람은 고행과 극기를 생각합니다. 다 버리고 사막에 나가서 고행을 하고…… 고행과 극기를 생각합니다. 어쨌든 중요한 것은 '무엇을 해야 영생을 얻겠습니까?'라고 묻는다는 것입니다. 영생은 행위보다 존재의 문제라는 걸 기억해야 합니다. 신앙은 상대적 평가에서 얻어지는 게 아닙니다. 절대적 평가에서 오는 것입니다. 오늘 여기에 예수님께서 말씀하시기를 '오히려 한 가지 부족한 것이 있다' 하십니다. '오히려'라고 하는 말이 있습니다. '에티'라고 하는 이 말은 한 가지 더 있어야 한다 하는 말이 아니고 '아직도'라고 하는 말입니다. 그러니까 '네가 많은 것을 가졌다고 하지만은 거기다가 그거 놓아두고 거기다가 하나 더'라는 얘기가 아니고 '이제 네가 많은 것 가진 것같아도 아직도 이 하나를 가지지 못하면 그거 다 소용없는 것이다'라는 말씀이 되겠습니다. 그래서 예수님 말씀하십니다, 세 가지로. '다 팔아야겠다. 그 다음에 가난한 자들에게 나누어주라. 그리고 나를 좇으라.' 세 가지를 말씀하십니다. 가장 중요한 것은 예수님을 좇는 것입니다. 그러나 예수님을 바로 좇기 위해서는 이 사람은 버려야 할 것이 너무 많습니다.

　심리학적으로 생각해보면 예수님께서 이 분과 대화하는 중에 참 대단하게 결론을 유도하며 심리를 읽으시는 것을 볼 수 있어요. 그래서 '무엇을 해야 영생을 얻겠습니까?' 할 때, 거 보통으로 말하면 '나를 믿으라, 자기 십자가를 지고 나를 좇으라.' 이렇게 말씀하는 것이 결론인데 이 사람에겐 그렇게 안하십니다. '율법을 지켜라' 하십니다. 살인하지 말라, 간음하지 말라, 부모를 공경하라…… 뭐 이런 것 아닙니까. 율법을 지켜라— 이건 의외의 대답입니다. 율법을 통해서 영생 얻는 건 아니잖습니까. 그럼에도 이렇게 말씀하셨어요. 이건 지금 결론을 유도하고 계신 것입니다. 이 분의 생각을 어디론가 끌고 가시는 것입니다. 그랬더니 이 사람 하는 말을 보세요. "어렸을 적부터 다 지켰나이다." 난 그 말이 마음에 안들어. 예수님께서는 참 인내가 많으십니다. 나같았으면 "어렸을 적부터 다 지켰는데요" 하면 "미친 놈!" 그러겠습니다. "네가 어떻게 어렸을 적부터 이걸 다 지켰다고 하느냐?" 안그렇습니까? 그러나 예수님께서는 참 깊이 생각을 하고 유도하고 계십니다. '어렸을 적부터 다 지켰습니다.' 왜 그랬을 것같아요? 부자이기 때문입니다. 부자라는 것은요, 도덕적 선을 자동적으로 받았다고 착각을 하거든요. 여러분, 그런 거 봤어요? 실패하게 되면 뭐 잘못됐다, 뭐 잘못됐다 생각을 많이 하지만 좀 돈을 벌면 그 동안의 잘못한 모든것 다 하나님께서 면죄부 주었다고 착각을 해요. 아시겠어요? 못할 짓 많이 했어요, 돈 벌기 위해서. 그러나 돈이 벌어지는 순간 못할 짓 한 건 하나도 생각 안해요. 이건 다 축복이다— 그래버리고 마는 것입니다. 그래서 이 사람은 부자이기 때문에, 부자라는 이유 때문에 이 건방진 대답을 하게 됩니다. '어렸을 적부터 율법을 다 지켰습니다.' 괄호하고 '그래서 내가 부자 아닙니까? 그래서 하나님이 내게 복을 주지 않았습니까?' 뭐 이런 대답이거든요. 예수님께서는 그 심리를 완전히 꿰뚫어보시고 있습니다. '허허, 너는 그 돈이 문제다. 바로 그것 때문에 영생이 없느니라.'

이제 영생의 길을 구체적으로 가르쳐주십니다. '다 팔아라. 가난한 자에게 주라. 그리고 나를 좇으라.' 자, 어려운 말씀입니다. 이때, 이 사람 기로에 섭니다. '영생이냐 아니면 부자냐' '돈이냐 천국이냐' 어떻게 생각합니까? 그는 그대로 팔아서 주고 예수를 따르겠다는 약속을 못하고 근심하며, 다른 복음서에 보면 심히 근심하며 돌아갔다고 합니다. 이 사람 걱정거리 하나 더 생겼어요. 예수님 앞에 안왔더라면 그런대로 그럭저럭 살 걸 이렇게 한번 왔다 감으로 인해서 아마 잠도 못자고 고민했을 것입니다. '어떡하나, 재물이냐? 하나님이냐? 땅의 영광이냐? 하늘의 축복이냐?' 고민하는 그런 사람이 돼버렸습니다.

이에 대해서는 전해오는 유명한 전설이 하나 있습니다. 성 안토니라고 하는 분이 있었는데 이 사람은 돈이 많은 부자였어요. 예수를 믿고 성경을 읽었습니다. 성경을 읽고 읽는 가운데서 이 본문에 왔어요. '다 팔아 가난한 자에게 주라. 그런데 이 사람은 그걸 받아들이지 못하고 근심하며 돌아가니라.' 이에 안토니는 '나는 근심하며 돌아가는 어리석은 사람이 되지 않겠다' 하고 그대로 다 팔아서 자기 누이동생에게 얼마를 주고 다 가난한 자들에게 손을 털고 그리고 수도원에 들어가서 한평생 수도생활을 하고 성 안토니라고 하는 사람이 되었다고 합니다.

오늘 성경은 우리에게 말씀합니다. "심히 근심하더라." 여러분, 이 사람처럼 어리석은 사람이 어디 있습니까? 아니, 영생 문제를 놓고 무슨 고민을 합니까? 예수님께서는 다른 본문에서 말씀하십니다. '자, 부모나 형제나 자매 다 버린 자는 금생에 있어서도 여러 배를 받고……' 이런 말씀 하십니다. 예수님 그런 귀한 말씀을 이 자리에서 안하셨습니다. 이 사람에게 안해주셨어요. '다 버리면 네가 백배를 얻을 것이다.' 그 말씀 해주셨더라면 이 사람은 장삿속으로 나올 텐데요. '다 버린 자는 금생에서도 백배를 받으리라.' 그렇습니다. 이 소유욕으로부터 자유한 사람, 영생 지향적으로 사는 사람, 영생 최우선적으로 사는 사람은 하늘나라를 얻을 뿐만 아니라 땅에서도 얻습니다. 지상에서도 많은 것을 얻습니다. 버린 자는 얻습니다. 스스로 버린 자에게는 하나님께서 보상하십니다. 하나님을 위하여 버린 것은 하나님께서 다 채워주십니다.

　이마누엘 칸트(Immanuel Kant)는 '정언명법(定言命法)'이라는 말을 씁니다. Categorical Imperative – 명언입니다. '양심이 우리에게 명령을 한다. 양심은 변명을 허락하지 않는다.' 그래요. 내 양심, 그것은 언제나 정언적 명령을 합니다. 이 부자의 마음속에도 명령이 있었을 것입니다. '그래 영생을 위하여 다 때려치워라. 그것이 먼저 아니겠느냐?' 그러나 그는 그 명령을 거역합니다. 그런고로 가장 미련하고 어리석은 사람이 됩니다. △

나의 분깃을 지키는 자

하나님이여 나를 보호하소서 내가 주께 피하나이다 내가 여호와께 아뢰되 주는 나의 주시오니 주 밖에는 나의 복이 없다 하였나이다 땅에 있는 성도는 존귀한 자니 나의 모든 즐거움이 저희에게 있도다 다른 신에게 예물을 드리는 자는 괴로움이 더할 것이라 나는 저희가 드리는 피의 전제를 드리지 아니하며 내 입술로 그 이름도 부르지 아니하리로다 여호와는 나의 산업과 나의 잔의 소득이시니 나의 분깃을 지키시나이다 내게 줄로 재어 준 구역은 아름다운 곳에 있음이여 나의 기업이 실로 아름답도다 나를 훈계하신 여호와를 송축할지라 밤마다 내 심장이 나를 교훈하도다 내가 여호와를 항상 내 앞에 모심이여 그가 내 우편에 계시므로 내가 요동치 아니하리로다

(시편 16 : 1 - 8)

나의 분깃을 지키는 자

　어느날 한 남자가「가이드 포스트」의 창시자인 그 유명한 노먼 빈센트 필(Norman Vincent Peale)박사님을 찾아와서 상담을 하게 됩니다. 극도의 절망감에 피로한 모습으로 찾아왔습니다. 한숨을 푹푹 쉬면서 당장이라도 쓰러질 것같은 모습이었습니다. 그는 이렇게 말합니다. "이제는 끝장이 났습니다. 사업에 실패하여 모든것을 잃어버렸습니다. 저는 다 잃어버렸습니다." 필 박사는 조용히 그를 들여다보다가 종이 한 장을 주었습니다. 백지를 주면서 말합니다. "여기에다가 내가 묻는대로 대답을 써보십시오. 모든것을 잃었다구요?" "그렇습니다. 다 잃었습니다." "그래요? 한번 적어보십시다. 부인이 계십니까?" "예. 아주 좋은 아내가 있습니다." "그래요? 자녀는 있습니까?" "자녀가 셋이 있습니다." "친구가 있습니까?" "예. 몇 좋은 친구가 있습니다." "건강이 있습니까?" "예. 아직도 저는 건강합니다." 이렇게 하나하나 대답을 적어가기 시작합니다. 그런데 이 청년이 대답을 적어가다가 중간에 벌떡 일어서면서 이렇게 말했습니다. "어쩌면 내 사정이 그리 나쁘지 않은 것같군요. 감사합니다." 그리고 사무실을 나가버렸습니다.
　여러분, 다시금 생각합시다. 불행이 어디서부터 오는 것입니까? 불행은 가지고 싶은 욕망을 채우지 못하는 데 있는 것이 아닙니다. 어차피 그건 끝없는 것입니다. 불행은 내가 하고 싶은 일, 보고 싶은 것, 가지고 싶은 것을 다 얻지 못하는 데 있는 것이 아니고, 자기가 가지고 있는 것을 소중히 여기지 못하는 데 있는 것입니다. 여러분,

이 점을 잊지 말아야 합니다. 더 갖고 싶은 욕망을 접고 이미 가지고 있는 것이 얼마나 소중하다는 걸 생각하면 불행으로부터 출애굽할 수 있습니다. 또는 아는 것이 없어서 무식한 게 아닙니다. 더 많이 알고 싶은 생각은 있지요. 하지만 잊지 마십시오. 다 알 필요도 없고 다 알 수도 없습니다. 아니, 지식의 세계는 끝없는 것입니다. 그러기에 불행의 원인은 내가 알고 있는 진리를 행하지 않는 데 있습니다. 더 많은 것을 몰라서 불행한 것이 아니라 이미 알고 있는 작은 지식이지만 이미 알고 있는 것을 생활에 옮겨서 이것이 습관이 되고, 이것이 체질이 되고, 내 운명이 될 만큼 아는 바를 실천하지 않는 데 있는 것입니다. 소원이 성취되지 않았다고 해서 불행한 건 아닙니다. 어차피 소원은 소원대로 있는 거니까요. 또 다 이루어질 수도 없고요. 문제는 내가 처한 현실의 의미를 내가 모르고 있다는 데 있습니다. 그러니까 할 수 없는 일을 못해서가 아니고 할 수 있는 일을 내가 하지 않고 있다는 데 불행이 있다는 말씀입니다. 문제는 복입니다. 복이 무엇이며 복이 어떻게 주어지는지 깊이 생각을 해야겠습니다.

최근 심리학에서 이렇게 말하고 있습니다. '인간은 자신이 생각하는 방향으로 변화하는 존재다.' 자신이 생각하는 방향으로 변화하는 존재다— 깊은 뜻이 있습니다. 그 말은 인간은 변화하는대로 생각하는 존재가 아니라는 말입니다. 우리 생각은 세상 변하는대로 다 변화되는 것같아도 안그렇습니다. 문제는 내 마음속의 생각의 방향에 따라서 내 운명이 주어진다는 것입니다.

'National Association For Mental Health'라고 하는 소위 정신건강협회가 있습니다. 거기서 내놓은 결론은 이렇습니다. '정신적으로 건강하게 살려면 첫째, 너그러워지라. 너무 까다롭지 말라. 너무 예민해지지 마라. 아니 좀더 바보가 되는 게 좋겠다. 너무 잘난 체하지 말고, 아는 체하지 말고, 그저 스스로가 자신에 대해서 너그럽고 다른 사람의 실수에 대해서도 눈감아주는 너그러움을 가지라. 둘째, 현실적으로 자기 가치를 평가하라.' 내 소원대로 내 이상대로 평가하지 말고 사실을 인정해야지요. 가난하면 가난한대로, 부하면 부한대로, 안되는 건 안되는대로, 그대로를 인정을 해야 됩니다. 사실을 인정하지 않는 것처럼 바보 같은 일은 없다고 합니다. 여러분, 사실을 사실대로 인정하는 것, 진실 아니 겸손이 필요합니다. 그러면서도 '셋째, 자부심을 가져라. Personal Pride를 가져라' 합니다. 자기 자신을 포기하지 말고, 자기 자신을 소중히 여기는 것입니다. 자기 자신에 대한 자부심이 무너지면 인생 끝나는 것입니다. '넷째, 최선을 다하고 자기가 하는 일에 만족하라.' 우리는 최선도 다하지 않지만 만족이 없어요. 자기가 해놓고도 자기가 불평해요. 내가 제일 불행하다고 생각하는 사람이 자기가 물건 사다놓고 집에 와서 후회하는 사람입니다. 잘샀느니 못샀느니, 좀더 깎을 걸, 뭐 칼라가 어쩌니 하면서, 제가 제 손으로 갖다놓고 불평을 합니다. 여러분, 자기가 산 물건에 대해서는 그냥 행복하세요. 세상에 제일 좋은 것을 내가 가졌다고 생각해야 행복한데 자기 손으로 사다놓고 그날부터 자기가 불평을 하는 것입니다. 도대체 이 불평은 누가 들어주는 겁니까? 이런 사람은 영영 구제불능입니다. 최선을 다하고 자기가 하고 있는 일에 스스로 만족할 줄 알아야겠습니다. 그리고 마지막으로 '명랑하게 살아라.' Cheerful Life. 아주 중요한 얘기입니다. 여러분, 환경이 변해서 명랑해지는 게 아니고 명랑해져야 환경이 잘 열린다는 것입니다.

'소문만복래' 라는 것도 그런 것입니다. 웃어야 좋은 일이 있지 좋은 일 있어서 웃는 게 아닙니다. 그냥 웃어버리세요. 좋은 방향으로 긍정적으로 한번 생각해보세요. 그러면 세상이 달라질 것입니다.

오늘본문에 보면 다윗왕은 고백합니다. '모든 복이 하나님께 있습니다. 하나님께로 말미암았습니다.' 마침내 그는 '하나님 자신이 내 복입니다.' 이건 존재의 문제입니다. 환경의 문제가 아닙니다. '나로 하여금 하나님 앞에 살게 하고, 나로 하여금 경건한 생활 하게 하고, 나로 하여금 하나님 앞에 기도하게 하고, 나의 길을 인도하시는 자는 하나님이시기에 하나님 자신이 내 복입니다.' 여기까지 고백을 합니다. 여러분, 잘 외우고 있는 유명한 요절이 있지 않습니까? 잠언 16장 1절, 9절. "마음의 경영은 사람에게 있어도 말의 응답은 여호와께로서 나느니라." "사람이 마음으로 자기의 길을 계획할지라도 그 걸음을 인도하는 자는 여호와시니라." 사람이 꽤나 노력을 하겠지요. 그래도 그 결과는 하나님께 있습니다. 아니 그 노력 근본 자체도 다 하나님께 있습니다. 그걸 잊지 말아야 합니다.

그래서 제가 결혼식 할 때, 꼭 빼놓지 않고 하는 주례사가 있습니다. '사람은 아무래도 복을 타고나야 된다. 사람이 마음대로 뭘 하는 것같아도 그런 게 아니다. 첫째, 부모를 잘 만나야 한다.' 그래, 내가 신부 보고 얘길 합니다. '신부, 아주 예쁜데, 그 예쁜 얼굴 당신이 만든 거 아니야. 부모를 잘 만나서, 친정어머니가 예뻐서 예쁜 거지 무슨 수로 예뻐지나. 부모를 잘 만나서 오늘 이 자리에서 이렇게 결혼을 하게 되는 거고. 이거 복이야.' 이거 내 노력의 대가가 아니거든요. 이건 복입니다. 둘째, 스승을 잘 만나야 됩니다. 유치원 선생부터 대학 교수까지 내 정신세계를 인도해준 모든 선생님들. 선생님을 잘 만나는 게 얼마나 중요합니까? 이거 한번 잘못 만나면 인생이 망가집니다. 좋은 선생님들을 만났다는 것 이것도 복입니다. 그리고 세 번째 복이 아내와 남편을 잘 만나는 것입니다. 이것도 내가 선택하는 것같지만 알고보면 주어진 분복입니다. 주어진 것입니다. 어찌 생각하면 숙명이지요.

예수님께서 말씀하십니다. '하나님이 짝지어주신 것을 사람이 나누지 못한다.(막 10 : 9)' 하나님이 짝지어주셨다는 이 한마디 속에 엄청난 의미가 있어요. 이걸 알고 살면 행복한데 내가 선택했으니 내가 버릴 수 있다고 생각을 하니 문제요, 내가 만든 일이니까 내가 고쳐갈 수 있다니 착각입니다. 그때부터 빗나갑니다. 이미 운명은 주어진 것입니다. 그 속에서 행복을 찾아야 합니다. 그래서 오늘 성경은 말씀합니다. '분복을 알아야 한다. 주어진 복. 내게만 주어진 복.' 다시말하면 축복의 한계를 알아야 되겠습니다.

여러분, 내게 있어 과거의 생활이라는 것은 장차 주실 복을 믿게 하시는 하나님의 증거입니다. 아주 중요한 의미가 있습니다. 지난날을 생각할 때마다 하나님께서 나와 함께 계시고 나를 구원하셨고 나를 보호하셨고 나를 인도하셨고…… 이게 뭘 의미합니까? 앞으로 내게 주실 축복에 대한, 하나님께서 내게 주신 증거라 이 말입니다. 또 현재라고 하는 것은 미래의 엄청난 축복에 대한 분할된 성취입니다. 오늘 사는 이 현실이 내가 받을 복의 전부가 아닙니다. 앞에 받게 될 복을 오늘 조금 맛보는 것입니다. 아니, 영원한 세계에 대한 복을 오늘 현재 조금씩, 조금씩 맛보는 것입니다. 오늘 우리가 조금 돈을 벌고, 어떤 때 조금 명예를 얻고, 소원대로 어떤 일들이 이루어질 때, 그것을 대단한 것처럼 생각하지만 그건 별거 아닙니다. 그저 있다 없다 하는 거고 또 그저 또 곤두박질하는 것입니다. 그것에 그렇게 집착하지 마세요. 이것이 있어야 하는 이유는 사막을 지나갈 때 오아시스를 만나듯이 우리가 영원한 축복을 지향해 가면서 하나님의 축복을 오늘 여기서 분할하여 성취하는 것일 뿐입니다. 조금씩, 조금씩 그 복을 분할해서 맛보고 있는 것입니다.

오늘 주신 말씀의 가장 핵심적인 것은 '줄로 재어 준 구역은 실로 아름답도다'입니다. '줄로 재어주었다.' 이거 무슨 말입니까? 이스라엘 백성이 애굽에서 나와 광야를 거쳐 가나안 땅에 들어갑니다. 약속의 땅, 가나안 땅 넓은 땅에 들어가서 하나님은 그 땅을 12지파에게 나누어주십니다. 그야말로 복불복입니다. 이걸 어떡하면 좋겠습니까? 다 평지도 아니고 다 산지도 아니고 다 옥토도 아닙니다. 박토도 있습니다. 그런데 여호수아가 이걸 12지파에게 나누어줍니다. 이 지파는 여기, 저 지파는 저기, 여기 지파는 여기…… 그런데 말입니다. 평지를 분배받은 지파는 복받았잖아요. 비옥한 평지 아, 그거 좋은 거지요. 그런데 이렇게 풍요한 땅을 분배받으면요 원수가 많아요. 탐내는 자가 많거든요. 밤낮 쳐들어오는 것입니다. 와서 빼앗기는 것입니다. 그런가하면 스불론과 납달리 같은 지파는 아주 그늘진 산지를 분배받았어요. 이 사람들은 먹고살기는 힘들어도 쳐들어오는 사람이 없어요. 이건 난공불락의 요새입니다. 아시겠습니까? 이 사실은 굉장히 중요한 의미를 가집니다. 비옥한 땅을 바라던 사람들은 전쟁이 날 때마다 당합니다. 그런데 끝내 침해를 받지 않고, 바벨론 포로와 같은 이런 엄청난 사건에도 관계없이 이 산속에 사는 사람들은 안전합니다. 여러분, 어느 쪽을 갖겠습니까? 안전하고 가난하게 살겠습니까? 풍요하게 살고 그 난리를 치며 살겠습니까? 좌우간 어쨌든 간에 주어진 것은 분복입니다. 줄로 재어준 땅은 아름답습니다. 주께서 내게 줄로 재어준 땅은 아름답습니다. 참으로 귀한 간증입니다. 여러분, 여러분의 생활 속에 하나님께서 줄로 재어주신 것이 있습니다.

여러분, 신체적으로 키는 요만큼 줄로 재어주셨으니까 너무 크려고 하지 마세요. 나는 어느날 결혼식 주례 하는데, 주례 할 때는 몰랐어요. 신부가 조금 작기는 하지만 신랑에 비해서 괜찮았는데 사진 찍을 때 보고 깜짝 놀랐어요. 아, 구두를 얼마나 높은 걸 신었는지, 게다가 또 구두가 뒤축만 높은 게 아니라 앞도 높아요. 조금 실수하면 발목 부러지겠더라고요. 아, 그래서 참 이렇게까지 해야 되나, 안됐다, 이런 생각으로 '오늘만 신고 다음부터는 이런 것 신지 마라' 그렇게 말하고 싶었는데 말 안했어요. 여러분, 작으면 작은대로 아담하게 살면 안되겠습니까? 아, 크면 큰대로 살면 어떻습니까. 또 어떤 큰 사람들은 힐을 못신어요. 그리고 또 구부정해요. 좀 작게 보이려고 구부정하게 다녀요. 뭐 그럴 거 있습니까? 크면 큰대로 작으면 작은대로 그냥 삽시다.

요새 어느 잡지를 보다가 재미있는 말 하나를 보았어요. 나이들면서 그런 말을 잘하지 않습니까. '무조건 몸을 줄여라. 체중을 줄여라. 줄여라' 하는데 어느 잡지를 보니까, 70이 넘어서는 뚱뚱한 게 좋대요. 그래야 오래 산대요. 거 우리끼리 생각합시다. 그게 나이들어서 말라버리면 아주 말라버리고 만답니다. 그것도 좋지 않은 거래요. 하니까 나이들면서는 적당하게 뚱뚱한 게 좋답니다. 아, 그게 어떻게 맘에 드는지…… 하하하. 그냥 사세요. 뭐 어차피 좀 있다가 갈 건데요. 먹을 거 못먹어가면서까지 뭐 그렇게 해서 뭐 어쩌자는 애깁니까? 잡수세요 그냥. 그리고 명랑하게 행복하게 사세요. 분복, 내게 주어진 것입니다. 뚱뚱한 것도 이거 복입니다. 생각하면 지금 이 자리에는 사실 뚱뚱한 사람 하나도 없습니다. 미국 가서 보면 정말이지 비행기 의자에 못앉습니다. 아, 저러하고 어떻게 사나 싶을 정도로 뚱뚱한 사람이 많습니다. 점점 많아집니다. 그런데 여러분 그저 주어진 분복, 내 지위, 내 얼굴, 내 몸, 내가 가진 재산에 족함이 있어야 하겠습니다. 내가 처한 환경, 혹은 때로는 내 건강까지도 분복이 있습니다.

좀 극단적인 얘기입니다만 우리가 부르는 찬송 중에 그런 찬송이 있지 않습니까? '예수로 나의 구주 삼고', '인애하신 구세주여' 등 27편이나 됩니다. 화니 크로즈비(Fanny J. Crosby)라고 하는 할머니가 지은 건데 이 분은 소경입니다. 장님으로서 찬송시를 지었습니다. 그런데, 그가 장님으로 유명한 말을 남겼습니다. 'Oh, God. Thanks God for makes me blind — 하나님, 나를 장님으로 만들어 주신 거 감사합니다. 그리하여 잡다한 세상을 보지 않고 하늘나라를 보며 살게 하심을 감사합니다. 눈뜨고 보다가 이제는 눈 감고 보는 세계에 살게 하신 걸 감사합니다.' 그래서 그는 찬송가를 8천 곡이나 지었어요. 온세계에 즐겨 부르는 은혜로운 찬송이 8천 곡이나 됩니다. 눈 뜨고만 보는 게 아닙니다. 눈 감고 보는 세계가 있어요. 우리가 형통할 때만 일을 할 수 있는 게 아닙니다. 오히려 역경 가운데서 미처 생각하지 못했던 것도 생각하고 할 수 없었던 엄청난 일도 하게 됩니다. 그런고로 분복입니다. 하나님이 주신 한계, 우리의 환경, 그대로 수용하는 것입니다. 또 보이지 않는 세계의 분복이 있습니다. 지식이 그렇고 지혜가 그렇고 아이큐가 그렇습니다.

뭐 아이큐가 어떠니 뭐니 하지만 그렇게 아이큐 좋은 것이 좋은 것이 아닙니다. 저는 책에서 읽었습니다. 아이큐 90 이하는 절대로 정신병자가 안된대요. 너무 머리좋은 사람들이 망가지는 것입니다. 대충 보고 살면 좋은데 그렇게 너무 생각이 잘 돌아가는 것만 좋은 것 아니거든요. 조금 둔한 것도 괜찮아요. 은사에 대해서 더욱 그렇습니다. 주어진 분복이 있습니다. 기회가 그렇고 타이밍이 그렇습니다. 우리가 가진 은사가 있습니다. 어떤 사람은 성가대 하는 은사, 잘 가르치는 은사, 혹은 설교하는 은사…… 하나님께서 우리에게 주신 은사가 각자에게 다 있어요. 이걸 잊지 말아야 합니다. 문제는 분깃을 아는 데 있습니다. 내게 주어진 분깃이 무엇인가를 알고 그걸 소중히 여기고 감사하고 또 활용해야 됩니다. 은사를 땅에 묻어두면 안됩니다. 돈을 버는 은사가 있습니까? 열심히 벌어서 일하세요. 돈 버는 은사 가진 사람이 답답하게 목사 되겠다는 데 문제가 있어요. 아니올시다. 그는 은사가 다릅니다. 각각 주어진 은사, 소중히 여깁시다.

성경에 보면 사도 바울은 이방인의 사도입니다. 그런데 사도 바울의 일생을 자세히 보면 유대사람들을 상대로 복음을 전하려고 회당마다 들어가면서 애를 썼습니다. 유대사람들을 설득해보려고, 자기 민족 자기 족속을 구원하려고 애를 썼는데 가는 곳마다 핍박을 받았습니다. 마침내 그는 깨달았습니다. 갈라디아서 1장에서 말씀합니다. 어머니의 태로부터 택정함을 받아 이방인의 사도가 되었노라 — 이방인의 사도로만 살았으면 사도 바울의 운명이 달라졌습니다. 내게 주어진 은사, 그것을 바로 깨달고야 사도 바울이 마지막에 로마로 갑니다. 왜? 이방인의 사도니까. 그는 예루살렘에 있을 사람이 아닙니다. 이걸 우리가 깊이 생각해야 합니다.

　　로버트 풀검(Robert Fulghum)이라고 하는 시인의 인생신조가 있습니다. 그 나름의 인생신조를 이렇게 말합니다. 제가 여러 번 읽어보았는데, 아주 의미가 심장하고 심오한 것입니다. '첫째, 나는 지식보다 상상력이 더 중요하다고 믿는다. 영감이 더 중요하다는 것이지요. 둘째는 신화가 역사보다 더 많은 의미를 담고 있다고 믿는다. 셋째, 꿈이 현실보다 더 강력하며 희망이 항상 어려운 일을 극복하게 한다고 믿는다. 넷째, 슬픔의 유일한 치료는 웃음이라고 믿는다. 다섯째, 사랑이 죽음보다 더 강하다고 믿는다.' 여러분, 이건 한 시인의 고백입니다. 여러분에게 주어진 세계, 참으로 아름답습니다. 참으로 만족할 것입니다. 하나님이 내게 주신 세계, 내게 주신 한계, 내게 줄로 재어준 것이 참으로 아름답습니다. 소중히 여겨야 합니다. 벌써 주셨습니다. 벌써 받았습니다. 더 받자고 기도하지 말고 받은 것을 알게 해달라고 기도합시다. 더 많은 것을 알게 해달라고 기도하지 말고 이미 아는 것을 실천할 수 있게 해달라고 기도해야 할 것입니다. 벌써 주셨고 벌써 받았습니다. 내가 할 일이 있습니다. 할 수 있습니다. 은혜와 은사에 만족합시다. 내게 주신 분깃을 통하여 하나님께서 이루시는 큰 역사를 바라보며 내게 주어진 분깃을 나 또한 즐기며 그 속에서 행복하며 그 속에서 유능한 하나님의 사람으로 살아갈 수 있기를 바랍니다.　△

성도의 정체의식

  우리가 알거니와 우리 옛 사람이 예수와 함께 십자가에 못박힌 것은 죄의 몸이 멸하여 다시는 우리가 죄에게 종노릇하지 아니하려 함이니 이는 죽은 자가 죄에서 벗어나 의롭다 하심을 얻었음이니라 만일 우리가 그리스도와 함께 죽었으면 또한 그와 함께 살 줄을 믿노니 이는 그리스도께서 죽은 자 가운데서 사셨으매 다시 죽지 아니하시고 사망이 다시 그를 주장하지 못할 줄을 앎이로다 그의 죽으심은 죄에 대하여 단번에 죽으심이요 그의 살으심은 하나님께 대하여 살으심이니 이와 같이 너희도 너희 자신을 죄에 대하여는 죽은 자요 그리스도 예수 안에서 하나님을 대하여는 산 자로 여길지어다

(로마서 6 : 6 - 11)

성도의 정체의식

　우스꽝스러우면서도 의미 깊은 우화가 있습니다. 새끼 호랑이가 엄마 호랑이 앞에서 재롱을 떨며 장난을 하고 있었습니다. 느닷없이 엄마 호랑이에게 새끼 호랑이가 질문을 했습니다. "나 호랑이 맞아? 달리지도 못하고, 사냥도 못하고, 이렇게 나약한 존재인데……" 분명히 호랑이가 맞느냐고 물었습니다. 엄마는 대답합니다. "그럼. 내가 낳은 새끼니까 너는 분명히 호랑이 새끼가 틀림없단다. 너는 호랑이다." 새끼 호랑이는 또 물었습니다. "엄마, 나 호랑이 맞아? 나 호랑이 맞아?" 화가 난 엄마는 대답했습니다. "야, 이 개새끼야. 아, 그렇다면 그런 줄 알어. 그렇다면 그런 줄 알어." 졸지에 그만 강아지 새끼가 되고 말았습니다. 여러분, 웃는 얘기 같지만은 굉장히 중요한 얘기입니다. 여건의 문제도, 환경의 문제도, 상태의 문제가 아닙니다. 문제는 존재의 문제입니다. '그렇다면 그런 줄 알어.'
　현대인의 결정적인 결점은 사회, 세상, 우주, IT…… 아는 것이 너무 많다는 것입니다. 정보의 정리를 못할 만큼 많이 알아요. 자, 그런데 문제는 정작 알아야 할 자신에 대해서는 모르고 있다는 것입니다. 거기에 문제가 있습니다. 우리 한국 사람들 요새 경제문제, 증권문제, 세금문제, 남북통일 문제…… 뭐 열심히 생각합니다만, 여러분, 한 가지를 모르고 있습니다. 우리는 불명예스럽게 살아갑니다. 세계에서 자살률이 제1위입니다. 불명예스럽게도 자살자가 제일 많은 나라로 지금 전락하고 있습니다. 아니 이 문제에 대해서 걱정하는 사람도 별로 없는 것 같습니다. 우울증과 허탈감을 느끼며 실망해서, 불행해서 죽어갑니다. 이보다 더 중요한 문제가 어디에 있습니까? 정체의식은 참으로 중요합니다. 이 정체의식에서 지혜도, 능력도, 삶의 힘도 솟아나는 것이기 때문입니다.

여러분, 자기 정체의식을 생각함에 있어서 정직해야 하고, 순전해야 하고, 자유로워야 합니다. 누구를 미워하고 있거나, 시기 질투하거나 아니면 끝없는 욕심에 사로잡혀 있는 한 내가 나를 똑바로 볼 수가 없게 된다는 말씀입니다. 대학 강의실에서 첫 강의 시간에 선생님이 흑판에다가 숙제를 냈습니다. 이번 학기의 첫 번째 숙제 제목을 썼습니다. 'Who are you? 너는 누구냐?' 하는 제목을 써놓고 그 숙제를 논문으로 써내라고 했습니다. 그는 바로 신정아 교수였습니다. 그는 예일대학을 나왔다고 되어 있습니다. 그리고 지난 5일 광주비엔날레 예술 감독으로 임명되고 30대에 촉망되는 유능한 교수로 알려졌습니다. 그런데 알고보니 그는 가짜였습니다. 예일대학도 나온 일 없고, 대학도 다닌 일이 없습니다. 전혀 없는 가짜가 여기까지 올라갔고, 학생들에게는 'Who are you?' 라는 논문 제목을 내놓고 있습니다. 가짜 천지입니다. 그 속에서 나 자신까지 가짜가 되어버리는 것 그걸 모르고 있다는 것입니다. 바로 이 때문에 무너지는 것입니다. 여러분, 깊이 생각해야 합니다.

심리학자 빅터 프랭클(Viktor E. Frankl)은 현대인의 불안을 누제닉 노이로제(noogenic neurosis)라고 이름지어 말하고 있습니다. 누스(Noos)라고 하는 말은 헬라어에서 정신 혹은 혼이라고 번역이 됩니다. 누제닉 노이로제는 모든 문제가 굉장한 문제같아보이지만 그것은 외적인 문제가 아니고 정신적 문제요 정체의식의 문제라는 말입니다. 그래서 모든 치료 중에 근본은 '의미치료'라고 말합니다. 삶의 의미를 느끼지 못하니까 의미를 찾아가야겠는데, 의미는 좋은 집이나 환경에서 나오는 것이 아닙니다. 오히려 남보다 더 어려운 환경 속에 있더라도 사람이 거기에서 의미를 창조할 수 있다는 것입니다. 그런고로 그는 이렇게 충고합니다. 먼저는 '자기 자신에게 집중하지 마라.' 자기만 생각하는 생각에서 조금이라도 생각을 돌려서 다른 사람을 향해 마음을 열어라. 그래서 사랑을 받아들이고, 또한 사랑을 하게 되어 비로소 자신의 정체를 알 수 있다고 합니다. 또한 고통은 항상 필연적으로 있는 것이로되 우리는 '고통 속에서 잃어버리는 걸 생각하지 말고 얻는 것을 생각하는 지혜를 얻어야' 한다고 말합니다. 건강을 잃어버리고 지식을 얻습니다. 지위를 잃어버리고 믿음을 얻습니다. 여러분, 잃어버리는 것만 생각하면 다 잃어버립니다. 아니올시다. 잃어버리는 중에 얻는 것이 더 많다는 것을 생각하기 시작해야 한다는 것입니다. 그리고 '꿈에 살아야' 합니다. 항상 먼 미래를 바라보고 미래를 지향하면서 살아갈 줄 아는 사람이 돼야 비로소 자기 정체를 알 수 있다는 것입니다.

조건은 오직 두 가지입니다. 하나는 하나님을 알아야 나를 알 수 있고, 사랑하면 나를 알 수 있습니다. 미워하면 꽉 막힙니다. 근심하면 깜깜해집니다. 다소라도 좋으니 사랑할 때만이 나 자신의 존재를 알 수가 있는 길이 열립니다. 오늘 성경에는 3차원의 인간을 말씀합니다. 과거에 속한 나, 그리고 현재에 있는 나, 그리고 앞으로 전개될 미래적인 나. 우리 인간은 이 세 가지를 다 생각한다는 데 행복도 있고 불행도 있습니다. 글쎄 잘 모르겠습니다마는 동물의 세계에서 보면 동물은 과거를 생각지 않습니다. 그래서 과거에 뭐가 잘못됐다고 원수 갚는다고 쫓아다니는 일이 없거든요. 또 그런가하면 먼 미래를 바라보는 것도 없어요. 그런 동물의 세계에서도 부러운 것이 하나 있습니다. 동물들은요 저축을 안해요. 오늘 먹고 남았어요. 이거 잘 저축했다가 또 다음에 먹어도 좋을 것같은데 그런 동물이 없어요. 그냥 훌쩍 떠나버려요. 다음에 뭘 먹든 내일 염려 내일 하는 것입니다.

과거는 옛사람입니다. 죄와 사망과 사탄과 율법과 진노의 노예 상태에 있었던 생활입니다. 자유가 없었습니다. 완전히 노예 상태에 있던 과거, 이제는 잊어야 합니다. 과거와 인연을 끊어야 돼요. 그 다음에 현재라고 하는 것은 오직 은총 안에 있습니다. 여기에 자유가 있고, 여기에 기회가 있고, 여기에 사명이 있습니다. 오늘이 있다는 그 자체가 바로 사명을 말합니다. 또한 약속된 미래가 있습니다. 우리 그리스도인에게는 먼 미래, 확실한 미래, 결정적 미래가 우리 눈앞에 있습니다. 그리고 오늘을 삽니다.

오늘 성경은 우리에게 강하게 말씀합니다. 특별히 중요한 것입니다. '과거는 죽었다, 예수님과 함께. 십자가를 볼 때 마다 내 과거는 저 십자가에 죽었다.' 죽었다는 것을 확인해야 합니다. '그리스도와 함께 십자가에 못박혔다. 그리스도와 함께 이미 죽었다.' 오늘 죽자는 게 아닙니다. 이미 죽었어요. 오늘 잃어버리자는 거, 잊어버리자는 거 아닙니다. 이미 오래 전에 끝났어요. 다시 들춰볼 가치가 없어요. 이미 죽었어요. 율법을 향하여 죽었고, 죄를 향하여 죽었고, 정욕에 죽었고, 증오에 죽었어요. 우리는 미워할 권리가 없어요. 또한 두려움 향해서 우리는 죽었어요. 죽은 자는 두려움이 없어요. 혹 누가 여러분을 비난합니까? 아주 속이 상합니까? 죽은 사람이 말이 많습니까? 그렇게 생각하세요. 여러분, 죽었는지 살았는지 알고 싶거든 무덤을 향해 가서 공동묘지에서 소리질러 보세요. 누구 하나 대답하나. 무슨 욕을 해도 대답하는 자가 없어요. 죽은 자는 말이 없어요. 죽은 자는 감각도 없어요. 죽은 자는 생각도 없어요. 이미 죽었어요. 아니 벌써 죽었어요. 예수 그리스도와 함께 골고다 언덕에서 십자가에 못박혔어요. 그리고 끝났어요. 이것이 그리스도인의 일차적 정체입니다.

그런가하면 '그리스도와 함께 살 줄을 믿는다' 하였습니다. '그리스도와 함께 부활할 것이다. 그리스도와 함께 변화할 것이다.' 그 날을 기다리며 오늘을 사는 것입니다. 여러분, 걱정하지 마세요. 어떤 모양으로 죽느냐 생각하지 마세요. 언제 죽느냐고도 묻지 마세요. 예수님께서는 이렇게 말씀하십니다. '해산하는 사람이 해산할 때가 가까이 오면 그저 준비하고 불안하게 된다.' 뭐 그 정도는 알고 있잖아요. 임신했으면 해산하겠지요. 세상에 났으면 죽겠지요. 여러분은 어떻게 생각하십니까? 모두가 카운트다운을 하고 있는 것입니다. 저는 지역에 집회를 다니는데 그저 오라는 데가 있으면 감사한 마음으로 부지런히 다니면서 설교합니다. 그 때마다 생각을 합니다. '이렇게 다니는 것이 이제 며칠 남았나?' 몇년이 아닙니다. 며칠 더 할 수 있을 것인가? 하루하루 한 시간 한 시간이 심각합니다. 그렇지 않습니까? 우리 모두는 카운트다운 하는 생을 살아요. 약속된 미래를 향해서, 오메가 포인트를 향해서 우리는 지금 마지막 단계를 가고 있어요. 사도 바울의 논법대로 말하면 결승점을 향해서. '달려갈 길을 다 가고 믿음을 지켰으니 내 앞에 지금 면류관이 있다.' 면류관을 바라보며 마지막 결승점을 달리고 있는 것입니다. 바로 그런 모습으로 오늘을 사는 것이다— 그걸 잊지 말아야 합니다.

그런가하면 여러분, 현재는 그리스도와 함께 삽니다. 믿음으로 살고 그의 사랑을 느끼며 살고 그의 소원대로 살고 그가 원하는 대로 우리 남은 시간을 행복하게 또 의미 있게 그렇게 살아가야 할 것입니다. 이런 말을 정리해서 딱 한마디로 요약하면 Double image of the Cross라고 그럽니다. 십자가의 이중적인 이미지가 있다. 이중 이미지. 십자가를 딱 보는 순간 내가 얼마나 큰 죄인이라는 것을 깨닫습니다. 그 죄인이 저기 이미 죽었어요. 십자가를 볼 때마다 나는 죽었다 생각하고, 그런가하면 두 번째는 '주께서 저 십자가를 져서 나를 구원하셨다. 그런고로 나는 소중한 존재다.' 너무너무 귀한 존재입니다. 십자가의 은혜로 구원받은 사람이니까 너무 소중해요. 그래서 죽었다고 하는 하나님의 진노와 구원하신 하나님의 큰 사랑을 동시적으로 느껴야 합니다. 십자가를 볼 때마다 죽음을 확인하고 십자가를 볼 때마다 하나님의 사랑을 확증해요. 로마서 5장에서 말씀합니다. '십자가로 말미암아 그 거룩한 사랑을 우리에게 확증하였느니라(롬 5 : 8).' 성령은 우리에게 그 사랑을 오늘도 다시, 다시 확증해 주시는 것입니다.

오늘본문 끝에 가서 보면 아주 오묘한 말씀을 합니다. 11절입니다. "이와 같이 너희도 너희 자신을 향하여는 죄에 대하여 죽은 자요 그리스도 예수 안에서 하나님을 대하여는 산 자로 여길지어다." 여기라, 여기라는 말입니다. '로기제스테'라고 하는 이 말의 뜻은 '그렇게 알라' 그말입니다. '그렇다면 그런 줄 알아.' 바로 그것입니다. 이걸 잊지 마세요. '옛사람 죽었다면 죽은 줄 알아. 너는 하나님의 사랑을 받는 존재라고 그렇게 여길지어다.' 죄에 대하여는 죽은 자요, 그리스도 안에서는 산 자로 그렇게 알아야 하고 그렇게 인정해야 하고 그렇게 확신해야 하는 것입니다. 산 자로 여길지어다― 정말입니다. 사랑에 죽고 사랑에 사는 것이 그리스도인입니다. 그 엄청난 십자가의 사랑에서 나는 사라졌어요. 그런가하면 십자가의 사랑 안에서 내가 다시 살아납니다. 십자가 안에 죽고, 십자가 안에 살고, 사랑 안에 죽고, 사랑 안에 살아가는 것이 그리스도인입니다. 여러분, 이제는 사랑 외에 아무 생각도 하지 마세요. 그저 이것도 사랑이고, 저것도 사랑이고, 그저 때로 조금 어려운 일이 있어도 다 사랑입니다. 여러분의 연세가 얼마인지 모르지만 가만히 보세요. 지나가고보면 다 사랑입니다. 지나고보면 다 은총이었어요. 오늘 내일은 더더욱 그래요. 오직 사랑, 십자가 안에서 사랑을 확인하며 그렇게 살아가는 것입니다.

　함정에 빠진 호랑이가 있었는데 이건 꼼짝 못하고 죽게 됐습니다. 며칠 굶어서 배도 고파 죽을 지경에 이제 쓰러져 죽어가는데 토끼 한 마리가 지나가다가 그걸 내려다봤어요. 끙끙대고 있는 호랑이를 보니까 불쌍하게 눈물을 흘리면서 "야, 나 좀 살려주라. 나 좀 살려주라" 합니다. 이 토끼가 불쌍히 여겼어요. 나뭇가지를 꺾어서 거기다 갖다 던져주었더니 이걸 타고 올라왔어요. 그리고 토끼를 만나서 하는 소리가 배고프니 나 너 잡아먹어야겠다는 것입니다. 그러니까 토끼가 하도 기가 막혀서 "아니, 내가 너 죽을 거 살려줬는데 이럴 수 있냐?" 합니다. 그런데 그때 여우가 지나가다가 이 상황을 보고 어째서 그러냐고 묻습니다. 토끼가 이야기합니다. "아, 그러냐?" 여우가 꾀를 냅니다. "호랑이 아저씨, 이 토끼가 건져주기 전에 어떤 모양이었습니까?" 했더니 호랑이가 함정에 풍덩 들어가더니 "요렇게 하고 있었지" 합니다. "그러면 그대로 계세요." 그러고 가버렸대요.

여러분, 내가 어떤 상태에 있었던가? 그걸 생각하세요. 이미 죽었어요. 그리고 오늘은 오직 은혜일 뿐입니다. 그 은혜로 세상을 전부 소화해야 됩니다. 오직 사랑으로 해석해야 거기서부터 생명의 힘이 생기는 것입니다. 사무엘 하 9장 8절에 보면, 이 말씀을 읽을 때마다 우리를 감동케 하는 드라마틱한 이야기가 있습니다. 다윗 왕이 많은 고생 끝에 왕이 됩니다. 유대나라 왕이 됐을 때 이제 주변정리를 하게 됩니다. 그 때 므비보셋이라는 사람을 불러들이게 됩니다. 그는 절름발이요 무용지물입니다. 그런데 묘한 관계입니다. 그의 조상 사울을 생각하면 이건 원수입니다. 원수의 아들입니다. 이거 죽어 마땅합니다. 그런가하면 사랑하는 친구 그 요나단을 생각하면 요나단의 아들입니다. 사랑하는 친구를 생각하면 소중한 존재요 그 할아버지 사울 왕을 생각하면 죽어 마땅한 사람입니다. 이런 묘한 관계인데 다윗은 그를 원수로 대하지 않고 왕자로 대합니다. '너는 내 친구 요나단의 아들인고로 너는 내 아들이다. 왕자와 같이 여길 거다. 우리 식탁에서 같이 식사를 하며 남은 생을 살 것이다.' 영광을 누리게 됩니다. 그의 대답하는 말이 너무너무 우리 마음을 뜨겁게 합니다. '이 종이 무엇이관대 왕께서 죽은 개 같은 나를 돌아보시나이까.' 죽은 개 같은 나를 돌아보시나이까— 여러분, 그 마음으로 산다면 세상 무엇이 어렵겠습니까? 무엇이 문제가 되겠습니까? 어찌하여 왕께서는 죽은 개 같은 나를 이렇게 사랑하십니까? 그 거룩한 사랑 안에서 자기 모습을 보는 것입니다. 자기 정체를 봅니다. 나는 너무너무 소중합니다. 그리고 오늘을 살 때에 새로운 세계가 열릴 것입니다. △

나와 함께 기뻐하라

이는 너희가 흠이 없고 순전하여 어그러지고 거스리는 세대 가운데서 하나님의 흠 없는 자녀로 세상에서 그들 가운데 빛들로 나타내며 생명의 말씀을 밝혀 나의 달음질도 헛되지 아니하고 수고도 헛되지 아니함으로 그리스도의 날에 나로 자랑할 것이 있게 하려 함이라 만일 너희 믿음의 제물과 봉사 위에 내가 나를 관제로 드릴지라도 나는 기뻐하고 너희 무리와 함께 기뻐하리니 이와 같이 너희도 기뻐하고 나와 함께 기뻐하라

(빌립보서 2 : 15 - 18)

나와 함께 기뻐하라

　여러분 잘 아시는대로 2004년 아테네 올림픽에서 다이빙 종목 여덟 개의 금메달 중에서 중국 선수들이 여섯 개를 휩쓸었습니다. 다이빙 종목은 전통적으로 우리 동양 사람에게는 별로 적합치 않다고 생각해 왔습니다. 신체적으로 키가 작고 유연하지 못한, 뭐 이런 저런 이유로 다이빙 종목은 아무래도 아시아 사람에게는 적합치 않다는 생각을 했습니다. 우리 한국 선수들은 메달권에 근접도 못합니다. 그런데 중국 선수가 다이빙 종목을 휩쓸었어요. 금메달을 여섯 개나 땄습니다. 그래서 다이빙 강국 된 위용을 자랑하게 됐습니다. 사실은 1984년 LA 올림픽 때, 아시아 사람으로서는 처음으로 다이빙에서 금메달은 딴 아가씨가 하나 있습니다. 저우지홍이라고 하는 아가씨인데요, 이 사람이 처음으로 금메달을 따면서부터 가능성을 열어 놓아서 줄줄이 중국에서 다이빙 선수들이 나오게 되었던 것입니다.
　저우지홍 양에게 기자들이 물어 보았습니다. 그렇게 왜소한데도 어떻게 그렇게 유연하게 다이빙을 잘하게 되었느냐고 물었습니다. 이 기자의 질문에 아주 흥미 있는 대답이 나왔습니다. "어머니 때문입니다. 나는 어렸을 때 100m 경주를 좋아했습니다. 그런데 이상하게 나갈 때마다 넘어졌습니다. 넘어졌다가 다시 일어나서 뛰니까 물론 입상은 못했지요. 그러나 우리 어머니는 그걸 지켜보고 그렇게 좋아했습니다. '1등은 못했지만 넘어졌다가 다시 일어나서 뛰는 네가 너무 아름답고 나의 마음을 뿌듯하게 했느니라. 나를 너무 기쁘게 했다.' 그래서 열심히 뛰었고, 또 다이빙으로 바꾸어서도 어머니가 지켜보면서 번번이 실수를 해도 그 실수하는 게 더 재미있고 더 예쁘게 보인다고 그렇게 칭찬해주셔서 마음놓고 다이빙을 하게 되었고, 스탠드에 설 때마다 바라보시며 웃고 계시는 어머니를 생각하면서 언제나 어머니를 생각하면서 뛰어내립니다"라고 말했습니다. 여러분, 한 소녀가 어머니를 기쁘게 하기 위해서 어머니의 기쁨 속에 뛰어들 듯이 그 높은 데서 뛰어내리는 그 장면을 한번 상상해 보세요. 얼마나 아름다운 세상이요 아름다운 관계입니까?

여러분, 인생의 목적은 행복이라고 합니다. 소크라테스가 그렇게 말하고 있습니다. 얻든 못얻든지 간에 인간은 행복을 찾아 헤매는 것이 사실입니다. 대략 말하자면 세 가지 행복이 있습니다. 하나가 생리학적 행복입니다. 배고플 때 먹고, 목마를 때 마시고, 졸릴 때 자는 뭐 그런 거 말입니다. 이런 생리학적 행복이 있는가 하면 철학적인 행복도 있습니다. 역시 인간은 생각하는 데서부터 인간이니까요. 그래서 철학적 욕구, 이성적 욕구를 충족해 나갈 때 모르던 것을 깨닫고 잊어버렸던 것을 생각합니다. 사랑하는 사람도 생각하고 좋은 세상도 생각합니다. 생각 속에서 얻어지는 철학적 행복이 있습니다. 그리고 세 번째는 신학적 행복이 있습니다. Theological Happiness입니다. 이것은 하나님과 나와의 관계에서 영혼이 깨끗해지면서 하나님의 음성이 들리고 하나님과 나와의 교제가 이루어지는 순간에서 오는 영적 그리고 영원한 그런 행복입니다.

행복을 좀더 구조적으로 정리해 보면 몇 가지로 나누어 볼 수 있습니다. 첫째, Taking Happiness입니다. 취하는 것입니다. 얻는 것입니다. 뭐든지 얻는 것, 깨닫는 것, 보는 것, 가지고 싶은 것을 갖는 것, 뭐 그런 행복이 있고 고 다음에는 Becoming Happiness입니다. 성취감입니다. 무엇인가 되는 것입니다. 나의 인격도 되고, 나의 능력도 되고, 나의 지도력도 되고, 무언가 자기 자신에 대하여 이루는 성취감, 이런 것들을 행복으로 간주할 수 있습니다. 그 다음 세 번째는 Giving Happiness 입니다. 역시 사람의 기쁨은 이기적인 게 아닙니다. 남을 향해서 무언가를 줄 때, 그 주는 기쁨입니다. 아시는대로 우리가 자녀들을 키우면서 내가 먹는 것보다 아이들에게 주어서 아이들이 먹는 것을 볼 때가 더 행복하지요. 나 자신의 기쁨보다는 남에게 주면서 얻어지는 기쁨, 이 Giving, 아주 귀한 것입니다. 이걸 모르고 사는 사람들이 불행하지요. 네 번째, Making Happiness입니다. 무엇인가를 만들어 갑니다. 환경도 만들고, 물건도 만들고, 창조해 갑니다. 그 중에도 제일 중요한 것은 사람을 만드는 것입니다. 시원치 않은 사람을 만났지만 그가 세월이 가면서 사람이 돼가는 것을 봅니다. 나로 인해서 사람이 됩니다. 나로 인해서 그 사람이 점점 밝은 사람이 되고 진실한 사람이 되고, 아니, 행복한 사람이 될 때, 내가 누군가를 행복하게 할 수 있을 때, 아니, 행복하게 했다고 느낄 수 있을 때 그 행복이 최고의 행복입니다.

아이들이 자랄 때, 아 그 꼬무락꼬무락할 때 예쁘지요? 조금 더 커서 말 배울 때 예쁘지요? 말 배울 때는 실수하는 말이 더 재미있어요. 아, 그것도 예쁘지요. 조금 더 크면서 학교 다니고 성장하고 저들도 사랑을 하고…… 뭐 이렇게 자녀들이 성장해 나가는 걸 볼 때 행복합니다. 특별히 바르게 아름답게 또 행복하게 성장해 나가는 걸 볼 때 참으로 행복합니다. 그걸 보는 기쁨, 이것이 차원 높은 것입니다. 그래서 사랑하는 사람이 되기도 하고 좋은 그리스도인이 되기도

하고 또 그들이 덕을 나타내서 그 인격의 영역을 넓혀가는 걸 보면 아주 행복합니다. 그런고로 물질을 만드는 게 아니고 환경을 만드는 게 아니라 인간을 만들어 가는 그런 행복, 이것이 가장 큰 것이라고 생각합니다.

오늘본문에 봅니다. 사도 바울은 사실 자기 자신으로 볼 때는 행복할 수 없는 사람입니다. 키도 뭐 넉 자밖에 안됐다고 하고, 뭐 그저 옛날 사람들이 그린 그림에 보면 하나같이 그 사람은 대머리에다가 코는 우뚝하고 못생겼어요. 외모로서는 볼 게 없는 사람입니다. 그리고 평생 나그네로 살았어요. 그렇다고 해서 무슨 칭찬만 받고 산 게 아닙니다. 고린도서를 비롯해서 여러 편지에 나타난 대로 사도 바울은 비난을 많이 받았어요. 오해도 많이 받았어요. 그리고 감옥에 투옥되고 여러 가지 오해 속에서 그대로 순교까지 당하게 됩니다. 신체적 조건, 환경적 조건 등 조건으로 보아서도 그리고 흔히 말하는 명예와 지위 이 모든 면에서 그리 행복한 사람은 아닙니다.

그러나 사도 바울의 위대함은 여기에 있어요. 오늘본문에서 보는 바와 같이 큰 행복을 즐기고 있습니다. 그는 이렇게 말씀합니다. "너희도 기뻐하고 나와 함께 기뻐하라(18절)." 함께 기뻐하라. 참 많은 것을 생각하게 합니다. 기쁨이란 혼자의 것이 아닙니다. 절대로 이기주의자는 행복이 없어요. 아니, 거꾸로 말하면 행복이 없을 때마다 스스로 살펴보세요. 원인은 이기주의에 있어요. 이기심을 빼버리면 다시 문이 열립니다. 그러나 이기심의 노예가 되어 있는 동안 그는 영영 이 감옥에서 벗어날 수가 없어요. 이게 우울증이 되기도 하고, 사람의 인격과 운명을 망가뜨리는 것입니다. 이렇게 되면, 몸도 성할 수가 없어요. 그런고로 행복이 중요한 것입니다.

행복은 어디서 오는 것입니까? 함께 기뻐하는 곳에서 행복이 옵니다. 그러기 위해서는 먼저 내가 기뻐해야 돼요. 내가 기뻐해야 또 상대방을 기쁘게 할 수 있어요. 가끔 우리는 그런 경우를 좀 봅니다. 아이들에게 음식을 줄 때, 자기는 안먹으면서 너는 먹어라, 자기는 수저를 놓으면서 많이 먹어라…… 이게 문제입니다. 내가 먹으면 따라 먹게 돼 있어요. 그래서 대부분 외아들 외동딸이 밥을 안 먹어서 어머니들이 그릇 가지고 따라다니면서 먹이려고 애쓰잖아요. 그런데요, 자식이 일곱 이상 되는 집의 아이 보고는 먹으라는 말 할 필요가 없네요. 서로 뺏어 먹느라고 바빠요. 이 놈 먹으면 저 놈 먹어요. 맛이 있고 없고가 없어요. 사실 말하면 아이들의 입맛은 어머니가 만든다고 합니다. 그래서 아이들은 솔직히 말하면 입맛이 없어요. 어머니가 맛있게 먹으면 따라서 먹는 것입니다. 그러면서 입맛이 생깁니다. 그러니까 내가 행복하면 저들도 행복하고 내가 맛있게 먹으면 저들도 맛있게 먹게 돼 있어요. 사도 바울의 말씀에는 중요한 상징적 의미가 있습니다. '함께 기뻐하라. 내가 이렇게 기뻐하고 있다. 너희들도 기뻐하라.' 자, 왜 일까요? 오늘 성경을 자세히 살피면 먼저는 '내 수고가 헛되지 않았다. 그래서 나는 기쁘다' 합니다.

여러분, 세상에 사람을 제일 피곤하게 하는 것이 수고가 헛된 때입니다. 땀을 흘리는데 결실이 없어요. 많은 시간 애썼는데 성적이 부진해요. 많은 수고가 있었지만 그만 사업에 실패해요. 이 헛된 수고, 수고가 물거품으로 돌아갈 때에 괴로운 것입니다. 그러나 사도 바울은 그렇지 않았어요. 자기는 지금 감옥에 있지만 빌립보교회를 생각해 볼 때 수고가 헛되지 않았어요. 그 수고의 결과로 그들이 생명의 말씀을 밝히고 있어요. 어그러지고 거스러진 세대 가운데서도 빛을 나타내고 있어요. 소위 말하는 빛과 소금의 직분을 잘 감당하고 있어요. 빌립보교회가 이렇게 신앙적으로 잘 성장하고 있는 걸 보면 비록 감옥에 있으면서도 '나는 기쁘다. 너희들을 생각할 때마다 나는 기쁘다. 나는 행복하다. 너희들은 나의 면류관이다.' 이렇게 행복해 하고 있어요. 자기 처지를 돌아보는 게 아닙니다. 빌립보교회의 행복을 자기 행복으로 받아들이고 있어요. 이 차원 높은 행복이 바울을 끝까지 행복하게 만든 것입니다. 이건 흔들림이 없으니까요.

바울은 또한 은혜를 아는 사람이기에 행복했어요. 빌립보서 4장 15절을 몇 번을 거듭 읽어보면 좀 마음 아픈 부분이 있습니다. "마게도냐를 떠날 때에 주고받는 내 일에 참예한 교회가 너희 외에 아무도 없었느니라." Give & Take. 가만히 보세요. 바울이 너무 수고했어요. 생명을 걸고 그 많은 수고와 수고를 했지만 다 받기만 하고 다소라도 그 은혜를 보답한 사람이 없어요. '오직 너희만 주고받는 일에 참예했느니라.' 그 바울의 심정을 조금 이해하게 됩니다. 여러분, 주는 사람은 그냥 주기만 합니다. 하지만 그래도 뭐 고맙다고 하든지 좀 웃기라도 해야 좋은 거 아닙니까? 또 내가 주고 싶은 분에게 준다 하더라도, 그리고 무슨 인사 받으려는 것도 아니고 다시 되돌려 받으려는 마음이 없어도 그래도 조금은 있잖아요. 조금 알아주면 좋잖아요. 사도 바울은 온 세계를 다니면서 복음을 전해도 주고받는 일 없었어요. 오직 빌립보교회만이 Give & Take, 복음을 받고 또 무언가 선물을 바울에게 주었어요.

그뿐만 아니라 지금 로마 감옥에 있을 때도 '또 감옥에 갇혔구만, 에이 저러다 죽겠구만……' 다 그 정도이고, 위해서 기도하는 정도에 끝났지만 빌립보교회는 안그랬어요. 얼마나 추울까? 얼마나 어려울까? 얼마나 고독할까? 그래서 자기 교회의 목사님에게 성금을 모아서 드리고 한겨울 동안 가서 사식을 넣어 드리고 불편한 생활을 도와드리도록 로마로 파송했어요. 바울이 마음에 너무 감동해서 너무 감격해서 '주고받는 일에 참예한 교회는 너희밖에 없었다'고 말씀하고 있습니다. 거 읽어볼수록 참 마음에 무언가 깊은 느낌을 줍니다. 보세요. 그래서 사도 바울은 기쁜 것입니다. 뭘 얼마나 보냈는지 얼마나 사도 바울을 위해서 위로를 드렸는지 모르겠습니다만 빌립보교회만은 그런 교회였습니다. 주고받는 일에 참예한 교회입니다. 그래서 사도 바울의 마음을 기쁘게 했습니다. 보세요. 은혜를 아는 사람으로 만들어 가고 있거든요.

여러분 아시는대로 아이들에게 어렸을 때 뭐 과자라도 이렇게 넣어주면, 아이들이 맛있게 먹을 때 할아버지, 할머니, 아빠, 엄마가 입을 벌리면 저도 자기 먹던 것, 코 묻은 것 입에 갖다가 넣어줍니다. 요것이 요만큼 은혜를 아니까 그렇게 합니다. 은혜를 안다는 게 이렇게 중요한 것입니다. 그래서 사도 바울은 그 은혜에 행복한 것입니다. 그리고 좀더 나아가서 신앙적으로 해석합니다. 그리하여 '그리스도의 날에 나로 자랑할 것이 있게 하려 함이라.' 그리스도의 날에…… 사도 바울은 늘 그리스도의 날을 생각하며 살았어요. 고린도서에도 보면 여러 번 나옵니다. 그리스도의 날에, 그리스도의 날에…… 주님 오실 때 우리 다 같이 주님 앞에 갔을 때에 그때 가서 거기서 자랑거리가 되게 하는 것, 이게 얼마나 좋은 일입니까? 그리스도의 날에 아마도 그러겠지요. 빌립보교인들이 천당 가서 '사도 바울 때문에 우리가 예수를 믿었습니다. 아, 그의 편지를 받고 우리가 위로를 받았습니다. 이 분이 있어서 우리가 오늘 이 자리에 있습니다. 할렐루야' 할 때 사도 바울이 그때 가서 정말로 행복하겠다는 것이지요. '그리스도의 날에 자랑할 것이 있게 하려 함이라.'

그런고로 사도 바울은 기쁩니다. 이 모든것을 생각하며 기뻐합니다. 그들의 믿음생활, 그들의 교회생활, 성숙한 교회생활, 그리고 그들의 사회생활을 생각하며 기뻐서 하는 말씀입니다. 이제 마지막으로 그의 기쁨과 행복의 클라이맥스가 이렇게 표현됩니다. '너희 믿음과 봉사 위에 내가 나를 관제로 드릴지라도 기뻐하리라.' 참, 내 일생 이 말씀을 참으로 귀중하게 생각합니다. '관제로 드릴지라도……' 관제라는 것은 피를 쏟아 붓는다는 뜻입니다. 양을 세워놓고 그대로 칼로 목을 쳐서 목이 떨어져 나갈 때에 선지피가 솟아납니다. 이걸 받아다가 불붙는 제단에 갖다 부으면 그 피가 지글지글 타면서 올라갑니다. 이게 제사입니다. 관제. '내가 너희를 위하여 관제로 드릴지라도 나는 기뻐하리라.' 그는 생각합니다. 그것이 행복의 클라이맥스라고. 클라이맥스가 뭡니까? 이대로 죽어도 좋다, 그것입니다. 이 시간 이대로 죽어도 한이 없어요. 더 바랄 것이 아무것도 없어요. 바로 그런 행복. 너희들을 위해서라면 이 행복을 감당할 수 없으니 그런고로 이대로 죽어도 관제로 드릴지라도 나는 기뻐하리라. 그러고나서 다시 말씀하지 않습니까? '기뻐하리니 우리와 함께 기뻐하고 이와 같이 너희도 기뻐하고 나와 함께 기뻐하라.' 기뻐하라. 기뻐하라. 함께 기뻐하라. 함께 기뻐하라. 나로 인해서 열매 맺고 수고가 헛되지 않는 그 결과를 보면서 기뻐합니다. 이건 종말론적 행복입니다. 함께 기뻐하는 것입니다. 파급적인 행복입니다. 파급 효과에서 오는 큰 행복입니다.

소련 공산주의를 붕괴시킨 보리스 옐친(Boris N. Yeltsin)이라고 하는 대통령을 알고 계실 겁니다. 참으로 역사를 바꾼 위대한 분입니다. 그런데 그에게 묻습니다. '어떻게 이런 자유사상을 가지고 이런 큰 역사를 이룰 수 있었습니까?' 그는 말합니다. '폴란드 바웬사의 수기를 읽다가 큰 감동을 받고 오늘과 같은 일을 하게 됐습니다.' 또 바웬사에게 물었습니다. '어떻게 해서 이렇게 공산주의 세계에서 사는 사람이 자유로운 세상에 대한 깊은 역사를 하게 됐습니까?' 그는 말합니다. '마틴 루터 킹 (Martin Luther King, Jr) 목사님의 수기를 읽다가 거기서 깨닫고 용기를 냈습니다.' 또 마틴 루터 킹 목사님에게 물었습니다. '어떻게 이런 인권운동을 하게 됐습니까?' 그는 말합니다. '로사 팍스라고 하는 재봉틀과 함께 사는 그 재봉사 아주머니 때문입니다.' 어느날 버스를 탔는데 그 당시에는 버스에 앞자리는 백인이, 뒷자리는 흑인이 앉게 돼 있었습니다. 그런데 이 팍스 여사가 백인들 있는 사이에 떡 앉았어요. 운전사가 목소리를 높여서 뒷자리로 가라고, 검둥아 뒤로 가라고, 난리를 쳤지만 태연하게 똑바로 눈을 뜨고 빙그레 웃으면서 앉아 있어요. "하나님 앞에 다 동일한 것이다. 피부색 가지고 판단하지 마라." 이러거든요. 마틴 루터 킹 목사님이 이 아주머니를 보면서 생명의 가치는 동일하다는 음성이 속으로 강하게 들려왔어요. 그래서 인권운동을 하게 되었습니다.

　어떤 때는 나도 모르게 하는 일 하나가 이렇게 파급 효과를 가져옵니다. 나도 모르게 한 말 한마디가 귀한 열매를 맺습니다. 아, 그건 중요한 것입니다. 저는 가끔 이제 나이가 드니까 여기저기 다니면서 부흥회도 인도하고 여러 사람들을 만나는데 만날 때마다 참 놀라운 것이 있습니다. 그런 말씀을 들어요. 나도 모르게 한 말을 다 기억하고 있어요. '그 때 목사님 이런 말씀 하셨는데 그것으로 내가 일생을 삽니다.' 그럴 때마다 하나님 앞에 감사하기도 하지만 조금 더 죄송스럽기도 해요. 어떤 때는 내가 그런 말을 했나 싶기도 해요.

여러분의 생은 어떻게 전개되고 있습니까? 나의 하고 있는 일로 인해서 많은 사람이 영향을 받고 감동을 받고 그리스도인이 되고 사람이 되고 하나님께 영광 돌리는 그런 사람들이 되어갈 때, 그것을 언젠가 깨닫고 보고 느낄 때마다 '아 나의 생은 헛되지 않았다. 참으로 아름답다' 생각하게 되는 것입니다. 이 행복이 가장 크고 위대한 행복이라고 생각합니다.「누가 내 치즈를 옮겼는가?」라고 하는 유명한 책을 써서 세상에 알려진 스펜서 존슨(Spencer Johnson)이 최근에 베스트셀러인「멘토」라고 하는 책을 썼습니다. 인생에는 멘토가 절실히 필요합니다. 자기 혼자 사는 게 아닙니다. 누군가 나를 도울 수 있는 멘토가 필요합니다. 멘토를 향해서 우리 마음을 열어야 합니다. 그래서 그는 충고합니다. 소위 1분 멘토를 요구합니다. 1분 멘토. 하루 종일 사는 가운데 단 1분이라도 잠깐 멈추고 멘토를 향해서 마음을 열어요. 나는 지금 바로 살고 있는가? 내 목적이 무엇인가? 그 다음에는 이어서 목적을 따라 생각하는 것, 그것 하나를 칭찬해 줘야 된다는 것입니다. 네가 이만큼 멘토를 생각하는 것, 아름다운 일이라고. 그 다음에는 이 멘토에 따라서 살아가고 있는가를 성찰해야 된다고 충고하고 있습니다.

여러분, 나로 인해서 많은 사람에게 기쁨을 줍니까? 아니면 슬픔을 줍니까? 나로 인해서 용기를 줍니까? 나로 인해서 행복을 줍니까? 나 자신이 성숙해지는 성취감, 큰 것입니다만 그건 아직도 작은 것입니다. 이보다는 Becoming 보다는, Making입니다. 사람을 만들고 사람을 구원하는 그런 아름다운 일들, 이런 참기쁨을 보면서 함께 기뻐하는 바울처럼 '나와 함께 기뻐하라. 아, 나와 함께 기뻐하라.' 그렇게 사는 행복이 있어야 하겠습니다. △

긍휼의 뜻을 배우라

예수께서 거기서 떠나 지나가시다가 마태라 하는 사람이 세관에 앉은 것을 보시고 이르시되 나를 좇으라 하시니 일어나 좇으니라 예수께서 마태의 집에서 앉아 음식을 잡수실 때에 많은 세리와 죄인들이 와서 예수와 그 제자들과 함께 앉았더니 바리새인들이 보고 그 제자들에게 이르되 어찌하여 너희 선생은 세리와 죄인들과 함께 잡수시느냐 예수께서 들으시고 이르시되 건강한 자에게는 의원이 쓸데없고 병든 자에게라야 쓸데 있느니라 너희는 가서 내가 긍휼을 원하고 제사를 원치 아니하노라 하신 뜻이 무엇인지 배우라 내가 의인을 부르러 온 것이 아니요 죄인을 부르러 왔노라 하시니라

(마태복음 9 : 9 - 13)

긍휼의 뜻을 배우라

　신학대학에서 앞으로 목회자가 될 사람들을 위해서 한 40년 동안을 계속 신학 강의를 해왔습니다. 신학을 공부하는 사람들이 제게 늘 묻는 아주 다정한 질문이 하나 있습니다. 그것은 제가 신학공부를 처음 시작할 때 읽은 책 중에 제일 인상에 남고 또 많은 감동을 준 가장 중요한 책이 무엇인지, 제가 제일 귀하게 읽었던 책을 저들도 보고 싶으니까 그 책을 좀 소개해 달라는 질문을 아주 끈질기게 어쩌면 40년 동안 계속 받은 것같습니다. 그 질문에 대답할 때마다 제가 하는 말입니다. 첫째는 영국의 유명한 신학자 윌리엄 바클레이(William Barclay)의 「The Mind of Jesus」— 이 책을 내가 탐독했는데, 아마도 한 20번 읽지 않았나 싶습니다. 다 해어질 정도로 읽었으니까요. 그래서 책을 새것으로 다시 바꿨습니다. 그 정도로 그 책을 즐겁게 탐독을 했던 때가 있었습니다. 두 번째는 니그렌(Anders Nygren)의 「아가페와 에로스」이고 그 외에 필립스의 「Let God, Be God」이라는 책이라든가 혹은 칼 바르트(K. Barth)의 「로마서 주석」이라든가, 뭐 이런 것을 읽었다고 얘길 합니다. 그러면 학생들이 참으로 대단히 좋은 말을 들었다고 합니다.
　그런데 재미있는 건 얼마후에 목사님들이 돼가지고 그분들이 내게 편지도 하고 전화도 합니다. 그 중에 「The Mind of Jesus」라는 책을 통해서 받은 감화가 참 크고 목사님이 그걸 일러준 데 대해서 자신은 너무 감사하고 있다는 인사를 듣습니다. The Mind of Jesus, 예수님의 마음입니다. 그러니까 우리가 성경을 읽을 때에 그 성경을 겉으로만 읽지 말고 속으로 예수님을 만나며, 예수님의 마음이 무엇이었는가, 행동과 사건과 말씀 중에 예수님의 그 깊은 마음속에서 말씀하시고자 하는 의도는 뭐였던가? 그걸 우리가 생각할 필요가 있어요. 그런 접근 방법이 너무너무 귀한 것이라고 늘 생각을 하고 있습니다.

　예수님의 행하심 중에서도 제일 중요한 것은 비유와 말씀입니다. 비유로 말씀하시는 것은 히브리식 표현입니다. 비유로 사건을 말씀합니다. 만들어낸 이야기가 아니고 있는 이야기, 잘 아는 이야기, 모두가 아는 이야기, 그런 사건을 말합니다. 사건을 이야기로 말하면서 중요한 것은 픽션화하고 있다는 것입니다. 그래서 넌픽션을 픽션화한 것이 예수님의 교훈 방법이었다고 신학적으로 정리합니다. 넌픽션을 픽션화한다는 것은 대단히 중요한 이야기입니다. 사건은 어디까지나 확실한 사건입니다. 이 사건의 속에다가 의미를 넣어서 픽션화해서 우리에게 말씀하고 있습니다. 그런고로 우리는 예수님의 말씀 속에서 사건을 만날 뿐만 아니라 예수님이 이것을 통해서 무엇을 말씀하고 있는가? The Mind of Jesus, 예수님의 마음을 읽을 수 있어야 하겠습니다.

　오늘본문에 나타난 이야기, 대단히 중요한 말씀입니다. 예수님께서 비유로 말씀하시는 중에 아주 대표적인 비유가 선한 사마리아 사람의 비유입니다. 이것은 그대로 비유만은 아니라고 생각합니다. 생각해 보세요. 예루살렘에 왔던 사람이 여리고로 가다가 불한당을 만났다, 강도를 만나서 다 털리고 아주 길거리에 쓰러져서 죽게 됐는데 이 비참한 모습을 성전에 올라가던 제사장이 보고 외면해 지나갔고 레위 사람도 그렇습니다. 그런데 사람들이 무시하고 멸시하는 사마리아 사람이 그 사람을 잘 돌보아주었다 하는 얘기입니다.

여러분, 한번 뒤집어 생각해보세요. 이것이 만일에 만들어낸 이야기라면 예수님은 이 사건 하나 때문에 돌아가셔도 할말이 없습니다. 생각을 해보세요. 오늘이라도 이 길거리에 불한당 맞은 사람이 누워 있다 합시다. 목사님이 지나갔고, 장로가 지나갔고, 다 지나갔는데 웬 창녀가 와서 돌아봐주었다— 그러면 어떻게 되겠습니까? 이건 교회에 대한 모독이지요. 어떻게 예수님께서 이런 말씀을 하시고 살아남을 수가 있습니까? 그러나 이 문제는 사실이기 때문에 어찌할 수가 없는 것입니다. 다 아는 사실이거든요. 여기서 예수님의 픽션화의 의미를 잘 알 수가 있습니다. 모두가 알고 있는 뚜렷한 사건 하나를 딱 들어서 자, 제사장이 지나갔고, 레위 사람이 지나갔고, 사마리아 사람이 돌보았다 하는 얘기를 합니다.

여러분도 아시는대로 여기서 제사장, 레위사람은 성전에서 봉사하는 전문 종교인입니다. 전문적인 종교인입니다. 당시에 제사장이 많고 일이 힘들어서 24반열로 했습니다. 24반으로 나누어서 하기 때문에 1년에 2번밖에는 차례가 안돌아갑니다. 낙향해서 기다리다가 당번이 되면 그 때 가서 1년에 2번 봉사합니다. 이렇게 소중한 시간입니다. 6개월 동안이나 기다리고 있던 차례가 돌아와서 제사장직을 감당하기 위해서 성전으로 올라가는데 아, 여기에 불한당 맞은 사람이 누워 있단말입니다. 이걸 만일에 돌보느라고 시간을 보내다가는 그 사람이 죽으면 시체를 만졌다는 이유 때문에 그는 제사장 직무를 할 수가 없습니다. 일주일 동안은 성전에 못들어갑니다. 부정한 사람이 되니까요. 자, 이제 보세요. 레위 사람들도 성전에서 봉사하는 사람들입니다. 다 마찬가지입니다. 성전에서 자기가 맡은 바를 충실히 감당하기 위해서 부지런히 성전으로 올라가는데 어떤 것에도 방해받을 수가 없다는 얘기입니다. 자기 일에 충실하고 있습니다. 그런데 왜 죄가 됩니까? 여기서 예수님은 지금 분명히 말씀하십니다. 제사장, 레위 사람, 다 죄지었다는 것입니다. 잘못했다는 것이지요. 무얼 잘못했다는 것입니까? 자신이 할 일에 충실했습니다. 살인을 했습니까? 간음을 했습니까? 도적질을 했습니까? 거긴 걸릴 것이 없어요. 여기 십계명에 걸릴 것이 없어요. 자기는 자기의 할 일을 다 했을 뿐입니다. 그런데 이 사마리아 사람의 비유에서 말씀하시는 것은 긍휼을 잃어버린 이 두 사람은 잘못한 것이며, 죄라는 것입니다. 그런고로 윌리엄 바클레이는 이걸 말합니다. 예수님이 말씀하는 죄의 개념은 율법이 정하는 것, 피상적으로 정하는 것과는 다르다는 것입니다. 자, 이 제사장이 지금 간음한 것도 아니고 살인한 것도 아닙니다. 그러나 긍휼이 없었어요. 그런고로 살인죄가 되는 것입니다. 왜? 죽을 사람을 보고 그냥 지나갔으니까. 죽도록 내버려뒀으니까. 방임했기 때문에. 이건 살인죄가 되는 것입니다. 이것이 바로 예수님께서 하시는 말씀의 의도입니다. 여러분, 깊이 생각할 문제입니다.

성경에 보면, 또 탕자 비유가 있습니다. 동생이 집을 나갔다가 탕진을 하고 돌아왔습니다. 재산을 다 없애고 거지가 돼 돌아왔습니다. 아버지는 좋아서 잔치를 하고 '죽었다 살았고, 잃었다 얻었노라'고 기뻐하는데 형이라는 작자가 기분이 나빠요. 아, 그 형 당당합니다. '아버지, 내게는 염소 새끼 한 마리라도 주어서 내 친구들과 먹고 마시고 놀게 한 일이 없거늘 아 저 놈 말이에요, 아버지 재산을 창기와 더불어 다 먹어버린 저 나쁜 놈이 돌아왔는데 왜 이렇게 크게 낭비하며 잔치를 하는 겁니까?' 하고 대들어요. 여러분, 형이 무얼 잘 못했습니까? 여러분은 어느 쪽입니까? 형은 당당해요. 지금 옳은 말 하는 것입니다. 그런데, 옳다고 옳은 게 아닙니다. 아버지의 마음에 못을 박았어요. 아버지의 마음을 슬프게 했어요. 그런고로 죄가 되는 것입니다.

여러분, 여기서 우리 죄의 개념을 잘 이해해야 됩니다. 베토벤(Ludwig van Beethoven)에게는 크리스토프라는 동생이 하나 있었습니다. 그 동생은 투기에 성공해서 큰 부자가 되었다고 합니다. 그런데 베토벤이 너무 어렵고 힘들어서 형이지만 동생에게 경제적인 도움을 요청을 했습니다. 그 때에 동생은 이렇게 편지로 회답했다고 합니다. '오로지 형의 책임일 뿐입니다. 가난도 형님의 몫입니다.' 형은 동생에게 회답을 했습니다. '너의 도움도 필요 없고, 너의 설교도 필요 없다. 끝.' 여러분, 어떻습니까? 정말 따지겠습니까? 옳고 그른 것이 먼저입니까? 이걸 넘어서는 일이 있다는 걸 잊지 말아야 돼요. 똑똑한 사람의 문제가 여기에 있는 것입니다. 저도 죽고 남도 죽이는 게 바로 여기에 있는 것입니다. 잘났다 하고 똑똑하다고 깨끗하다고 하는데, 아닙니다. 그것은 하나님의 뜻이 아닙니다. 하나님의 마음을 아프게 하고 있기 때문입니다.

본문에 나타난 이 긍휼이라는 말은 '엘레오스'입니다. 그래서 기도문에 보면, '엘레에메, 엘레에메'라는 말이 많이 나옵니다. '엘레오스' 이 말은 자비와 긍휼을 말하는 것입니다. 인용한 성경 구절은 호세아 6장 6절에 있는 말씀입니다. "나는 인애를 원하고 제사를 원치 아니하며 번제보다 하나님을 아는 것을 원하노라." 이것이 오늘본문에 인용된 말씀입니다. 그것은 히브리말로는 '헷세드'라고 되어 있습니다만 일반적으로 히브리말에서 많이 쓰는 것은 '라함'입니다. '라하므', '라하밈'이라고 말하는데 '라함'이라고 하는 그 긍휼이라고 하는 어원이 너무 재미있습니다. 그건 '렉헴'입니다. '렉헴'이라는 말은 뭐냐하면 여인들의 자궁을 말합니다. 여러분, 좀더 생생하게 생리학적으로 생각해보세요. 자궁, 이것이 긍휼입니다. 그 속에서 생명이 태어납니다. 거기서 생명이 자라고, 얻어먹고, 액 속에 떠 있습니다. 여러분, 그런 말 하잖아요. '어머니 뱃속에 있을 때가 제일 행복했다.' 하기야 뭐 아무것도 몰랐지만 행복했단 말입니다. 그리고 여기를 나오면서부터 고생입니다. 어머니의 뱃속에 들어 있어요. 자궁, 그것이 긍휼입니다. 이것이 긍휼의 어원적 의미입니다. 이건 사랑이지만 특수한 사랑입니다. 또 새가 먹이를 물어와서 토해서 새끼에게 먹이는 그 모습을 '렉헴'이라고 합니다. 자, 이제 보세요. 이 사랑은 창조적입니다. 주도적입니다. 아니, 교육적이기도 합니다. 그리고 긴 인애함이 그 속에 있습니다.

    오늘본문의 맥락으로 돌아가 봅시다. 예수님께서 길을 가시다가 세관에 앉아 있는 세리 마태를 부르십니다. 당시에 세리라는 건 인간 취급을 받지 못합니다. 이건 로마 사람을 위해서 세를 강징하는 사람들이기 때문에 반민족주의자요, 또한 반도덕주의자요, 반 율법주의자로 완전히 사람 취급을 받지 못해서 심지어는 거지도 손을 내밀었다가 세리에게 받은 돈이라는 것을 알게 되면, 거지가 그 돈을 갖다가 도로 던졌답니다. '죽어도 나는 세리의 돈은 안받아먹는다.' 그 정도로 세리는 사람 취급을 못받아요. 그런데 어쩌면 예수님께서 세관에 앉아 있는, 현장에 앉아 있는 사람을 부르십니까? 난 여기서 생각합니다. 예수님은 제자들을 부를 때, 선발하지 않고 '선택'

한 것이라고 생각합니다. 뭐 자격시험 본 거 아닙니다. 사람이 인물이 어떤가, 뭐 과거가 어떤가, 뭐 요샛말로 검증이다 뭐다 난리를 치는 게 아니라는 것입니다. 마구잡이로 불렀다고 생각돼요. 아, 생각해 보세요. 세관 현지에 앉은 이 사람이 예수님께 와서 무릎을 꿇고 '내가 과거를 회개합니다'라고 말한다면, 그리고 그때 그를 불렀다면 또 얘기가 좀 달라요. 하지만 현장에, 세관에 앉아서 세금 받고 있는 사람에게 '나를 따르라' 하시니 이거 대단한 일 아닙니까? 모든 사람에게 멸시받는 이 사람을 이렇게 불러서 제자를 삼았고 바로 그 제자가 마태복음을 쓴 것입니다. 그러니까 예수님께서는 이렇게 불러서 사람을 만드신 것입니다. Making Disciple. 이게 중요합니다. 우리는 사람을 너무 가려요. 아닙니다. 사람을 만들어야 돼요.

여러분, 남편 시원치 않습니까? 남편을 만드세요. 아내가 시원치 않습니까? 사람을 만드세요. 강퍅한 자를 온유한 자로 만들어가는 것입니다. 게으른 자를 부지런한 사람으로, 속된 사람을 거룩한 사람으로 만들어가는 것이 예수님의 마음이고 그것이 예수님의 제자 훈련 방법이었다고 생각합니다. 그런고로 교육에서 제일 중요한 것은 깨닫게 하는 것도 아니고, 알게 하는 것도 아니고, 감격하게 하는 것도 아니고, 사람을 변화시키는 것입니다. 그런데 오늘 예수님 말씀하십니다. '긍휼을 배우라. 긍휼을 배우라.' 예수님, 십자가 상에서 돌아가시면서 말씀하십니다. "하나님이여, 저들의 죄를 용서하옵소서. 저들이 하는 것을 모르기 때문입니다." 이 한마디가 바로 긍휼입니다. 십자가에 못박는 사람들을 불쌍히 여겼습니다. 십자가에 돌아가시면서 불쌍히 여기십니다. 그리고 기도하십니다. 이것이 긍휼의 극치입니다. 또한 이것은 주도적입니다. 책임을 내가 집니다. 책임을 저에게 돌리지 않습니다. 책임을 묻지도 않습니다. 주도적 사랑은 책임을 내가 지고 또한 미래 지향적입니다. 요한복음 13장에 보면 예수님 말씀하십니다. "지금은 모르지만 이후에는 알리라." 선한 일을 하시며 제자들의 발을 씻기시면서 하시는 말씀입니다. '지금은 모르지만 언젠가는 알게 될 것이다.' 여러분, 부모님들이 자식을 사랑하는 게 뭡니까? 지금은 모르지만 언제는 알 것이다. 그런 마음에서 사랑하는 것이지요. 지금 당장 옳고 그르고를 따지자는 것 아니잖아요. 따져 봐야 됩니까? 잘못한다고 때린다면 매일 때리다 말지, 이게 되겠습니까? 먼 훗날을 바라보며 지금은 네가 이해하지 못하나 언젠가는 내 뜻을 알 것이다— 그런 확실한 믿음이 있어요. 또한 행동적이고 고통을 당할 일이 있다면 내가 대신 당하는 것입니다. 이것이 긍휼입니다. 하나님의 사랑, 이 긍휼하시는 큰 사랑에 응답하며 사는 것이 그리스도인입니다.

　유명한 얘기가 있습니다. 영국의 인도주의자로서 헨리 8세에게 그렇게 신임을 받아서 1529년에 대법관으로 임명이 됐던 사람입니다. 하원의장까지 했습니다. 그러나 헨리 8세의 부정한 행위, 그 왕이 이혼하려고 할 때 이혼은 안된다고 강력히 주장한 나머지 그는 파직되었고 마지막에는 57세에 단두대에서 처형을 당하게 됩니다. 토마스 모어(Thomas More) 라고 하는 분입니다. 그가 사형재판 받을 때, 그가 재판장에게 한 말은 유명한 말입니다. "재판장이여, 내가 당신을 지금 친구라고 부르는 것을 용서하시오." 그리고 하는 말입니다. "친구여, 나와 당신은 바울과 스데반처럼 만나기를 바랍니다. 분명 바울이 스데반을 죽였습니다만 하늘나라에서는 바울과 스데반이 만나서 얼마나 친한 사이로 고맙게 생각하며 그렇게 주님 앞에서 영광을 누리겠습니까? 마찬가지로 오늘 당신이 나를 사형에 처하지마는 언젠가는 당신이 예수를 바로 믿고 하늘나라에 가서 우리 서로 바울과 스데반처럼 만나기를 바랍니다." 이 말을 듣고 재판장이 감동을 해서 "나는 당신을 사형에 처하는데 당신은 어떻게 이렇게 말할 수 있습니까?" 이때 그가 한 말은 너무도 중요합니다. "주님께서 나에게 먼저 긍휼을 베푸셨기 때문입니다. 내가 주를 사랑하는 것이 아니라 주님이 나에게 먼저 긍휼을 베푸셨기 때문에 나는 누구도 비판하지 않습니다. 누구도 심판하지 않습니다. 그 긍휼을 다소라도 내가 실천하려고 하는 것뿐입니다."

여러분, 우리의 구원은 오직 그의 긍휼에 근거하고 있습니다. 그의 긍휼과 그의 사랑에 대한 응답이 바로 믿음입니다. 여러분, 우리가 쉽게 사랑한다, 사랑한다 하는 말을 합니다. 전 늘 생각합니다. 사랑이 중생해야 합니다. 사랑의 개념이 바뀌어야 합니다. 쓸데없이 사랑한다는 말 하지 마세요. 그건 거짓말입니다. '사랑하기 때문에'라고 하면서 사람을 괴롭힙니다. 그만하세요. 사랑이 중생해야 됩니다. 사랑이 거듭나야 합니다. 하나님의 크신 긍휼 안에서 그 큰 긍휼 속에서 내 사랑이 중생하게 될 때, 이 세상에 사랑 못할 사람 없어요. 이 세상에 누구를 비판할 용기도 없어요. 아무 할말이 없어요. 그래서 예수님 말씀하십니다. '긍휼을 배우라.' 오늘도 한 걸음 더 배워야 하겠습니다. △

만나로 먹이시는 이유

　내가 오늘날 명하는 모든 명령을 너희는 지켜 행하라 그리하면 너희가 살고 번성하고 여호와께서 너희의 열조에게 맹세하신 땅에 들어가서 그것을 얻으리라 네 하나님 여호와께서 이 사십 년 동안에 너로 광야의 길을 걷게 하신 것을 기억하라 이는 너를 낮추시며 너를 시험하사 네 마음이 어떠한지 그 명령을 지키는지 아니 지키는지 알려 하심이라 너를 낮추시며 너로 주리게 하시며 또 너도 알지 못하며 네 열조도 알지 못하던 만나를 네게 먹이신 것은 사람이 떡으로만 사는 것이 아니요 여호와의 입에서 나오는 모든 말씀으로 사는 줄을 너로 알게 하려 하심이니라 이 사십 년 동안에 네 의복이 해어지지 아니하였고 네 발이 부릍지 아니하였느니라 너는 사람이 그 아들을 징계함 같이 네 하나님 여호와께서 너를 징계하시는 줄 마음에 생각하고 네 하나님 여호와의 명령을 지켜 그 도를 행하며 그를 경외할지니라
(신명기 8 : 1 - 6)

만나로 먹이시는 이유

　어린이 놀이공원에 어머니가 어린 딸의 손목을 잡고 들어갑니다. 입장하는 장소에서 문제가 생겼습니다. 여섯 살부터는 돈을 내야 됩니다. 이 어머니는 자기 딸을 보고 네 살이라고 말하라 했습니다. 그러고는 들어갔는데 아이는 계속 중얼거립니다. "여섯 살인데……" 이 어머니는 그 입장료 몇푼에 양심을 팔았고, 아이의 일생을 망친 것입니다. 여러분, 손익계산을 좀 똑바로 하세요. 무엇을 얻고, 무엇을 잃고 있는 것입니까?
　마하트마 간디(M. K. Gandhi)가 늘 역설하고 있는 삶의 자세가 있었습니다. 그 중 가장 강한 것은 '진실'입니다. 어떤 상황에서도 진실된 삶을 선택해야 한다— 그 이유는 확실합니다. 첫째, 진실은 문제를 단순하게 만듭니다. 여러분, 정치·경제·문화 할것없이 왜 이렇게 일이 복잡합니까? 거짓말 때문입니다. 진실하면 간단한데, 이 거짓 때문에 이렇게 일이 복잡해집니다. 또한 진실한 사람은 스트레스를 받지 않습니다. 언제나 자기일에 당당하니까요. 진실 그 자체가 자신을 강하게 만들어 줍니다. 진실한 생각이 사람을 만들어 갑니다. 진실하고 진실하면 점점 더 강하고 확실한 인격으로 변화되어 갑니다. 또한 진실한 사람은 당당하게 책임을 집니다. 때로는 목숨을 걸어도 주저하지 않습니다. 그래서 당당합니다. 간디의 말 중에 중요한 말 한마디가 더 있습니다. 충격적입니다. '진실한 사람은 속지 않는다.'
　때때로 우리는 많은 경우에 속았다고 합니다만 왜 속았을까? 이걸 잊지 말아야 합니다. 진실한 사람은 속지 않습니다. 이걸 깊이 생각해야 합니다. 또 진실한 사람은 자유로워집니다. 아무데도 매이지 않습니다. 떳떳하고 당당합니다. 아니, 이대로 죽어도 구차한 변명을 할 필요가 없습니다. 이대로 끝나도 그대로 만족합니다. 이렇게 자유로운 생의 그 근본이 진실에 있다는 걸 우리는 잊어서는 안됩니다. 신앙이란 하나님 앞에 정직한 것입니다. Honest to God, 하나님 앞에 정직한 것입니다. 여러분, 사람을 보지 마세요. 사람에게 보이려고, 사람이 뭐라고 말하나, 그렇게 사람에게 신경쓰는 것처럼 사람을 피곤하게 하는 것은 없습니다. 스트레스 쌓입니다. 죄송하지만 나이 50이 넘었거든 사람 이야기는 그만하세요. 신경 끄세요. 왜요? 이제는 하나님 앞에 갈 때가 가까워 왔으니까. 하나님과 나와의 관계가 점점 크게 느껴져야 할 때가 아닙니까? 거, 뭐 시시하게 사람에 대한 문제를 신경쓰고 있는 겁니까? 하나님 앞에 정직하고 진실해야 합니다.

오늘본문에 보면 이스라엘 백성이 애굽에서 나옵니다. 광야를 거쳐 광야를 통과해서 가나안 땅으로 가는데 이 육십만 군중은 참으로 초조했습니다. 조급합니다. 빨리 젖과 꿀이 흐르는 약속의 땅, 가나안에 들어가고 싶습니다. 정확하게 계산하면 열나흘이면 갈 수 있습니다. 아무리 소걸음으로 가도 열나흘이면 갈 수 있는 거리인데 40년 걸렸습니다. 출애굽기를 읽다가 우리가 깜짝 놀라는 부분이 바로 이것입니다. 아, 그냥 애굽에서 나와 홍해를 건너 요단강을 건너 그냥 가나안에 들어가면 되지 왜 이 어려운 광야에 맴돌면서 40년을 살게 하셨을까? 민수기 13장에 보면 가데스 바네아까지 왔거든요. 요단강 바로 그 앞에까지 왔어요. 그런데 여기서 실수를 합니다. 하나님을 원망합니다. 불신앙적 소행이 드러납니다. 그래서 다시 돌아갑니다. 그 지도를 그려보면 가나안까지 다 왔다가 다시 돌아서 광야로 들어가 40년을 삽니다.

여러분, 이게 지정학적 문제입니까? 이게 상황적 문제입니까? 이게 정치·경제의 문제입니까? 하나님의 선민으로서의 인간의 문제더라 이겁니다. 사람이 돼야 되는 것입니다. 아직 약속의 땅은 있는데 약속에 들어갈 사람이 없어요. 사람이 자격 미달입니다. 함량 미달이니 사람을 바꾸어야 됩니다. 그리고야 가나안 땅에 들어갈 수가 있었습니다. 인간의 문제요, 인간의 문제는 곧 신앙의 문제였습니다. 민수기 14장 30절에 보면 확실하게 말씀합니다. 선민의식이 없었고, 선민의 인격이 없었습니다. 그것을 단 한마디로 말하면 '원망'했더라는 것입니다. 원망하는 성격입니다. 조그만 일에서 원망을 했어요. 책임을 남에게 돌리고, 어떻게 해서든지 남의 책임으로 돌리는 그런 인간이기 때문에 가나안에 못들어가요. 그것이 오늘본문의 내용입니다. 그러므로 다시 광야에 들어가서 훈련을 받습니다. 어떻게? 오늘본문을 자세히 보면 딱 한마디, 믿음과 겸손입니다. 하나님께서 겸손하게 만드셨습니다. 겸손의 그 뜻이 무엇인지를 깊이 이해해야겠습니다.

우리가 사람을 대해봐도 그렇지 않습니까? 교만한 사람은 두 번 만나고 싶지 않아요. 죄송하지만 저는 목사이지만 교만한 사람의 전화는 받는 것도 싫어요. '여보세요' 할 때 벌써 '에크……' 기분이 나빠요. 그저 겸손한 사람이어야 합니다. 교만과 겸손 이걸 우리가 생각해야 돼요. 이스라엘 백성이 왜 하나님을 원망했을까? 생각을 좀 하게 됩니다. 그런데 오늘본문에 말씀 하시는 것은 단순한, 그리고 겸손한 그런 사람이 되기를 원하십니다. 8장 1절에 보면 아주 간단하게 말씀하시지요. "모든 명령을 너희는 지켜 행하라." 모든 명령을 지켜 행하라― 바로 그 사람, 지켜 행하는 그 사람만 되면 가나안은 저절로 열리는 것입니다. "그리하면 너희가 살고 번성하고 여호와께서 너희의 열조에게 맹세하신 땅에 들어가서 그것을 얻으리라." 이건 정치·경제·문화·상황의 문제가 아니더라는 것입니다. 바로 이 사람, 명령을 지켜 행하는 그 사람, 그 겸손, 그 믿음, 그 사람이 되기까지는 가나안은 열리지 않는 것입니다. 이걸 깊이 생각해야 합니다.

오늘본문 가운데는 왜 그들이 가나안에 못 들어갔을까, 그 원인을 분석해 주고 있습니다. 사도 바울은 고린도전서 10장에서 말씀합니다. '너희는 원망하지 마라. 우리 조상들이 애굽에서 나와 광야에 엎드려져 죽었느니라. 그런고로 원망하지 마라.' 여러분, 여러분 마음 스스로 살펴보세요. 어느 구석에라도 조금이라도 원망하는 것이 있어서는 안돼요. 하나님을 원망하지 마세요. 남편을 원망하지 마세요. 아내를 원망하지 마세요. 누구도 원망하지 마세요. 죄송합니다만, 날씨 원망하지 마세요. 놀러가려고 했다가 비가 오고, 날이 좀 더우면 날씨를 원망하는 수가 있습니다. 저는 수없이 많이 들었습니다. 옛날에 여름 한창 더운 때입니다. 막 찝니다. 덥다고 하면 우리 아버지께서 "이놈아, 농사꾼의 자식은 덥다는 말을 하면 안된다." "왜요?" "더워야 먹을 것이 있으니까, 더워야 곡식이 자라니까, 이 시간에 쌀쌀하고 시원하게 되는 날이면 밥 굶는 거야. 이놈아, 정신 차려!" 절대로 덥다는 말을 못하게 했습니다.

여러분, 뭐 놀러가려다가 비 좀 온다고 해서 하나님 원망하고…… 그렇게 입방정 떨지 마세요. 그저 더우면 더운가보다 할 것입니다. 더워야 먹을 것이 있습니다. 아시겠어요? 농사꾼이 아니라도 이건 알아야지! 안그렇습니까? 모든 환경, 그저 좀 원망스러운 게 많지요. 그래도 절대 원망은 금물입니다. 물론 말로 원망하면 안되고, 생각으로도 원망하면 안돼요. 하나님도 이웃도 환경도 누구도 말입니다. 그 말을 다른 말로 바꾸면 겸손함입니다. 오늘성경에 강조합니다. '겸손케 하여……' 하나님께서 겸손하게 하려고 40년을 여기 광야에 두셨다는 것입니다. 일생동안 겸손을 배우는 것입니다. 정말입니다. 인간이 뭘 배우는가, 가만히 보면 그저 겸손 그것 배우는 것입니다. 겸손. 여러분, 인격의 수준은 그가 얼마나 겸손한가에 있습니다. 아니, 얼마나 겸손할 수 있나, 그것이 그 사람의 믿음이요, 인격이라고 그렇게 생각합니다.

이스라엘 백성이 광야에 나와서 지내는 동안에 물이 없다고 하나님을 원망했지요. 하나님께서는 원망하는 백성을 용서하시고 반석에서 물을 내주셨어요. 물을 마십니다. 이젠 또 먹을 것이 없다고 원망을 합니다. 하늘에서 만나를 보내주셨어요. 그 이름이 재미있어요. 만나라고 하는 이 히브리말은 원문대로 보면, 출애굽기 16장 15절에 보면 '야, 이것이 뭐냐?' 합니다. 하늘에서 떡가루가 내려오니까. 야, 이것이 뭐냐? 야, 이것이 뭐냐?…… 그것이 만나입니다. 만나의 뜻이 '이것이 뭐냐'입니다. 그게 만나입니다. 자, 어쨌든 신기하지 않습니까? 새벽에 일어나서 보면 아, 떡가루가 있어요. 이걸 걷어다가 이제 빵을 만들어 먹고 음식으로 삼았는데…… 자, 보세요. 농경지도 필요 없어요. 또 농경지가 되지도 않아요. 이 척박한 곳이니까요. 만나를 먹이십니다. 그 만나가 매일 아침 내려오거든요. 저는 그런 생각을 해요. 왜 매일 아침에 주셨을까? 한꺼번에 좀 많이 주시면 안 되나? 여러분, 어떻게 생각을 하세요?. 한꺼번에 많이 주셨으면 술 만들어 먹었을 것입니다. 꼭 필요한 만큼만 매일 아침, 매일 아침, 그렇게 주십니다. 그러니까 한마디로 말하면 충분합니다. 그러나 만족하진 않습니다. 충분합니다. 만족하진 않습니다. 만족하지 않는 그 부분은 바로 내 교만 때문입니다. 겸손한 자에게는 충분하고 아니, 만족하기도 합니다. 일용할 양식으로 주셨습니다. 출애굽기 16장 4절에 보면 매일, 매일 만나를 주셨습니다. 그런데 이 사람들이 민수기 11장 5절 이하에 보면 '고기가 없다. 고기를 못먹었다'고 또 원망입니다. 그래서 하나님께서 메추라기를 주셔서 코에서 누린내가 나게 먹이십니다. 그 다음에 또 원망이 있습니다. 부추와 파와 마늘이 없다고 원망을 합니다. 부추와 파와 마늘…… 왜 그걸 원망했을까 했더니 성경에 참 별말씀이 다 있어요. 정력이 쇠약해진다나요. 광야 살면서 죽지 않고 살면 고맙지 이게 무슨…… 이런 원망이 계속 터집니다.

　아주 사치한 원망이지요. 일용할 양식, 얼마나 중요한 얘깁니까? 그런데 중요한 것은 같은 음식을 40년을 먹으라고 했거든요. 이건 좀 힘들지요. 여러분, 가정에서 두 끼만 같은 거 나와도 원망인데, 그렇지 않습니까? 제가 신학생 때, 시골에 다니면서 여름방학 동안에 하계 성경학교를 인도하고 다녔어요. 여름방학 내내 이 교회 저 교회 다니면서 말입니다. 그랬는데, 뭐 시골에서 대접할 것이 있겠습니까? 그러니까 목사님 댁에 유숙하면서 지내는데 어느 집에 갔더니 수제비를 해주더라고요. 뭐 신학생이 기숙사에 살던 사람이니까 맛있게 잘 먹었지요. "전도사님, 수제비 좋아하십니까?" "예. 그렇습니다." 일주일 내내 수제비입니다. 하하하. 나는 사모님은 쳐다보지 않았습니다. 목사님을 쳐다보았습니다. '저 마누라 데리고 살려면 어지간하겠다.' 그런 생각에…… 생각해 보세요. 아무리 이게 맛이 있기로서니 그래 일주일 내내, 하기야 뭐 다른 게 대접할 것이 없으니까 그랬겠지만, 그래도 하다못해 칼국수라도 해야지…… 안그렇습니까? 같은 거 40년을 먹으라— 가만히 생각하면 나도 원망했을 것같아요. 원망이 터졌을 것입니다. 굶지 않지요. 죽지는 않아요. 하지만 40년은 이건 좀 지나치지 않나, 그런 생각을 합니다. 너무 지루한 생활이지요.

그리고 욕심을 부리지 말라고 하십니다. 안식일을 지키나 안지키나 하나님이 시험하시겠다고 하십니다. 매일매일 거두게 하시고 안식일날은 거두지 말라고 하십니다. '그 전날 거두어서 먹으라.' 아, 글쎄요. 어떤 사람이 좀 많이 거뒀다가 버러지가 났다면서요. 안식일 지키는 것은 하나님께서 책임을 지십니다. '안식일엔 거두지 마라.' 그리고 안식일 전날 거둔 것으로 그 다음날 안식일까지 먹도록 딱 훈련을 시켰어요. 안식일 훈련을 사십 년을 시키셨어요. 하나님의 뜻대로 사는 자, 안식일 지키는 자의 생을 하나님이 보장하신 것입니다. 이걸 보여주신 것입니다. 그리고 순종을 가르치십니다. 겸손한 자만이 순종할 수 있거든요. 여러분, 깊이 생각합시다. 일상적인 생활에 만족해야 합니다. 건강한 사람이 누굽니까? 일상적인 것, 매일매일 먹는 것, 먹어서 시원치 않지마는 된장찌개에 김치에 이렇게 해서 먹잖아요. 일상적인 것에 만족해요. 불만이 없어요. 그리고 늘 똑같은 음식인데 먹을 때마다 처음 먹는 것처럼 맛있게 먹어요. 일상적인 것을 아주 새롭게 느끼면서 맛있게, 맛있게 꿀맛으로 먹어요. 이 사람이 건강한 사람입니다. 그런데 건강치 못한 사람은 일상적인 것에 불만이 많아요. 그저 한 끼만 같은 게 나와도 '아, 또 이거냐. 음식 솜씨가 뭐 이러냐. 밤낮 같은 거만 먹으란 말이냐'고 뛰쳐나가고 이러잖아요. 이 사람은 틀림없이 오래 못삽니다. 이것을 알아야 합니다. 일상적인 것에 만족해야 합니다. 그게 건강의 비결입니다. 동시에 이 말씀의 귀한 생명적 의미는 여기에 있습니다. 하나님의 말씀, 일상적인 것입니다. 이미 주신 말씀입니다. 같은 말씀을 또 주십니다. 사도 바울은 그래서 빌립보서에서 이런 말씀도 합니다. "같은 말을 쓰는 것이 내게는 수고로움이 없고 너희에게는 안전하니라(3:1)." 여러분, 어떻게 생각하십니까?

어떤 교회 목사님이 설교하시면서 보니까 앉았던 사람 하나가 중간에 나가더래요. 남자 집사님이. 그저 뭐 급한 일이 있는가보다 했어요. 설교 끝날 때쯤 그 사람이 또 들어왔어요. 아, 그래 참 어디 갔다 왔나, 좀 궁금하잖아요. 그래 예배 마치고 나갈 때 악수하면서 물어봤대요. "아까 어디 갔다 왔습니까?" 했더니 하는 말이 "저요? 이발하러 갔다 왔어요. 내가 본문 제목을 딱 봤는데요, 목사님이 무슨 말씀을 할는지 다 알았거든요. 그래서 갔다 와도 충분할 거같아서 갔다 왔습니다." 여러분, 이런 교인을 어떻게 봐야 하겠습니까? 사실 그렇지요. 저도 뭐 한 교회에서 여러 해 목회를 해봅니다만 더구나 뭐 새벽기도회에다가 주일날 낮에 수요일저녁 해서 계속 30년을 설교하니까 우리 교인들 난 앉아 있는 게 고마워요. 나도 이제 할 말 없거든요. 하하하. 그런데 또 재미있는 건 또 앉아서 뭘 열심히 써요. 뭘 써봤는지 궁금해요. 안그래요? 거 허구한 날 같은 말 했는데…… 이게 중요한 것입니다. 이 사람은 항상 새롭게 들어요. 왜요? 건망증이 많거든요. 생각해 보세요. 늘 같은 말씀인데 오늘은 새로워요. 여러분, 이거 아셔야 됩니다. 건강할 때 듣는 말씀과 병들 때 듣는 말씀이 달라요. 젊었을 때 듣는 말씀과 나이많아서 듣는 말씀이 같을 수 없지요? 성경은 같은 성경입니다. 일상적인 것이로되 내 체험에는 항상 새로워요. 날마다 새로워요. 꿀같이 새로워요. 꿀맛같이 달아요. 왜? 그것이 살아 있는 생명이니까요. 여러분, 광야에서 만나를 먹인 이유를 아시겠습니까? 아침마다 떡가루를 보내서 그저 똑같은 것을 40년을 먹으라고 하셨어요. 40년을 새롭게 감사하며 먹어야 되는 것입니다. 또 그렇게 느꼈을 것입니다. 그래서 성경은 결론을 짓습니다. '이렇게 광야에서 만나를 먹인 것은 사람이 떡으로만 사는 것이 아니라 하나님의 말씀으로 산다는 것을 알게 하려 함이니라.' 이거 영적인 것이 더 큰 것입니다. 말씀으로 삽니다. 말씀은 같고 일상적인 것이지만 항상 새로운 것입니다. 예수님께서 광야에서 시험을 당하십니다. 40일 동안 굶으셨으니 얼마나 시장하시겠어요? 그 때에 마귀가 와서 시험을 하지 않습니까? '저 돌로 떡을 만들어 먹으라.' 그러나 예수님은 그 절박한 시간에 대답하십니다. '사람이 떡으로만 사는 것이 아니요······' 하고 거절하십니다. 아직도 말씀이 먼저입니다.

 1963년이니 오래전이지요. 제가 유니온 빌이라고 하는 미시간 주의 모라비안 교파 목사님께 가서 부활절을 지낸 때가 있었습니다. 그 집에 가서 며칠 동안 같이 있으면서 제가 많은 것을 배웠습니다. 아침마다 식사를 할 때 애들하고 쭉 앉지요. 절대로 식사를 먼저 못합니다. 성경책을 들고 꼬마가 성경 한 절을 읽어요. 아버지가 지정해 준 것입니다. 이 성경 한 절을 읽은 다음에 '아멘' 하고 식사합니다. '하나님 말씀을 먹기 전에 육신의 양식을 먹지 말라.' 이렇게 돼 있어요. 하나님 앞에 감사하지 않고는 절대 손대지 말라, 이것입니다. '사람은 말씀으로 사는 것이다.' 그 말씀을 새롭게, 아주 꿀송이처럼 달게, 항상 새롭게 깨달으며 그렇게 우리 영혼은 살아가게 돼 있습니다. 여러분, 말씀 앞에 정직합시다. 그러기 위해서는 또다시 몇번이고 겸손해져야 됩니다. 말씀 앞에 겸손합시다. '이 말씀을 지켜 행하라. 그리하면 형통하리라. 그리하면 가나안에 들어갈 것이다.' 여러분, 오늘도 우리에게 주시는 일상적인 말씀을 내 생전 처음 듣는 것처럼 아니, 마지막으로 듣는 것처럼 그렇게 가슴을 열고 감사함으로 받아들일 때 그 말씀이 나로 하나님의 사람 되게 하는 것입니다. △

자유인의 간증

그런즉 이 일에 대하여 우리가 무슨 말하리요 만일 하나님이 우리를 위하시면 누가 우리를 대적하리요 자기 아들을 아끼지 아니 하시고 우리 모든 사람을 위하여 내어 주신 이가 어찌 그 아들과 함께 모든 것을 우리에게 은사로 주지 아니하시겠느뇨 누가 능히 하나님의 택하신 자들을 송사하리요 의롭다 하신 이는 하나님이시니 누가 정죄하리요 죽으실 뿐 아니라 다시 살아나신 이는 그리스도 예수시니 그는 하나님 우편에 계신 자요 우리를 위하여 간구하시는 자시니라 누가 우리를 그리스도의 사랑에서 끊으리요 환난이나 곤고나 핍박이나 기근이나 적신이나 위험이나 칼이랴 기록된바 우리가 종일 주를 위하여 죽임을 당케 되며 도살할 양같이 여김을 받았나이다 함과 같으니라 그러나 이 모든 일에 우리를 사랑하시는 이로 말미암아 우리가 넉넉히 이기느니라 내가 확신하노니 사망이나 생명이나 천사들이나 권세자들이나 현재 일이나 장래 일이나 능력이나 높음이나 깊음이나 다른 아무 피조물이라도 우리를 우리 주 그리스도 예수 안에 있는 하나님의 사랑에서 끊을 수 없으리라
(로마서 8 : 31 - 39)

자유인의 간증

「죽음의 수용소에서」로 널리 알려진 유대인 정신과 의사 빅터 프랭클(Viktor E. Frankl)박사의 생생한 간증으로 그의 소중한 경험을 우리에게 알려주는 일화가 있습니다. 그는 어느날 죽음의 수용소에 끌려가 독일의 비밀경찰 게슈타포 앞에 섰습니다. 그는 알몸이었습니다. 다 빼앗겼습니다. 홀랑 벗고 알몸으로 비밀경찰 앞에 섰습니다. 직업도 빼앗겼고, 의사 자격증도 빼앗겼고, 가정과 아내와 옷까지 다 빼앗겼습니다. 마지막으로 비밀경찰은 그가 차고 있는 시계를 보고 그것도 풀어놓으라고 했습니다. 시계를 풀어주었습니다. 조금 있더니 손가락에 있는 반지를 뽑아놓으라고 했습니다. 한평생 끼고 있던 결혼반지도 뽑아서 주었습니다. 마지막 결혼반지를 빼앗기는 순간, 번개같이 생각 하나가 그의 가슴에 파고들었다고 그는 말하고 있습니다. "게슈타포여, 나에게서 당신이 빼앗을 수 없는 한 가지가 나에겐 아직도 남아 있소. 절대 빼앗을 수 없는 것, 그것은 바로 내 마음 속에 있는 자유라는 것이오. 당신이 나를 어떻게 대하든 내가 지금 당신을 사랑할 수도 있고, 용서할 수도 있고, 미워할 수도 있고, 그리고 당신이 아무리 나를 괴롭혀도 내 마음의 평화는 내가 지키는 거요. 당신이 빼앗을 수 없는 나만의 자유, 이것은 내 것이오"라고 소리를 질렀다는 거 아닙니까. 결코 빼앗을 수 없는 것, 그것이 소중한 것입니다. 물질이야 있다 없다 하는 것 아닙니까? 건강도 있다 없다 하는 것입니다. 그러나 그 심령 깊은 속에 있는 자유함, 이건 절대로 빼앗겨서는 안됩니다.

제 아버지가 제게 가르쳐 준 교훈 중에 일생동안 잊지 않는 교훈이 하나 있습니다. 내가 옛날 신학대학에서 강의할 때에 이 얘기를 한번 했더니 얼마 전에 어느 젊은 목사님이 절 만나서 하는 말이 "목사님이 가르쳐 준 그 말을 나는 일생동안 내게 주신 좌우명으로 알고 있습니다" 합니다. "그래요? 아, 그게 뭔가? 나도 다 잊어버렸는데 무엇인지 말해 보게." 그랬더니, "목사님 아버님께서 가르쳐주신 교훈이라고 하셨습니다. '문제를 문제시하지 아니하면 문제가 안 된다.' 그겁니다." 아무리 나를 괴롭혀도 내가 괴로움 당하지 않으면 되는 거 아닙니까? 저가 나를 아무리 미워해도 나는 저를 미워하지 않으면 그만입니다. 아무리 나를 괴롭히려고 세상이 이렇게 나를 들볶아도 내 마음의 평안은 내가 조용하게 지키는 것입니다. 자유! 누구도 침해할 수 없는 자유가 내면에 있어야 한다는 말씀입니다.

심리학자 에리히 프롬(Erich Fromm)의 「건전한 사회(The Sane Society)」라고 하는 유명한 책이 있습니다. 그 책 속에서 그는 이렇게 논리를 전개합니다. 현대인들은 이전의 권위주의 사회에서 해방되려고 몸부림을 칩니다. 정치적, 경제적, 혹은 가정의 여러 가지 많은 권위주의에 눌려 살았는데 여기서부터 해방되어야겠다고, 아니, 해방됐다고 생각을 합니다. 가난에 쪼들리는 사람이 돈벌었으니까, 맨 밑에 있던 사람이 이제 높아졌으니까 '자유다' 외쳐보는데 아니라는 것입니다. 익명의 권위, 보이지 않는 권위에 어느 사이에 노예가 되어 버렸더라는 것입니다. '익명의 권위'- 대단히 소중한 용어입니다. 그는 이렇게 말하고 있습니다. 권위주의에서는 개인이라는 게 없고, 개인의 자유라는 것은 없습니다. 그냥 끌려가며 사니까요. 그러다가 권위주의에서 벗어나는 순간 개인이 생깁니다. 나라고 하는 존재의식이 생깁니다. 자, 그런데 이 자기 자신이 없다가 있어지는 순간 자기가 자기에게 노예가 되더라는 것입니다. 사람들은 이걸 모르고 있어요. 돈 없다가 돈 있으면 자유가 아닙니다. 그저 사람들에게 억압을 받고 있다가 억압에서 풀려났다고 해서 내가 자유인이더냐 말입니다. 그게 아니더랍니다. 그래서 그는 세심히 비판하며 우리에게 다가옵니다.

첫째, 이익이라고 하는 것. 거기에 노예가 되었어요. 개인이 없을 때는 그저 끌려가며 살면 됐지만 이제 내 것을 챙겨야 되거든요. 그러니까 이익에 눈을 뜨게 돼요. 어떻게 하면 이익을 더 올릴 수 있을까? 어떻게 하면 얼마를 가질 수 있을까? 돈 벌기 위해서 혈안이 돼 버렸어요. 돈 귀신에게 홀렸어요. 정신없어요. 그래서 일확천금을 노리고, 도박을 하고, 뭘 하고, 뭘 하고 해서 돈만 벌면 내가 원하는 완전한 자유가 올 것이라고 착각을 했어요. 아닙니다. 돈이 생기는 순간, 자신은 엄청나게 비참한 인간이 돼 버리고 마는 것입니다. 이익과 경제성의 노예가 되고 시장성의 노예가 돼요. 그래서 자꾸만 자신을 비교하게 됩니다. 이보다 저게 더 좋고, 저보다 이게 더 좋고 상대적 부, 상대적 빈곤에 빠지기 시작합니다. 정신이 없어요. 그리고 요새 와서 가장 문제되는 거 하나 있지 않습니까? 여론의 노예가 돼요. 사람들이 나를 뭐라고 하나 해서 그래서 신경을 씁니다. 젊었다고 하나 늙었다고 하나…… 그렇지 않습니까?

제가 어제 저녁에도 어떤 분을 모임에서 만났는데 한 10년 만에 만난 것같아요. 그런데 그분이 나한테 인사를 하는데 잘 못한 것 같아요. 딱 인사하더니 "목사님, 건강하게 보입니다." 고거까지는 잘했어요. 그 다음 얘기가 "왜 이렇게 머리가 많이 빠졌어요?" 그랬어요.

아하, 이 사람, 이거 인사 잘 못하는군…… 그렇잖아요? 그 말 한마디 그거에, 그래 뭐 내가 할말이 없더라고요. 내가 하고 싶은 말 딱 하나 '당신은 더 빠졌수' 그러려다가 그럴 수도 없고…… "그게 자연스러운 거 아니겠습니까?" 하고 대답은 했습니다만 속은 '당신은 더 늙었어.' 그래 버리고 말았습니다.

여러분, 이거 보세요. 사람들이 나를 뭐라고 하나, 이거 신경쓰는 거 그만합시다. 신문에서 보고 깜짝 놀랐습니다. 성형수술이라는 게 요새 유행 아닙니까? 이 가운데도 많이 있을 겁니다. 그런데 성형수술 한 번 이상 한 사람은 안한 사람에 비해서 자살률이 3배가 높답니다. 이해가 갑니까? 아예 손을 안댄 사람은 그렇거니 하고 살아요. 대기 시작한 사람은 신경을 쓰는 것입니다. 내가 이거 잘했나 못했나, 남들이 뭐라고 하나, 뭐라고 하나…… 마지막에 죽어버리는 것입니다. 참 비참하지요. 여론의 노예가 되는 것. 요새 보니 여론 때문에 사람들 신경 많이 씁니다. 남들이 뭐라고 하나? 아 그거 좀 잊어버리고 살면 안돼요? 이러면 어떻고, 저러면 어때요? 한 세상 그리 살다 가는 건데 뭐 좀 초연할 수 없겠습니까? 여러분, 진정한 자유가 뭡니까? 참 자유는 내면세계에 있고, 그중에 가장 중요한 자유는 양심의 자유입니다. 그리고 또 중요한 건 신앙의 자유입니다. 하나님 앞에 내 영혼이 자유할 때, 이보다 더 귀한 자유는 없는 것입니다.

여러분, 참 자유인의 간증이 오늘 성경 말씀에 나타나 있습니다. 32절 말씀에 보면, "자기 아들을 아끼지 아니하시고 우리 모든 사람을 위하여 내어 주신 이가 어찌 그 아들과 함께 모든 것을 우리에게 은사로 주지 아니하시겠느뇨." '은사로 주지 아니하시겠느뇨.'

주었다는 얘기입니다. 주었다면 받아야지요. 그런고로 받은 자의 마음입니다. 예수 그리스도의 십자가 하나를 쳐다보면서 그 안에서 모든것을 가진 자로서 가지는 절대적 풍요의식, 바로 그것이 믿음입니다. 안그렇습니까? 자기 아들을 아끼지 아니하시고 내어주신 이가 어찌 아들과 함께 모든것을 주시지 아니하시겠느뇨? 당연히 주시지요. 안주실 리가 없지요. 여러분, 어찌 생각하십니까? 우리가 자녀들을 키우고 손자 손녀들이 있습니다만 그 아이들의 마음속에 자신감이 있어요. 우리 아버지는 주실 것이다, 우리 어머니는 용서하실 것이다, 우리 할아버지는 줄 것이다— 자신만만합니다. 아니, 나는 다 받았다, 더 필요가 없다— 이 얼마나 중요합니까? 십자가 안에 있는 모든것을 받았다— 굉장히 중요한 말씀입니다.

모든것을 은사로 주신다, 은혜의 선물로 주신다— 그 첫째가 죄사함입니다. 사죄의 은총입니다. 가장 무서운 것이 죄의 속박입니다. 죄를 지은 자마다 죄의 종이 됩니다. 죄를 다시 지을 수밖에 없습니다. 저주의식에 삽니다. 감기만 걸려도 저주받은 것같아요. 아시겠어요? 그런고로 죄의식에서 헤어나질 못하는 것입니다. 그런데 십자가의 은혜로 죄사함 받았어요. 최고의 자유는 죄사함 받은 것입니다. 그리고 죄책으로부터 벗어나는 것입니다. 저주의식으로부터 온전히 자유하는 것입니다.

이어서 로마서 8장이 강조하는 것입니다. 8장 15절에 말씀합니다. 우리는 양자되었습니다. 하나님의 자녀가 되었습니다. 그런고로 양자의 영을 받고, 양자의 특권을 누립니다. 하나님의 자녀라고 하는 특권, 이것이 바로 자유의 근본입니다. 그리고 이어서 은사를 주십니다. 여러분, 죄 없는 하나님의 자녀로 하나님의 사랑을 받고 있어요. 이제 그 자녀에게 주어지는 모든 일은 다 은사적인 것입니다. 은혜의 선물입니다. 사랑하는 부모가 자녀를 위하여 하는 일은 다 그를 위해 하는 일입니다. 그저 이런 말도 하고 저런 말도 하고, 또 혹은 잔소리를 한다 합시다. 혹은 때로는 매를 친다고 합시다. 그러나 모든 것이 다 은사입니다. 내게 주신 선물입니다. 은사로 받아들이는 마음, 그것이 바로 자유인의 의식입니다. 그래서 오늘성경은 말씀합니다. "누가 정죄하리요(34절)." 하나님이 나를 의롭다 하시는데 누가 나를 정죄하리요. 누가 나를 심판하리요. 누가 나를 비판할 것이냐고요. 아, 굉장한 자유인의 간증입니다. 그런고로 여러분, 꼭 기억해야 됩니다. 예수믿지 않는 사람은 항상 저주의식과 비판의식과 열등의식에 삽니다. 그러나 예수믿는 사람, 구원받은 사람은 얘기가 다릅니다. 이제부터는 모든것이 사랑이라고 생각합니다. 실패도 사랑이요, 질병도 사랑이요, 이러저러한 일도 사랑입니다. 뜻대로 안되는 것, 더 큰 사랑입니다.

우찌무라 간조(內村鑑三)의 유명한 얘기가 있습니다. 임종 전에 드린 기도입니다. '하나님, 한평생 내가 기도했습니다만 내 기도가 응답되지 아니한 것을 감사합니다. 내 소원대로 됐더라면 아주 망가질 뻔했습니다. 내 소원대로 안된 것을 감사합니다.' 왜요? 그게 선물이니까. 생각해 보세요. 여러분, 소원대로 되면 됩니까? 안되지요. '이대로 내 처한 처지, 이대로가 하나님이 내게 주신 최고의 작품이요 최고의 선물이다.' 그것이 자유의식입니다. 자유인의 의식입니다. 그런고로 오늘성경은 말씀합니다. "넉넉히 이기느니라(37절)." 그렇지요. 그가 나를 사랑하니 이기지 못할 시험이 없어요. 그가 나를 위하여 십자가에 돌아가셨으니 걱정할 것이 없어요. 그가 나에게 영원한 나라를 약속해주셨으니 내가 오늘 이런 일 저런 일로 마음쓸 필요가 없습니다. 최종 종착지는 이미 결정된 것이니까 말입니다. 넉넉히 이기느니라. 넉넉히 이기느니라. 이 넉넉히 이기는 이 사랑의 뿌리는 첫째는 용서요 그 다음은 대속이요 그 다음은 은사요. 그 다음은 사명입니다. 이 사랑 안에 내가 살아가야 할 사명이 있다는 말씀입니다.

지난 시간에도 말씀드렸습니다마는, 인도의 마하트마 간디(M. K. Gandhi)의 중요한 일화가 있습니다. 영국에 부모님과 이주해 와 살면서 영국에서 자랐는데 자라면서 보니까 영국 아이들은 커요. 체구가 크고 인도사람들은 체구가 작아요. 그는 생각했습니다. 어렸을 때 생각하기를 '영국 사람들은 고기를 많이 먹어서 저렇게 크구나. 우리는 채식을 하니까 이리 빈약하구나. 그렇지, 우선 좌우간 몸부터 커야 하겠다. 그래야 뭐가 되지.' 그래서 몰래몰래 고기를 사 먹었어요. 집에선 안먹는 고기를 밖에서 자꾸 사 먹다 보니까 돈이 모자라서 아버지의 지갑을 훔쳤어요. 아버지의 돈까지 훔쳐가면서 고기를 사 먹었고, 또 영국 아이들이 하는 그대로 담배도 피우면서 육체적으로 먼저 건강해야 뭔가 할 수 있겠다고 생각을 했더랍니다. 아, 그래 육체적으론 좀 건강해지는 것같은데 양심이 편하질 않아요. 못할 짓을 많이 해서 너무 괴로워서 할수없이 1년 후에는 아버지에게 장장의 편지를 썼습니다. 그 동안에 아버지의 지갑에 손을 댔고 고기를 사 먹었습니다. 어쩌고, 어쩌고 했습니다. 대단히 잘못했다는 편지를 썼더니 아버지가 편지를 다 읽고나서 그 아들에게 그저 노발대발하며 크게 꾸짖을 줄 알았는데 웬걸요. 아버지가 눈물을 흘리더랍니다. 그 마음은 착잡합니다. '네 마음이 내 마음이다' 하는 뜻 아니겠습니까? 그리고 끌어안으면서 '잘못된 줄 알았으니 됐다. 다시는 같은 일을 하지 마라.' 거기서 그는 용기를 얻고 생각했습니다. 사랑, 사랑의 최고는 용서다. 용서만이 자유함을 주는 것이다. 그때부터 그는 비폭력적인 사람으로 일생을 살게 되었다라고 말합니다. 여러분, 예수믿는 사람은 생각합니다. 모든것을 가진 자요 넉넉히 이기는 자입니다.

빌립보서 4장 13절에 말씀합니다. "내게 능력 주시는 자 안에서 내가 모든 것을 할 수 있느니라." 모든것을 할 수 있느니라― 그것이 자유인입니다. 자유가 없는 사람은 아무것도 못해요. 아무것도 할 수 없어요. 아무 생각도 할 수 없어요. 그러나 자유인만은 할 수 있어요. 그 자유의 뿌리는 용서입니다. 여러분, 용서하는 자가 자유인이요 용서받는 자도 자유인입니다. 사랑의 뿌리는 용서에 있고, 용서받은 감격에 자유가 있습니다. 해방은 방종이 아닙니다. 무질서가 아닙니다. 십자가를 쳐다보면서 십자가 안에 감추어진 엄청난 자유의 의미를 다시 한번 깊이 받아들이면서 사죄받은 자의 감격, 용서받은 자의 감격, 엄청난 사랑을 받는 자의 자유함이 있을 때에 비로소 또다시 다른 사람을 자유케 하는 능력이 그 안에 있는 것입니다. △

다 나와 같이 되기를

바울이 이같이 변명하매 베스도가 크게 소리하여 가로되 바울아 네가 미쳤도다 네 많은 학문이 너를 미치게 한다 하니 바울이 가로되 베스도 각하여 내가 미친 것이 아니요 참되고 정신차린 말을 하나이다 왕께서는 이 일을 아시기로 내가 왕께 담대히 말하노니 이 일에 하나라도 아시지 못함이 없는 줄 믿나이다 이 일은 한편 구석에서 행한 것이 아니로소이다 아그립바왕이여 선지자를 믿으시나이까 믿으시는 줄 아나이다 아그립바가 바울더러 이르되 네가 적은 말로 나를 권하여 그리스도인이 되게 하려 하는도다 바울이 가로되 말이 적으나 많으나 당신 뿐 아니라 오늘 내 말을 듣는 모든 사람도 다 이렇게 결박한 것 외에는 나와 같이 되기를 하나님께 원하노이다 하니라 왕과 총독과 버니게와 그 함께 앉은 사람들이 다 일어나서 물러가 서로 말하되 이 사람은 사형이나 결박을 당할 만한 행사가 없다 하더라 이에 아그립바가 베스도더러 일러 가로되 이 사람이 만일 가이사에게 호소하지 아니하였더면 놓을 수 있을 뻔 하였다 하니라

(사도행전 26 : 24 - 32)

다 나와 같이 되기를

　고대의 그리스 철학자 디오게네스(Diogenes)는 그의 철학적 연구로 유명했지만 그의 라이프 스타일이 너무나 특별해서 많은 사람의 입에 오르내린 사람입니다. 속이 텅빈 나무통 큰 것을 하나 구해서 이걸 데굴데굴 굴리며 다니다가 밤이 되면 그 속에 들어가서 쭈그리고 앉아서 잡니다. 아침이 되면 그 나무통에서 나와서 아침 햇살을 쬐곤 했습니다. 많은 사람이 찾아가서 그로부터 철학을 듣습니다. 많은 사람에게 지혜를 말합니다. 그러나 그의 삶의 모습은 도대체 이해할 수 없는 그런 생을 살았다는 것입니다. 그 소문이 점점 퍼지게 되어 알렉산더 대왕(Alexandros the Great)이 그 이야기를 듣고 꼭 한번 보고 싶어했습니다. 그래 말을 타고 물어물어 디오게네스가 있는 그 시골로 갔습니다. 말에서 내려 그를 보니 정말 기인 중에 기인이요, 뭐 이런 사람이 있나 싶었지만 문제는 그 얼굴입니다. 얼굴이 그렇게 밝을 수가 없어요. 그 누구에게서도 찾아볼 수 없는 행복감이 얼굴에 있는 것을 보고 그는 이렇게 말했습니다. "당신의 소원이 뭐요? 내가 한 가지 소원은 무엇이든지 들어주겠소!" 알렉산더 대왕이 디오게네스에게 말했을 때 그는 이렇게 말하는 것입니다. "한 가지 소원이 있습니다." "뭔데요?" "저리 비켜서세요. 내가 햇볕을 쬐는데 당신이 가리어서 몸이 추워집니다. 조금 비켜서세요." 그는 의미 있는 이야기를 했습니다. 알렉산더 대왕은 떠나면서 유명한 말을 남겼습니다. "내가 알렉산더가 아니었더라면 디오게네스가 되고 싶다." 이건 참 유명한 얘기입니다.

여러분, 인간은 각각 소원도 많고 생각도 많고 욕망도 많고 욕심도 꿈도 많습니다. 이것이 없다면 인간이 아니겠지요. 그렇습니다. 그러나 가장 중요한 것은 이런 것들이 아닙니다. '행복한 자가 되느냐, 아니 성공한 자로서 사는 길은 어디에 있느냐?' 하는 문제에 있습니다. 그런데 그것은 바로 현재 자기 자신에 대한 만족감에 있습니다. 과거에 대해서 후회하지 않습니다. 그 과거가 있었기에 오늘 내가 있으니까, 뭐 좀 아픈 일도 있었고, 고통스러운 일도 있었지만 전혀 후회하지 않습니다. 아니, 나를 괴롭히던 그런 사람들에게도 고맙게 생각합니다. 왜? 그들이 있어서 오늘 내가 있으니까. 과거에 후회가 없고 또 미래에 대해서도 항상 확실합니다. 우리 앞에 있는 약속된 미래, 조금도 의심하지 않습니다. 그리고 현재에 만족합니다. 이 사람이 행복한 사람입니다. 이것만은 확실합니다.

우스운 얘기지만 무당은 자기 아들딸이 무당 되는 것 절대로 원치 않아요. 점쟁이가 점을 친다고 하지마는 자기 자식이 점쟁이 되는 것을 원치 않습니다. 그런데 이상한 것은 목사님들은 하나같이 자기 자식들이 다 목사가 되기를 바랍니다. 제가 처음 자식을 낳아 놓고 하나님 앞에 기도했습니다. "이 아들이 목사가 되게 해주세요." 제가 제 아들에게 또 물었습니다. 손자, 손녀가 쌍둥이로 태어났을 때 앞으로 애들이 어떻게 되길 바라느냐고 물었더니 "둘 다 목사 되게 하렵니다" 그랬습니다. 그러겠지요. 가장 행복하다는 것은 바로 이 한마디 속에 있는 것입니다.

하버드 대학 비즈니스 스쿨에서 나오는 중요한 논문 중에 특별한 이론이 있습니다. 한번쯤은 생각해 보아야 합니다. 이것은 일반화할 수 없어서 신문에고 잡지에고 마음대로 발표할 수는 없습니다.

그것은 패밀리 비즈니스(Family Business)라고 하는 말입니다. 패밀리 비즈니스, 특별한 용어를 사용합니다. 이 말은 이렇습니다. 성공이라는 것의 첫째는 본인 자신도 자기가 하고 있는 일에 만족해야 합니다. 그리고 중요한 것은 사업도 성공도 이것을 자식에게 물려주려 합니다. 물려주고 또 물려받는 것, 이거 아주 중요한 것입니다. 그래서 물려주는 마음, 물려주려는 기쁨, 그리고 물려받는 행복, 물려받고 소중히 여기며 또다시 행복한 것입니다. 이런 사이클을 패밀리 비즈니스라고 합니다. 이걸 좀더 확실하게 말하면 이렇습니다. '한 사람이 자기 연구 하나만 가지고는 성공할 수 없다. 적어도 CEO가 될 수는 없다.' 왜냐하면 한 사람의 노력만 가지곤 안되기 때문입니다. DNA가 좋아야 돼요. 조상으로부터 물려받은 것이 있어야 돼요. 이것이 있고 거기다가 내 노력이 합쳐질 때 성공하는 것입니다. 물려받은 건 없는데 나 혼자서 몸부림쳐봐야 당대에는 안되더라는 것입니다. 적어도 3대는 내려가야 된다는 것입니다. 할아버지부터 DNA가 물려지고 지혜가 물려지고 라이프 스타일이 이어지고 물론 신앙적 세계관이 이어집니다. 그래서 그 노하우가 이어지고 체질이 이어지고 경험이 이어집니다. 그리고 자기 노력이 합칠 때 비로소 성공할 수 있다는 것이지요. 요새 우리는 뭐 걸핏하면 승계니 계승이니 하는 말로 말이 많습니다만, 아닙니다. 패밀리 비즈니스. 그러니까 조상적부터 물려받은 그것이 있고 또 내 수고가 있고 또 이어지고 그러면서 비로소 훌륭한 성공이 열린다 하는 그런 이야기입니다. 당대에 나 하나의 노력만 가지고는 안됩니다. 물려받고 물려주고 이어받고 이어지는 것입니다. 그러한 역사, 어쩌면 이스라엘의 역사도 그런 것입니다. 아브라함의 하나님, 이삭의 하나님, 야곱의 하나님…… 계속 이어갑니다. 그리고 오늘 내 하나님이요 내 후손들의 하나님이 될 것입니다. 여기에 진정한 행복도 진정한 성공도 있다는 것입니다. 자, 이런 문제를 놓고 이 가운데 가장 중요한 뿌리, 그 근거는 어디에 있느냐? 자기만족에 있습니다. 나의 만족, 나의 행복, 더는 바랄 것이 없다는 현재적 만족에 있습니다. 이 큰 축복의 유산이 자손에게 이어지면서 다시 나아가서는 '모든 사람이 나와 같기를 바란다'는 여기까지 확대되고 확실해질 때 거기에 성공도 행복도 축복도 있는 것입니다.

발명왕 에디슨(Thomas A. Edison)은 청력이 약한 것으로 다 알려져 있습니다. 12살 때, 지금 막 출발한 기차를 타려고 달려가니까 승무원이 아이를 잡아줘야겠는데, 팔을 잡아서 올려놓았어야 되는데 귀를 잡아 올려놨어요. 얼마나 단단히 잡았던지 그래서 왼쪽 귀가 나빠졌어요. 그래 청각을 잃었어요. 그 후에 오른쪽 귀도 나빠져서 그는 청각이 아주 나쁜 가운데서 한평생을 살아갑니다. 어찌생각하면 귀가 어둡다 하는 핸디캡을 가지고 살았습니다만 그는 핸디캡을 오히려 장점으로 생각했습니다. 아무것도 들리지 않으니까 자신만의 생각을 할 수 있었고 열심히 책을 볼 수가 있었어요. 여러분, 차를 타고 다니면서 책을 보십니까? 그래요. 그 시끄러운 데서도 딱 집중하는 사람이 있어요. 게다가 귀머거리면 더 좋을 거예요. 그렇지죠? 이거 생각해 봅시다. 그래서 그는 일기장에 이렇게 쓰고 있어요. '나는 못듣기에 볼 수 있었다. 그리고 다른 사람보다 더 집중할 수 있었고 책도 볼 수 있었고 연구도 할 수 있어서 오늘 내가 되었다'고요. 여러분, 우리가 가진 작은 핸디캡이나 혹은 불행, 그 속에 오히려 큰 성공의 비밀이, 행복의 비밀이 있다는 것을 잊어서는 안됩니다.

사도 바울은 본문에서 말씀합니다. 저는 이 성경을 읽을 때마다 여러 번, 수십 번, 수백 번 읽으면서 늘 감격해 봅니다. '모든 사람이 다 나와 같기를 바랍니다. 여기 감옥에 갇혔다는 이 물리적 현상 말고는 모든 사람이 나와 같기를 바랍니다. 내 생각과 같기를 바랍니다. 내 믿음과 같기를 바랍니다.' 모든 사람이 나와 같기를 바란다— 얼마나 굉장합니까? 이것이 선교요 전도요 교육입니다. 여러분, 생각해 보세요. 잘 들읍시다. '자기만족이 없거든 누구에게 입을 열지 말라.' 자기만족이 없이 지껄이는 사람들 때문에 문제가 많고 말 많은 사람들 때문에 세계가 시끄럽고 이런 사람들 때문에 교육이 안되는 것입니다. 자기만족은 없으면서 남에게 강요합니다. 내가 공부 못했다, 너는 좀 해라…… 이렇게 되기 때문에 문제입니다. 나는 잘 못 살았지만 너는 좀 바로 살아다오— 될 거같지요? 이게 안됩니다. 요새말로 네거티브(negative)입니다. 네거티브 방법으로는 교육이 이루어지질 않아요. 아시겠습니까?

저는 목회하면서 별장면을 다 봅니다만 언젠가 한번 교인 하나가 세상을 떠나게 됐다고 그래서 임종을 갔어요. 아, 병원도 아니고 집에서 세상을 떠나게 되는데 그 남편은 술을 너무 좋아했어요. 언젠가 한번 심방을 가보니까 달력에다가 빨간 색으로 동그랗게 동그랗게 표해 놨더라고요. 그래서 저게 뭐냐고 물으니까 술 먹고 들어온 날이래요. 전부 다 빨개요. 아이들이 그렇게 했다는 것입니다. 아버지가 술 먹고 들어오면 너무 시끄러우니까 제발 술 안먹고 들어오길 바라며 이렇게 했다는 것입니다. 아버지는 안믿고 온 집안이 다 신앙생활을 하는데 아들 셋입니다. 임종 때에 제가 보았는데 아버지가 마지막으로 세상을 가면서 죽 돌아보더니 "내 한마디 할 테니까 잘 들어라. 술 먹지 마라." 그 유언 한마디 하고 죽었어요. 그랬지요. 아, 그러면 이 아들들이 술을 안먹어야 될 거 아니겠습니까? 그런데 말입니다. 교회에 잘 다니는 그 맏아들이 있었어요. 잘 다녔어요. 아, 그런데 언제가 한번 비가 막 오는 날, 지금도 눈에 선합니다, 문을 두드리는 사람이 있어요. 문을 열고 보니까 비를 맞으면서 그 아들이 서 있어요. 술이 만취되어가지고 들어왔어요. "목사님, 아시다시피 우리 아버지가 술독 아닙니까?" "그래서? 너희 아버지가 술 먹지 말라고 유언하지 않았느냐?" "그랬죠. 그런데 유언 가지곤 효과가 없는가 봐요." 잘 들어두세요. 유언 가지곤 안되더라는 것입니다. "내가 그렇게 술을 안 먹기로 맹세를 했는데 이 혈통은 속일 수가 없습니다." 이렇게 술을 마시고 와요. 이러고 비틀거리고 다니는 걸 보니 아, 이걸 어떡하면 좋은가?

다시 말합니다. Negative Teaching, 부정적으론 가르칠 수가 없어요. '나 못했으니 네가 하라. 나 안먹으니 너 먹어라.' 안됩니다. 내가 먼저 먹어야 돼요. 내가 하고 '나를 따르라.' 이것만이 교육이고 이것만이 효율이 있습니다. 요새는 뭐 많은 분들이 사회를 바로잡겠다고 해서 어두운 면을 쑤셔요. 남의 부정과 뭐 과거와 뭐 학번과 자꾸 쑤셔서 어떻게 합니다만, 해보세요 되나? 고쳐지는 거 없다고요. Negative, 그건 소용없습니다. 그러면 Positive로 선회해야 합니다. 그래서 자 보세요. 자기만족이 없는 사람은 입만 열면 불만과 실망과 불평과 후회와 뭐 이런 것들을 통해서 사회를 바로잡고 자식을 바로잡겠다고 합니다만, 이건 안됩니다. 이제라도 무릎을 꿇고 다시 시작을 합시다. 그리고 이렇게 말할 때가 와야 됩니다. '나와 같기를 바라노라. 나와 같기를 바라노라.'

그래 오늘본문에 보면 사도 바울이 말씀합니다. 아그립바 왕 앞에서 재판을 받는 시간입니다. "모든 사람이 나와 같기를 바랍니다." 나의 믿는 바에 대한 만족입니다. '나는 예수를 믿습니다. 십자가의 도를 믿습니다. 복음을 믿습니다.' 갈라디아서 1장에 보면 '내가 전한 복음 외에 다른 복음을 전하는 자는 저주를 받을지어다'라고 말씀합니다. 절대적 신앙, 절대적 복음에 대한 확신이 있습니다. 모든 사람이 나와 같이 믿기를 원합니다. 또 내가 아는 바가 있습니다. 모든 사람이 나와 같이 알기를 바랍니다.

여러분, 지식이라는 건 한번 지식을 가졌다가도 세상에 살다보면 좀더 나은 지식이 있어요. 또 다른 지식이 생기면 과거의 지식을 부인하게 됩니다. 아, 그때는 잘못 알았다. 이게 맞다…… 오늘 지식이 옳다고 생각을 합니다. 그렇게 한쪽으로 후회하면서 한쪽으로 선택을 합니다만 참지식은 그렇지 않아요. '전에 알았던 거 역시 옳은 것이야. 그 진리가 옳아. 옛날 그 지식이 옳아.' 세월이 갈수록 잘한 거 같아요. 그 생각은 맞는 생각입니다. 그 진리는 맞는 진리입니다. 보세요. 생활 속에서 이미 알고 있는 것을 계속 확증해 나가는 것처럼 행복한 건 없어요. 그런고로 사도 바울은 말씀합니다. 내가 가진 지식처럼 너희도 알기를 바란다. 또 내가 행한 바가 있어요. 내가 살아온 길이 있어요. 그리고 나의 업적이 있고 실적이 있어요. '내가 살아온 것처럼 너희들도 살기를 바란다. 내가 목적한 것처럼 목적하고, 내가 사는 라이프 스타일을 너희들도 닮아주기를 바란다. 모든 사람이 나와 같기를 바란다.' 예수님께서는 십자가에 돌아가시기 전야에 말씀하십니다. '나의 평안을 너희에게 주노라.' 방금 십자가를 지시게 됩니다만 후회 없으십니다. '내 평안을 너희에게 주노라.' 사도 바울은 말씀합니다. 나를 따르라고, 함께 나를 본받으라고. 그 감옥에서, 깊은 곳에서 고생을 하고 있고 언제 죽을는지 몰라도 상관없어요. 깊은 곳에 충만함이 있습니다. 자기만족이 있었습니다. 그런고로 능력이 있는 것입니다. 은혜 안에 감사하고 은혜 안에 있는 자기 자신에 대한 프라이드가 있습니다. 그리고 현실에 대해서도 만족하고 있습니다. 왜냐하면 이것이 다 하나님의 경륜 속에 있기에……

빌립보서 1장 12절에 말한 것처럼, '나의 당한 일이 복음의 진보가 된 것을 너희가 알기를 바라노라.' 계속적으로 복음에 진보가 될 것을 확실히 믿고 있기 때문입니다. 사도 바울은 우리에게 오늘도 간증합니다. 모든 사람이 나와 같기를 바랍니다. 여러분, 여러분도 자식은 물론 주변에 있는 모든 사람을 보면서 모든 사람이 나와 같기를 바란다고 하는 간절한 마음이 있을 때에 여러분은 충만한 생을 살 수 있습니다. 가장 행복한 사람이 될 것입니다. △

좁은 문으로 들어가라

좁은 문으로 들어가라 멸망으로 인도하는 문은 크고 그 길이 넓어 그리로 들어가는 자가 많고 생명으로 인도하는 문은 좁고 길이 협착하여 찾는 이가 적음이니라 거짓 선지자들을 삼가라 양의 옷을 입고 너희에게 나아오나 속에는 노략질하는 이리라 그의 열매로 그들을 알지니 가시나무에서 포도를, 또는 엉겅퀴에서 무화과를 따겠느냐 이와 같이 좋은 나무마다 아름다운 열매를 맺고 못된 나무가 나쁜 열매를 맺나니 좋은 나무가 나쁜 열매를 맺을 수 없고 못된 나무가 아름다운 열매를 맺을 수 없느니라 아름다운 열매를 맺지 아니하는 나무마다 찍혀 불에 던지우느니라 이러므로 그의 열매로 그들을 알리라 나더러 주여 주여 하는 자마다 천국에 다 들어갈 것이 아니요 다만 하늘에 계신 내 아버지의 뜻대로 행하는 자라야 들어가리라

(마태복음 7 : 13 - 21)

좁은 문으로 들어가라

　매주 화요일 밤 10시에 KBS 제2TV에서 방영되고 있는 다큐멘터리 프로그램이 있습니다. 나이든 분들은 대개 다 보시는 줄 압니다. '생로병사의 비밀' 그런 제목의 다큐멘터리입니다. 이 프로그램은 특별히 연세가 있는 분들에게 아주 인기가 있습니다. 여기에서 취급했던 내용이 되는 의학 정보를 책으로 출판을 했습니다. 그 책 이름도 역시 「생로병사의 비밀」입니다. 한국의 명의 30명이 선정한 '건강하게 오래 사는 법'을 여기서 여러 모양으로 말하고 있습니다. 그런데 그게 뭔가 하고 봐도 별이야기는 아닙니다. 생로병사의 비밀이라고 해서 뭐 안죽는다는 말도 아니고 또 영생한다는 말도 아닙니다. 그저 보다 건강하게 오래 살 수 있는 비결이 없을까 해서 계속적으로 전문가들이 세계적인 정보를 모아서 이렇게 다큐멘터리를 진행하고 있는데 인기가 아주 좋습니다. 그 내용을 다 종합해보면 딱 네 마디로 요약이 됩니다. 거 별애기 아닙니다.
　첫째는 '살을 빼라.' 비만은 항상 질병을 몰고온다고 전제하고 당뇨, 고혈압, 지방간, 동맥경화, 뇌졸중, 호흡장애, 퇴행성관절염, 불임, 심혈관 질환…… 어떻게 설교가 오늘 의학 애기처럼 됐습니다만, 그렇다는 얘기입니다. 우리가 다 여기에 신경을 쓰고 있으니까 말입니다. 그러니까 간단한 말로 살을 빼라, 좌우간 살찌면 안된다, 무조건 살을 빼라, 이것입니다.
　둘째는 더 쉬운 얘기입니다. '꾸준히 운동해라.' 규칙적으로 운동을 해라…… 이제 제가 나이 좀 들고보니까 지방에 집회를 다니고 하는데 그러면 오랜만에 만난 분들이 그런 얘기를 많이 합니다. "목사님, 건강 비결이 뭡니까?" 그러면서 또 한마디 묻는 게 "목사님, 하시는 운동이 뭡니까? 그거 좀 배웁시다." 그런 얘기를 해요. "저는 골프는 안칩니다. 물론 등산도 안합니다." "그럼 무슨 운동을 하십니까?" 제가 대답을 합니다. 간단한 일인데 따라할 수 있는지 모르겠다고…… "아, 거 해야죠. 우리도 해야죠." "그래요? 사흘만 하면 내가 상을 주겠소. 아령을 하세요." 저는 이 아령을 40여 년 동안 합니다. 오늘 아침에도 하고 나왔습니다. 그 아령 참 좋은 것입니다. 돈도 안 들고 간단한 것입니다. 옛날에 한경직 목사님에게 "목사님, 무슨 운동 하십니까?" 여쭈었더니, "국민체조 한다"고 말하면서 일어나서 한번 해보이더라고요. 이거 좋은 거라고, 국민 체조가 좋은 거라고. 그런데 거기에다가 쇳덩어리를 들고 하면 더 좋은 것입니다. 너무 복잡하게 생각할 거 없어요. 좌우간 나는 언젠가 책에서 읽었습니다마는 조수미, 유명한 가수 아닙니까? 그는 아령을 할 뿐만 아니라 아령을 가방에 넣어 가지고 다닙니다. 하루도 안하면 안되니까. 이걸 안하면 폐활량이 줄어서 노래를 부를 수가 없어요. 근육을 움직여서 스트레칭한다고 하죠. 그거 대단히 좋은 것입니다. 아령, 아주 간단한 것입니다. 그런데 문제는 꾸준히 해야 한다는 것입니다. 계속적으로 꾸준하게 해야 합니다. 운동은 그렇습니다. 그래서 규칙적으로 해야 된다는 것입니다.

셋째는 '술과 담배를 금하라.' 이거 얼마나 쉬운 것입니까? 우리 술 담배 다 안하는데요. 그러나 한 가지 반성해야 됩니다. 젊었을 때 그런 거 한 사람은 늙어서 반드시 사건이 옵니다. 어느 때에든지 술 담배는 나쁜 것입니다.

넷째는 '올바른 식생활'입니다. 올바른 식습관. 굶지 말고, 과식하지 말고, 편식하지 말고, 금식하지 말고 그저 규칙적으로 적당한 양을 먹어야 됩니다. 어느 외과 의사가 쓴 책에 보니까요, 자기는 환자들을 치료할 때마다 한 번씩 이렇게 들여다보고 속으로 욕을 한대요. "에이, 돼지만도 못한 놈!" 그렇게 욕을 한대요. 왜요? 돼지는 미련해 보여도 뱃속에 70% 이상을 절대로 채우질 않습니다. 모든 동물이 다 70%밖에 안먹어요. 그런데 사람은 120%를 먹어요. 그래놓고 병든 것입니다. 규칙적인 식생활을 하지 않은 것입니다. 제가 40여 년 동안 목회하면서 많은 사람들을 봅니다만 대개 비실비실하는 사람들은 편식하는 사람입니다. 편식하지 말고, 과식하지 말고, 맛이 없어도 먹고, 맛이 있어도 많이 먹지 말고……

제가 부흥회를 많이 다니니까 그 부흥회 초청한 교회에서 제 집사람한테 전화를 겁니다. 전화를 걸어서 "목사님을 잘 대접하고 싶은데 목사님 좋아하는 음식이 뭡니까?" 꼭 물어봅니다. 그러면 제 집사람 대답이 "모르겠는데요." "그래, 몇년 살았는데 모릅니까?" "왜요? 40년 살았죠. 그래도 모릅니다." 왜 모릅니까? 주는대로 먹으니까 모르지요. 여러분, 이거 중요한 얘기입니다. 뭘 까다롭게 이게 맛이 있고, 없고, 짜고, 시고…… 아, 짜면 먹고 물마시면 되잖아요. 뭐 그렇게 복잡한가? 그저 적당한 양을 편식하지 말고 과식하지 말고 금식하지 말고 먹는 것입니다. 뭐 건강 비결이라는 거 별거 아닙니다. 이것이 다큐멘터리고, 이것이 책이고, 이것이 건강에 대한 지혜입니다.

그런데 이 모든 말을 다시 한번 종합해서 한마디로 하면 뭡니까? '좁은 문으로 들어가라'입니다. 편하게 살지 마라, 조금 어렵게 살아야 되겠다, 이것입니다. 여러분, 운동하는 거 별로 재미있는 거 아닙니다. 운동해야 돼요. 먹고 싶지 않을 때 먹는 거 그것도 힘든 것입니다. 그저 하고 싶은 일 하지 말아야 돼요. 한마디로 말하면 좁은 문으로 들어가라, 편하게 살지 말고 조금 어렵게 살아라― 그게 건강의 비결입니다.

미국의 심리학자에 에브라함 매슬로우(A. H. Maslow) 라고 하는 유명한 심리학의 대부인 분이 계십니다. 그 분의 인간 욕구의 위계설(位階說)이라는 것은 아주 유명한 얘기입니다. Human Hierarchy of Needs―사람의 욕구가 위계가 있다는 것입니다. 점점 높은 수준의 욕구가 올라가면서 있다는 겁니다. 다섯 가지를 말하는데 첫째가 생리적 욕구, Physiological Needs. 그러니까 가장 기본적인, 동물과 같은 것이지요. 그런 욕구가 우리에게 다 있어요. 그 다음에 안전에로의 욕구―Safety 안전하고 편안하고 싶은 마음. 그건 동물도 사람도 마찬가지입니다. 그 다음에 세 번째가 소속감에 대한 것입니다. Needs for belongingness. 소속감을 가지고 소속됐을 때 마음이 편해요. 소속되고자 하는 마음이 인간의 심리요. 그 다음에 존중에 대한 욕구, Esteem이라고 그럽니다. 이건 아주 중요합니다. 사람마다 스스로 존귀하게 그렇게 되고 싶어하는 것입니다. 마지막으로 자기실현에 대한 욕구, Selfactualization. 이렇게 말합니다. 이것이 위계입니다. 인간이 점점 고상해지면서 고상한 욕구에 살게 돼 있어요. 자, 그런데 이 모든 욕구를 단 한마디로 말하면 행복에 대한 욕구입니다. 행복하고 싶은 것입니다.

그런데 문제는 자기의 가치를 높이고 싶어하며 느끼는 행복을 어느 시점에서 얻으며, 어떻게 얻느냐, 어떻게 누리느냐에 있습니다. 이 행복을 현재에 누릴 것입니까? 미래에 누릴 것입니까? 우리는 양자택일해야 될 때가 있어요. 오늘 고생을 해야 내일 편할 수 있어요. 농사하는 사람은 한여름 동안 땀을 흘려도 가을을 바라보고 수고하는 것입니다. 오늘 편하자고 하면 가을에 먹을 것이 없어요. 뭐 간단한 이치 아닙니까? 그러니까 지혜로운 사람은 좁은 문으로 들어가요. 오늘 고생하고 내일 사는 것입니다. 내가 어떤 멍청한 사람들을 보니까 어디 취직을 하잖아요, 취직해서 돈벌고 저축하려면 한참 걸릴 텐데, 어떤 사람은 취직하자마자 돈을 씁니다. 왜? 벌 셈치고 미리 쓰는 것입니다. 이게 망조라니까요. 번 다음에 쓰세요. 쓰고 남거든 쓰세요.

미래를 위해서 현재를 포기할 줄 알아야 돼요. 좁은 문으로 들어가야 됩니다. 자기 십자가를 지고야 영생의 길로 간다니까 우린 자기 십자가를 져야 되는 것입니다. 그런고로 좁은 문에서 행복을 느끼는 것이 믿음입니다. 보세요. 운동, 좁은 문입니다. 그래서 건강을 찾고. 공부, 좁은 문이지요. 공부해서 그 다음에 기쁨을 얻고. 노동, 힘든 거지요. 좁은 문입니다. 노동해서 노동의 행복을 찾아요. 절제, 경건, 다 그런 것입니다. 그런고로 앞에 있는 기쁨을 위해서 오늘의 고통을 자취하고, 아니 오늘의 고통을 즐기는 것입니다. 그것이 신앙인의 마음입니다. 또한 육체적인 기쁨과 정신적 기쁨, 어느 쪽입니까? 또한 물질적인 기쁨과 양심적인 기쁨도 마찬가지요. 물질적으론 좀 어려워도 양심이 편해야 되겠어요. 그리고 세속적인 기쁨보다는 영적인 기쁨, 이런 것들을 찾아가는 거 아니겠습니까?

오래 전 이야기입니다만 제 딸아이가 고3때 시험을 봐야 하는데 내버려 뒀더니 여름방학에 친구들하고 잘 놀러 다닙니다. 시험을 볼 아이가 여름 방학에 그렇게 놀러 다닙니다. 그러더니 세 번째에 뭐 어디 또 놀러간다고 가려고 해요. 그래서 내가 딱 앉혀 놓고 "그래 꼭 가야 되겠냐?" "친구들하고 약속을 했는데 가야죠." "이거 안간다고 해서 대학 입학한다는 법은 없다. 그러나 친구들하고 놀러가지 않고 더운 여름 방학에 공부를 좀 하고 떨어져도 떨어져야 마음이 편하지. 이번만은 안갈 수 없겠냐?" 그랬더니 "그만둘께요." 그리고 대학에 들어갔어요.

여러분, 이거 간단합니다. 적어도 요만큼이라도 좁은 문으로 들어가야 넓은 길이 열리는 거지, 나 하고싶은 대로 다하고 그 위에 무엇이 되길 바라는 그건 신앙도 아니고 미신입니다. 아주 잘못된 생각입니다. 좀더 나아가서 생각해보면 자기중심적인 기쁨이 있고 더불어 사는 기쁨이 있습니다. 나만 생각하고, 나만 이롭고, 나만 좋으면 좋다는 것은 안됩니다. 이제 다른 사람과 함께 더불어 기뻐해야 되겠어요. 여러분, 지금 북한이 이번 홍수에 600명이 죽었답니다. 수만 명의 이재민이 나오고, 이제 많은 사람이 또 전염병으로 죽을 것입니다. 수만 명이 이렇게 어려움을 당하는데 우리가 마음이 편합니까? 우리가 이런 소식을 들을 때에 밥맛이 없어요. 우리가 뭐 덥다 춥다 그 얘기할 때가 못돼요. 다시 말하면 더불어 기뻐할 줄 아는 그 수준이 신앙인의 모습입니다.

땅에서 우리가 고생을 하고 하늘나라의 영광을 생각합니다. 현재에 좁은 문으로 들어가고 영생의 길을 찾습니다. 그래서 예수님 말씀하십니다. 마음이 가난한 자는 복이 있나니 천국이 저희의 것이요, 핍박을 당하는 자는 복이 있나니 천국이 저희의 것이요…… 천국 지향적으로 천국의 행복을 바라보며 땅의 고생을 즐겁게 받아들이는 바로 이것이 순교자의 삶이 아니겠습니까?

여러분, 넓은 문으로 들어가면 그 문은 곧 좁아집니다. 현재의 넓은 문이 장차는 좁아질 것입니다. 많은 사람이 가는 길로 가면 결국은 사망의 길로 가게 됩니다. 좁은 길로 가고 십자가의 길을 갈 때, 넓어지고 영생으로 지향하는 것입니다. 여러분, 요사이 우리 마음 어지럽히는 사건들이 있지 않습니까? 가짜 박사 학위니, 학력 위조니 이게 다 뭡니까? 넓은 문으로 간 사람들입니다. 그거 다 고생하고야 얻어지는 것입니다. 가짜라는 게 뭔데요. 쉽게 얻어지는 게 가짜지요. 싸구려가 가짜지요. 많은 고생이 있고 그리고 그 뒤에 넓은 세계가 있고 영생의 세계가 있다고 그렇게 믿고 사는 것이 그리스도인입니다. 신앙인은 좁은 문을 선택합니다. 땀 흘리지 않고 벌면 불한당입니다. 모든 일에 땀이 흘러야지 아니, 땀 흘린 만큼 행복도 있고 소중한 기쁨도 따라오는 것입니다. 생명으로 인도하는 문은 좁습니다. 오늘은 좁습니다. 그러나 저 앞에 있는 생명을 바라보며 오늘을 기뻐합니다. 이것이 그리스도인입니다.

제가 어느 수필집을 보니까 제목이 너무 재미있어요. '나는 이런 사람을 싫어한다.' 한번 생각해 보세요. '헤어질까 무서워서 사랑 못하는 사람, 설거지 싫어서 밥을 굶는 사람, 실패할까 무서워서 일 시작 못하는 사람, 떨어질까 무서워서 시험 못보는 사람, 실수할까 무서워서 사람 안만나는 사람, 사고날까 무서워서 운전 못배우는 사람, 기다리기 싫어서 소망을 버리는 사람, 자기를 버려야 할 줄 알면서도 자기를 포기하지 못하는 사람, 나는 이런 사람을 싫어한다.'

여러분, 좁은 문을 통해서 생명으로 갑니다. 그런고로 좁은 문에서 저 앞을 바라보며 기뻐할 줄 알아야 됩니다. 봄에 나아가 씨를 뿌리면서 가을을 생각하며 기뻐할 줄 알아야 합니다. 여러분, 오늘의 수고는 조금도 어려운 게 아닙니다. 십자가의 길은 절대 무거운 길이 아닙니다. Easygoing은 사망의 길입니다. 좁은 문, 주님과 함께 간다면 이 좁은 문이야말로 행복한 문입니다. 아니, 좁은 문에서의 고생을 스스로 즐길 줄 알아야 돼요. 운동을 즐길 줄도 알고, 절제를 즐길 줄도 알고, 경건의 훈련을 즐길 줄도 알고, 특별히 그리스도와 함께 가는 고난의 길을 행복으로 받아들이는 사람 말입니다. 이것이 신앙인입니다.

고난을 통해서 저 앞에 영광이 있다고 해서 그것만 바라보지 마세요. 바라보고 오늘을 사는 이 자체도 즐거운 것입니다. 공부하는 사람들로 말하면 공부해서 성공하겠다는 것도 있지마는 아니, 공부 자체가 즐거워야지요. 책 보는 게 행복해야지요. 책 보면서 심취하면 너무너무 즐거운 것입니다. 성경을 읽으면서 우리는 하늘나라를 바라봅니다. 약속된 세계를 환하게 바라봅니다. 그 자체, 그 고난의 길, 아니, 좁은 문, 좁은 문으로 들어가며 행복을 꿈꾸고 행복을 느끼는 바로 거기에 그리스도인의 모습이 있는 것입니다. △

축복을 사기당한 사람

그 아이들이 장성하매 에서는 익숙한 사냥군인고로 들사람이 되고 야곱은 종용한 사람인고로 장막에 거하니 이삭은 에서의 사냥한 고기를 좋아하므로 그를 사랑하고 리브가는 야곱을 사랑하였더라 야곱이 죽을 쑤었더니 에서가 들에서부터 돌아와서 심히 곤비하여 야곱에게 이르되 내가 곤비하니 그 붉은 것을 나로 먹게 하라 한지라 그러므로 에서의 별명은 에돔이더라 야곱이 가로되 형의 장자의 명분을 오늘날 내게 팔라 에서가 가로되 내가 죽게 되었으니 이 장자의 명분이 내게 무엇이 유익하리요 야곱이 가로되 오늘 내게 맹세하라 에서가 맹세하고 장자의 명분을 야곱에게 판지라 야곱이 떡과 팥죽을 에서에게 주매 에서가 먹으며 마시고 일어나서 갔으니 에서가 장자의 명분을 경홀히 여김이었더라

(창세기 25 : 27 - 34)

축복을 사기당한 사람

　세계적으로 아주 유명했던 희극인인 찰리 채플린(Charles S. Chaplin)이 직접 경험한 일화가 있습니다. 어느 날 그는 깊은 밤 공연을 끝내고 극장에서 받은 공연료를 현금으로 받아 챙겨가지고 하숙집으로 돌아가고 있었습니다. 좁은 골목길에 들어서자 갑자기 강도가 나타나 길을 막고 채플린에게 권총을 들이대며 돈을 내놓으라고 위협합니다. 순간 재빨리 상황을 파악한 채플린은 순순히 아주 친절하고도 온유하고 여유롭게 대답했습니다. "아, 그러시죠. 돈을 드리겠습니다." 그러면서 채플린은 한 가지 부탁이 있다고 덧붙입니다. "지금 제가 갖고 있는 이 돈은 바로 가서 하숙집 주인에게 주어야 할 돈입니다. 오늘 이 돈을 주지 못하면 저는 하숙집에서 쫓겨납니다. 제가 그냥 빈손으로 가면 할말이 없지 않겠습니까. 그러니 수고스러우시겠지만 제가 강도를 만났다는 증거로 제 모자에다가 권총 두 발만 쏴주십시오." 강도가 가만히 생각해보니 채플린의 말이 옳았습니다. 그래 강도는 채플린의 모자에다가 권총을 두 발 쏴서 구멍을 내주었습니다. 그러고나서 이제는 됐느냐고 하니까 채플린이 다시 말합니다. "이 모자에만 쏴가지고는 안되겠습니다. 제 옷에다가도 구멍을 좀 내주셔야 되겠는데요." 그러면서 채플린은 자기옷을 넓게 들추어 보이면서 강도에게 쏴달라고 말했습니다. 그래 강도가 한 방을 쏘니 채플린의 옷자락에 구멍이 뻥 뚫렸습니다. 그리고 다시 한 방을 더 쏘려고 방아쇠를 당기자 이번에는 그냥 딸가닥 소리만 날 뿐 총알이 나가지 않았습니다. 총알이 다 떨어진 것입니다. 바로 그

때 채플린은 바람같이 도망을 갔습니다. 그래서 채플린은 돈도 빼앗기지 않고 무사히 하숙집으로 돌아올 수 있었다는 이야기입니다. 역시 채플린은 인생을 아주 희극적으로 살았습니다.

축복만이 기회는 아닙니다. 때로는 불행도 기회라는 생각을 해본 적 없습니까? 단 한 순간에 결정됩니다. 여러분, 실수? 한 순간에 벌어지는 일입니다. 중요한 것은 실수 자체가 아닙니다. 그 실수를 얼마나 만회할 수 있느냐, 하는 것입니다. 그 다음은 실수를 인정하느냐, 하는 것이 문제입니다. 가장 큰 문제는 실수를 모르는 것입니다. 나아가 실수를 전혀 인정하지 않고 그저 자기만 옳다고 고집하면 영영 망가져 구제불능이 되고 마는 것입니다.

오늘본문에 나오는 이야기는 아무리 읽어보아도 역사적인 난센스입니다. 세상에 이런 일이 어디 있다는 말입니까. 팥죽 한 그릇에 장자의 명분을 판 놈이나, 팥죽 한 그릇에 장자의 명분을 산 놈이나 똑같습니다. 다 그 형에 그 동생이고, 그 놈이 그 놈입니다. 세상에 아무리 배가 고프기로서니 고작 팥죽 한 그릇에 장자의 명분을 팔고 사다니! 도대체 이런 일이 어떻게 있을 수 있습니까. 난센스입니다. 그러나 가만히 생각해보면 여기에 깊은 의미가 있습니다. 남의 약점을 이용하여 내 유익을 채우려는 사람, 또 이것을 뻔히 알면서도 그냥 끌려 들어가는 정신 나간 사람— 바로 이 세상의 역사가 다 그런 것 아니겠습니까.

에서와 야곱은 형제지간이지만 서로 많이 다릅니다. 야곱은 집 요하리만큼 축복을 소중히 여기는 사람입니다. 쌍둥이 동생으로 태어났습니다. 쌍둥이가 형 동생으로 나뉘는 것은 시간문제입니다. 동생 입장에서는 '어쩌다가 내가 좀 늦게 나와 동생이 되어가지고 장자의 기업을 누리지 못하게 되다니! 이거 정말 억울한 일이다. 쌍둥이이니 장자의 명분도 반으로 나누어 가지면 좋으련만, 형은 형이고 동생은 동생이라니! 세상에, 이런 답답한 일이 있나……' 하고 생각할 법도 합니다. 야곱은 이렇게 항상 형에 대한, 아니 장자의 명분에 대한 집착을 버리지 못하고 있었습니다. 반면 형 에서는 얼마나 멍청한지, 오늘본문 34절 "장자의 명분을 경홀히 여김이었더라" 하는 말씀대로 자신이 장자라는 사실을 대수롭지 않게 여겼습니다. 쌍둥이 형제니, 형이든 동생이든 그까짓 것이 무슨 대수냐— 아닙니다. 어디까지나 형은 형이요, 동생은 동생입니다. 가통을 이어가는 것은 동생이 아닌 장자의 명분입니다. 이 중요한 것을 소홀히 여겼다는 것입니다. 경홀히 여겼다는 이야기입니다. 그래서 에서는 결국 짧은 한 순간에 집착하여 장자의 본분을 내팽개치고 말았습니다.

한 일곱 살난 소년이 있었습니다. 그 소년이 장난감 가게에 들어가서 가게 물건들을 돌아보고 장난감을 돌아보는데, 자기 또래의 웬 어린아이가 호루라기를 하나 사서 휙휙 불고 돌아다니는 것을 보았습니다. 소년도 호루라기가 갖고 싶었습니다. 하지만 공교롭게도 그 가게에는 호루라기가 그것 하나밖에는 없었습니다. 소년은 호루라기를 살 수 없었습니다. 하지만 소년은 호루라기에 대한 집착을 버리지 못합니다. 그래 그 호루라기를 부는 아이한테 "나도 한 번 불어보자"고 합니다. 하지만 안된다는 대답이었습니다. 급기야 소년은 그 아이한테 "얘, 그거 나한테 팔아라" 했습니다. 그 아이는 여전히 안된다고 대답합니다. 소년은 흥정을 시작합니다. 호루라기 값의 네 배나 되는 돈을 줄 테니 팔라고 했습니다. 그제야 아이는 호루라기를 소년에게 건네줍니다. 그렇게 소년은 그 호루라기를 기어이 사고야 말았습니다. 소년은 바라던 것을 손에 넣어 너무나 기분이 좋았습니다. 그래 소년은 그 호루라기를 신나게 불고 돌아다닙니다. 집에 와서도 계속 불어댑니다. 하지만 본인은 신이 나서 불어대지만 집안 식구들이야 어디 그렇습니까. 시끄러워 못살겠는 것입니다. 말려도 소용없습니다. 결국 집안 식구들 가운데 한 지혜로운 사람이 말합니다. "애야, 이리 오너라. 너 그 호루라기 얼마 주고 샀느냐?" 그래 소년은 원래 가격의 네 배를 주고 샀다고 대답합니다. 지혜로운 사람이 말합니다. "너는 그것을 원가의 네 배나 되는 돈을 주고 샀단 말이냐? 이 멍청한 놈아!" 그 소리를 듣고 소년은 그제야 자신이 너무도 어리석은 일을 저질렀다는 사실을 깨달았습니다. 소년은 분하여 엉엉 울며 호루라기를 내팽개쳤습니다. 소년은 그 순간의 일을 일생동안 잊지 않고 살았습니다. 이 소년이 바로 훗날의 저 유명한 벤저민 프랭클린(Benjamin Franklin)입니다. 그날 이후 그는 절대 단 한 순간 잘못된 생각에 취하여 큰일을 그르쳐서는 안되겠다는 결심으로 평생을 살았다고 합니다.

  오늘본문에서 보는 것처럼 에서라는 사람은 순간에 몰입했습니다. 순간에 취해버렸습니다. 집착했습니다. 정신이 없었습니다. 막 사냥에서 돌아와 배가 몹시 고팠습니다. 목도 말랐습니다. 인정합니다. 하지만 배고프다는 사실은 어디까지나 순간적인 현상에 지나지 않습니다. 솔직히 말하면 밥 한 끼 굶었다고 죽는 것도 아닙니다. 그 한 순간을 못넘겼다고 쓰러질 것도 아닙니다. 한데 오늘본문에는 다음과 같은 난센스가 나옵니다. "죽게 되었으니……(32절)" 죽기는 왜 죽습니까. 거기까지 멀쩡히 제 발로 걸어 들어온 사람 아닙니까. 절대 죽을 것이 아닙니다. 그런데도 에서는 당장 죽을 것처럼 엄살을 떨며 자기의 어려운 형편을 과장해서 말합니다.

사람은 실수할 때 꼭 자기가 처한 상황을 과장합니다. 에서가 바로 그랬습니다. '그럴 수밖에 없었다.' '누구도 그럴 수밖에 없을 것이다.' 혹은 이렇듯 아주 크게 과장했을 것입니다. '내가 곧 죽게 되었다.' '그때 팥죽 안먹었으면 난 죽었을 거다.' 하지만 이것은 아니지 않습니까. 사람마다 상황을 과장하고 극대화하고, 어떤 때는 절대화하기까지 합니다. '이것은 피할 수 없는 일이다.' '누구도 피할 수 없는, 그럴 수밖에 없는 것이었다.' 이렇게 스스로 열심히 변명합니다마는, 그것이 다 거짓말이라는 것입니다. 그런 것은 아니었습니다. 오늘본문의 말씀이 너무 재미있습니다. "내가 죽게 되었으니 이 장자의 명분이 내게 무엇이 유익하리요(32절)." 장자의 명분이 무슨 유익의 문제입니까? 이익의 문제가 아니지 않습니까. 이권의 문제가 아니지 않습니까. 한데도 에서는 장자라는 이 거룩한 이름을 소홀히 여기고 경홀히 여겼더라는 이야기입니다. 그래 에서는 현재의 팥죽 한 그릇이라는 작은 유익을 위하여 장자로서의 큰 미래를 포기합니다. 팔아버리고 맙니다. 눈앞에 보이는 현실에 취하여 보이지 않는 미래의 엄청난 축복과 기업을 다 버리고 맙니다. 이것이 에서의 어리석음입니다.

마태복음 4장에는 예수님께서 40일 동안 금식하시는 모습이 나옵니다. 이것을 심리학적으로 풀이하는 사람도 있습니다. 예수님께서 40일을 금식하시고 나니 너무나 배가 고프시어 '광야에 있는 돌이 떡 덩어리라면 얼마나 좋을까' 하고 생각하셨으리라는 설명입니다. 그래 그것을 기화로 마귀가 예수님을 유혹하는 것입니다. '네가 하나님의 아들 아니냐? 능력을 베풀어 그저 저 돌들로 떡덩이가 되게 하여 먹어라.' 그러나 예수님께서는 그 유혹에 넘어가지 않으십니다. 40일을 금식한 뒤인 그 절박한 시간에도 예수님께서는 자신의 정체성을 분명히 하십니다. 상황을 똑바로 이해하십니다. '사람이 떡으로만 사는 것이 아니요. 하나님의 입에서 나오는 말씀으로 사느니라.' 지금도 말씀이 먼저입니다. 하나님의 말씀이 무엇보다도 우선이라는 사실을 말씀하고 계시는 것입니다. 대단히 중요한 말씀입니다.

작가 김진배가 쓴 「유쾌한 유머」라는 책에 이런 재미있는 이야기가 있습니다. 어느 회사에 사사건건 따지는 것으로 사람을 몹시 괴롭히는 대리가 있었습니다. 그의 바로 위에 있는 과장이 그에게 물어보았습니다. "자네, 명석함과 지혜로움의 차이가 뭔지 아나?" 그가 대답합니다. "잘 모르겠는데요." 그러자 과장이 말합니다. "그러면 잘 들어두게. 상사의 말에서 실수와 오류를 찾아내는 것은 명석이요, 그것을 알고도 입 다무는 것은 지혜니라." 여러분, 요새는 똑똑한 사람은 많은데, 지혜로운 사람이 없습니다. 지혜가 부족한 것입니다.

오늘본문에는 이와 관련하여 우리 마음을 더욱 아프게 하는 대목이 있습니다. 저는 이 대목을 어렸을 때 늘 읽었고, 커서도 몇 번이고 다시 읽어보았습니다. "야곱이 떡과 팥죽을 에서에게 주매 에서가 먹으며 마시고 일어나서 갔으니……(34절)" 먹으며 마시고 일어나서 갔으니 — 정말 답답한 사람입니다. 아니, 먹고 제정신 차린 마음에라도 '야, 아까 그거 농담이다' 하고 한마디 해야 되지 않습니까. 아까는 배가 고파 정신이 없었다고 해도, 이제는 먹었으니까 정신을 차리지 않았습니까. 그러면 이제라도 실수했다고, 잘못했다고, 농담으로 돌리자고 해야 되지 않습니까. 그런데도 먹으며 마시고 그냥 갔다는 것입니다. 이것이 멍청하다는 것입니다. 바로 이 순간에라도 깨닫고 회개해야 하지 않습니까. 돌이켜야지요. 그 순간 기회를 놓친 것입니다. 회개할 기회를 놓친 것입니다. 요새 신문에 나는 사람들 보니까 이러이러한 부끄러운 일들을 해놓고 몇 십 년 지나갔는데 이제 와서 하는 이야기가 하나같이 '늘 마음이 괴로웠지만 기회를 놓쳤다'는 것입니다. 회개도 기회가 있는 것입니다. 기회를 놓치고 났더니 이제 와서 그야말로 가문의 망신으로 떨어지지 않습니까.

그 순간에 한마디만 하면 그만인데, 그것을 못했더라는 것입니다. 우스운 이야기입니다마는, 지금 제가 나이가 좀 드니까 이런 이야기도 합니다. 제가 운동을 해야 되기는 해야 될 것같아서 운동을 합니다마는, 사람마다 헬스도 다니고 골프도 치며 운동들을 많이 합니다마는, 제가 하고 있는 운동 중 한 가지가 볼링입니다. 우리 소망교회 교인들은 다 압니다. 한 20년 했습니다. 제가 생각해도 보통 잘 하는 것이 아닙니다. '퍼펙트 게임'이라는 것이 있습니다. 300점을 내는 것입니다. 일생에 한 번 하기가 어렵다는 것입니다. 제가 그 퍼펙트 게임을 무려 열두 번이나 했습니다. 그래서 소문이 났습니다. 거기에 이름이 다 쓰여 있습니다. 내 이름이 딱 이렇게 쓰여 있는 것입니다. 그러니까 가끔 볼링 하는 분들이 물어봅니다. 모르는 분들도 내게 찾아 와서 "아, 그렇게 잘 하는 비결이 뭡니까?" 하고 묻습니다. 물론 여러 가지 비결이 있겠지요. 하지만 제가 하고 싶은 말은 이것입니다. 할 때마다 공을 쥐는 순간 저는 저의 장점과 단점을 생각합니다. '나는 늘 이런 실수를 한다. 이쪽에 약점이 있다.' 이것을 알고 딱 서야 됩니다. 또 한 번 던지고 나서부터는 내가 무엇을 잘못했는지 알아야 됩니다. 자기가 실수를 해놓고 실수를 실수로 모르는 사람은 영영 구제불능입니다. 순간마다 '아차, 이것은 잘못했다' 하고 자기가 저지른 잘못을 알아야 됩니다. 단순한 것같아도 생각이 많습니다. 그래 이 생각을 담아서 운동을 해야지, 그냥 내가 던진다고 몇 십 년 던져보십시오. 안되는 것입니다. 생각이 함께 가야 됩니다. 순간마다 생각해야 됩니다. '내가 무엇을 잘못했나? 무엇을 잘했나?' 이것을 생각해야 합니다.

오늘본문의 에서는 바로 그것을 못한 것입니다. 순간마다 내가 무엇을 말하고 있는가, 지금 내가 어떤 실수를 했던가를 바로 깨닫고 돌이켰으면 세상이 달라지는 것 아닙니까. 히브리서 12장 17절에서는 이 사건을 이렇게 기록하고 있습니다. "그 후에 축복을 기업으로 받으려고 눈물을 흘리며 구하되 버린 바가 되어 회개할 기회를 얻지 못하였느니라." 기회를 놓치고나면 그 다음에는 다시 만회할 길이 없습니다. 되돌아오지 못한다는 말씀입니다.

작가 김희중은 「가슴이 따뜻한 사람과 만나고 싶다」라는 책에서 이렇게 말합니다. '우리가 피곤할 때마다 생각해야 될 일이 있다. 스스로에 대한 사랑을 재확인하라. 내가 나 자신을 사랑할 줄 알아야 한다. 또 하나는 자신의 일에 대한 긍지를 느껴야 한다. 그리고 흔들리지 않는 꿈이 있어야 한다. 언제나 보다 멀리 보고 먼 것을 위해서 현재 순간적인 것을 극복할 줄 아는 지혜가 필요하다.' 에서는 분명히 집안의 장자였습니다. 그러나 마땅히 기업을 이을 자로서 기업을 잇지 못합니다. 왜요? 그것을 경홀히 여겼기 때문입니다. 그만 장자의 기업을 사기당하고 말았습니다. 한평생 울며 동생을 죽이겠다고 쫓아다니면서 그렇게 망가진 생을 살았습니다. 여러분, 오늘 우리는 다시 한 번 생각해야 합니다. 나는 현 시점에서 무엇을 생각하고 있

습니까? △

내가 스스로 버리노라

나는 선한 목자라 내가 내 양을 알고 양도 나를 아는 것이 아버지께서 나를 아시고 내가 아버지를 아는 것 같으니 나는 양을 위하여 목숨을 버리노라 또 이 우리에 들지 아니한 다른 양들이 내게 있어 내가 인도하여야 할 터이니 저희도 내 음성을 듣고 한 무리가 되어 한 목자에게 있으리라 아버지께서 나를 사랑하시는 것은 내가 다시 목숨을 얻기 위하여 목숨을 버림이라 이를 내게서 빼앗는 자가 있는 것이 아니라 내가 스스로 버리노라 나는 버릴 권세도 있고 다시 얻을 권세도 있으니 이 계명은 내 아버지에게서 받았노라 하시니라

(요한복음 10 : 14 - 18)

내가 스스로 버리노라

　어느 기업에서 신입사원을 채용하기 위하여 다음과 같은 아주 재미있는 시험문제를 출제하였습니다. '당신은 폭우가 쏟아지는 어느 날 밤 자동차를 몰고 가고 있습니다. 비가 막 쏟아지는 버스 정류장을 지나가는데 거기에 세 사람이 억수같은 비를 맞으며 떨고 서 있는 것입니다. 이 버스를 기다리는 세 사람 중에 한 사람만 내가 태우고 갈 수 있습니다. 한 사람밖에는 아무도 더 태울 수 없는 사정입니다. 그렇다면 당신은 세 사람 중에 어느 사람을 태우겠습니까? 첫 번째 사람은 노인인데 아주 깊은 병중에 있어 덜덜 떠는 몸으로 비를 맞으며 지금 병원으로 가려고 서 있습니다. 두 번째 사람은 얼마 전에 병원에 입원하여 수술을 받고 죽을 뻔한 자기를 살려준 고마운 의사입니다. 세 번째 사람은 한평생 마음에 그려오던 이상형인 예쁜 여자입니다. 이 세 사람 가운데 당신은 어느 사람을 태워가지고 가겠습니까?' 이 문제에 수험생들은 나름대로 머리를 짜내어 서로 이렇게 하는 것이 옳겠다, 저렇게 하는 것이 옳겠다, 하며 옥신각신합니다. 그러다가 그들은 이렇게 생각을 모았습니다. '노인은 지금 태워서 가더라도 도중에 죽을지도 모른다. 그러면 더 큰 부담이 될 테니 노인을 태우기는 좀 곤란하다. 또 의사는 나중에 신세 갚을 기회가 얼마든지 있을 것이다. 따라서 절세미인만은 놓치면 안된다.' 대체로 그런 생각들이었습니다. 하지만 마지막에는 응시자 200명을 물리치고 단 한 사람이 선택됐습니다. 명답이었습니다. '자동차 열쇠를 의사에게 주어 노인을 태우고 빨리 병원으로 가서 치료를 받게 하라

고 말한 후, 자기는 어여쁜 여자와 함께 버스를 기다린다.'

　세상만사가 이렇다면 참 괜찮겠지요. 하지만 다 얻는다는 것은 불가능합니다. 종종 너무 욕심이 큽니다. 다 얻으려고 하지 마십시오. 그저 몇 가지를 얻었다면 몇 가지는 버릴 생각을 해야 합니다. 몽땅 다 가지려다가는 되레 다 놓치게 됩니다. 어차피 하나를 선택하면 나머지는 버려야 되는 때가 있습니다. 우스갯소리지만, 노처녀가 시집 못가는 이유가 바로 여기에 있다고들 합니다. 중요한 것 몇 가지만 얻고 나머지는 버릴 생각을 해야 되는데, 다 얻겠다고 하는 것입니다. 그렇게 다 갖춘 사람이 어디 있습니까. 그러니까 시집 못갈 수밖에요. 이것을 생각해야 합니다. 다 얻지는 못합니다.

　동양의 현인 가운데 한 사람인 노자(老子)의 말은 이렇습니다. '나에게 확실하며 스스로 자랑하는 세 가지 중요한 것이 있다. 내 인생 철학, 요샛말로 라이프 스타일이 있는데, 그것은 온화함과 근면함과 겸손이다. 난 이 세 가지를 지향하며 산다. 첫째, 온순한 사람이라야 대담할 수 있다. 일반적으로 교만하여 큰소리치는 사람은 속이 약합니다. 온유한 사람이 땅을 차지합니다. 그래서 온유한 사람이 내심 강한 것입니다. 고로 나는 온유하다. 둘째, 근면해야 자유로울 수 있다. 게으르면 항상 양심의 가책 속에 살아가야 된다. 부지런해야 마음이 자유로울 수 있다. 그것이 내가 터득한 두 번째 철학이다. 셋째, 겸손해야 한다. 겸손해야만 지도자가 될 수 있다.' 노자는 이렇게 깨달아 살아간다고 했습니다. 온순함과 근면함과 겸손― 그런데 이 세가지는 모두 다 자기자신을 버려야 가능한 것입니다. 자기자신을 버리고야 비로소 얻을 수 있는 덕목들입니다.

　오늘본문에는 아무리 읽어봐도 말이 안되는 이야기가 있습니다. 목자가 양을 위해서 목숨을 버린다— 이거 말 됩니까? 사업하시는 분들 생각에 이거 말 됩니까? 어떻게 목자가 양을 위하여 생명을 바친다는 말입니까. 양한테 그만한 가치가 있는 것입니까? 하찮은 것입니다. 노골적으로 말하면 얼마 있다가 잡아먹을 것입니다. 별것도 아니고, 몇 푼 되지도 않는 양입니다. 그 보잘것없는 양을 위하여 어떻게 목자가 자기목숨을 버립니까. 그러나 여기에 신비로운 진리가 있는 것입니다. 상식적으로만 따지면 세상에 희생할 만한 일 아무것도 없습니다. 무엇에 그럴 만한 가치가 있습니까. 과연 무엇에 내 일생을 걸고 할만한 가치가 있습니까. 사람이 자기자식을 위하여 많은 수고를 합니다마는, 과연 그 자식에게 그럴 만한 가치가 있습니까? 과연 자식이 그럴 만한 가치가 보장되는 존재입니까? 그렇게 애지중지 키워가지고 장차 뭐가 되는지 Nobody knows, 아무도 모릅니다. 저는 때때로 생각해봅니다. 저 말썽꾸러기, 저 공부도 안하고 저렇게 게을러빠진 것, 아, 글쎄 저런 것을 위하여 내가 일생을 걸어야 되나? 이런 손익계산을 하거든요. 다시한번 생각해 보십시오. 목자가 하찮은 양을 위하여 목숨을 버린다는 것, 참 엄청나게 신비로운 진리가 여기에 있는 것입니다. 생명을 버린다—

　가치를 비교해보십시오. 가치를 계산해보십시오. 손익계산을 해보십시오. 과연 그럴 수 있는 사건입니까? 그까짓 양 한 마리를 위하여 목자가 생명을 버립니까? 물론 양을 위하여 어느 정도는 수고할 수 있습니다. 예수님께서 비유로 하신 말씀 중에 아흔아홉 마리 양을 들에 두고 잃어버린 한 마리 양을 찾아 헤매는 목자의 이야기가 있습니다. 그럴 수도 있습니다. 그 정도는 있을 수 있는 일입니다. 그러나 목자가 하찮은 양을 위하여 자기목숨을 버린다는 것은 차원이 다른 문제입니다. 이것은 놀라운 우주적 진리임을 알아야 합니다. 여기에는 신비로운 하나님의 말씀이 있습니다.

우리가 세상을 살다보면 잃어버리는 일이 많습니다. 무식해서, 미처 몰라서 그렇지, 무관심한 중에 그만 잃어버렸습니다. 많이 잃어버립니다. 그냥 어쩌다보니 시간도 잃어버리고, 젊음도 잃어버리고, 건강도 잃어버리고, 명예도 잃어버립니다. 뒤돌아 생각하면 내가 다 몰랐던 탓입니다. 무식했던 탓입니다. 내가 멍청해서 다 잃어버린 것입니다. 그래서 상실되는 일이 너무나 많습니다.

이런 우스운 이야기가 있습니다. 여러분, 동화책에 흔히 나오는 저 호리병 모양의 요술램프라는 것이 있지 않습니까. 그 요술램프를 어떤 청년이 소원을 이루고자 계속 문질렀답니다. 그랬더니 마침내 요정이 나타나 '주인님, 한 가지 소원을 들어드리겠습니다. 말씀만 하십시오' 하더랍니다. 그래 한 가지 소원을 말해야겠는데 이 청년 아무리 머리를 쥐어짜봐도 한 가지 소원만 가지고는 안되겠더라는 것입니다. 적어도 세 가지 소원은 있어야겠더라는 것입니다. 그래 청년은 생각합니다. '돈, 여자, 결혼. 돈, 여자, 결혼. 돈, 여자, 결혼……' 그랬습니다. 요정은 딱 한 가지 소원이라야 된다고 했는데 청년은 자꾸만 '돈, 여자, 결혼. 돈, 여자, 결혼……' 하고 세 가지 소원이 머리 속을 맴돌더라는 것입니다. 어찌 되었든 결국 청년의 소원이 이루어졌습니다. 어떻게요? 돈 여자와 결혼하게 되었답니다.

하나를 얻으려면 나머지는 버릴 줄 알아야 됩니다. 그 하나의 가치를 크게 평가하면 나머지 것들은 아쉽지 않습니다. 미련없이 버릴 수 있습니다. 그까짓 것, 그냥 쉽게 버리십시오. 예수님께서 친히 말씀하지 않으셨습니까. 밭에 감추인 보화― 어떤 사람이 밭을 갈다가 거기에 감추어져 있는 보화를 발견했습니다. 그래 그것을 흙으로 딱 덮어놓고는 속으로 너무너무 감격스럽고 좋고 행복하여 자기 가진 것을 다 팔아 그 밭을 삽니다. 그때 그 사람 자기 가진 것 다 팔아도 아무런 아쉬움이 없었을 것입니다. 마음이 급하여 싼값에 마구마구 팔았을 것입니다. 그렇게 전재산을 다 팔아서 그 밭을 산 것입니다. 왜요? 그 밭 속에 감추어진 보화가 있었기 때문입니다. 적어도 이런 희열, 버리는 희열, 미련없이 던져버리는 기쁨, 이것이 사는 멋 아니겠습니까. 미련하게 전부 다 가지려다가 되레 가진 것 다 잃어버리는 멍청이가 되어서는 안되겠다는 말씀입니다.

또 세상을 살다보면 잃어버리는 것이 있는가하면, 이번에는 빼앗기는 것도 있습니다. 멀쩡히 두 눈 다 뜬 채 빼앗기는 것입니다. 요샛말로 '파워가 없어서' 하는 수 없이 빼앗기는 일이 많습니다. 노하우가 부족하고, 자본이 부족하고, 기술이 부족하고, 지혜가 부족하여 그만 뻔히 알면서도 어찌할 수가 없는 것입니다. 그렇게 맥없이 빼앗깁니다. 그런 일들이 우리에게 참 많이 일어납니다. 흔히들 '강도 만났다'고들 합니다. 강도를 만나는 일, 정말 빼앗기는 일 아닙니까. 얼마나 마음 아픈 일입니까. 그래도 어찌 할 수가 없는 일입니다. 우리는 그렇게 빼앗기면서 살아오고 있습니다. 그러나 오늘본문이 우리에게 주는 가장 귀중한 교훈은 스스로 버린다는 것입니다. '스스로 버리노라.' 잃어버리는 것이 아닙니다. 빼앗기는 것도 아닙니다. 내가 스스로 버리는 것입니다. 내가 스스로 희생하는 것입니다. 이런 자세, 이런 라이프 스타일이 성공적인 생애를 보장하는 것입니다. 멍청해서 잃어버리는 일이 있어서는 안됩니다. 빼앗기는 일이 있어서는 안됩니다. 이것을 알아야 합니다.

우리는 언제나 빼앗기는 신세로 살면 안됩니다. 어떤 때는 아이들이 부모님한테 무엇을 달라고 조르는데, 가져서는 안될 것입니다. 그것을 자꾸만 달라고 합니다. 부모는 안된다, 안된다 하다가도 결국 마지막에는 하는 수 없이 내줍니다. 그러면서 하는 말이 '강도 만났다'입니다. '저건 왜 낳아놓아서 내가 오늘 또 강도 만났다'는 것입니다. 여러분, 그렇게 살아서야 되겠습니까. 이왕 줄 것이라면 좋은 마음으로 주십시오. 왜 빼앗기는 마음으로 줍니까. 그래서 「탈무드」에 이런 말이 나옵니다. '자녀에게 선물을 줄 때 말을 많이 하면 아니 줌만 못하다.' 말을 많이 하면서, 설교를 하면서 주면 아이들이 그거 받아가지고 나갈 때 이런 생각 한답니다. '아, 돈 벌기 힘들다. 내가 나중에 크면 이자 보태서 갚을 거다.' 그러면서 나간답니다. 무효입니다. 왜 하필이면 그렇게 살아야 합니까. 절대 잃어버리지, 말고 절대 빼앗기지 말고 그냥 줘버리십시오. 아주 자유로운 마음으로 주십시오. 내가 원하는 마음으로 생각을 돌려서 주는 것이 진정한 자유인의 모습입니다.

"스스로 버리노라……(18절)" 이 말씀을 저는 두고두고 생각합니다. "이를 내게서 빼앗는 자가 있는 것이 아니라 내가 스스로 버리노라 나는 버릴 권세도 있고 다시 얻을 권세도 있으니……(18절)" 빼앗는 자가 따로 있는 것이 아닙니다. 스스로 버리노라— 엄청난 말씀입니다. 십자가를 지시면서 주님께서 말씀하십니다. '누가 나를 죽이는 게 아니다. 내가 죽는 거다. 누가 내 생명을 빼앗는 게 아니라 내가 스스로 버리노라.' 여기에 참된 자유함이 있는 것입니다. 큰일만 아니라 조그만 일 하나하나에도 스스로 버리노라— 왜요? 알고 하는 일입니다. 몰라서 하는 일이 아닙니다. 다 알고 하는 일은 스스로 버리는 일이요, 보다 큰 것을 알았기 때문에 작은 것을 버리는 것입니다. 보다 중요한 것을 알았기 때문에 덜 중요한 것을 버리는 것입니다. 스스로 버리노라- 보다 큰 것을 얻기 위하여 버리는 것입니다. 버려야 얻을 수 있기 때문입니다. 여기에는 확실한 목적이 있습니다. 뚜렷한 목적의식을 잃어버린 채 하는 일은 다 상실되는 것이요, 실패하는 것입니다. 확실하고도 영원한 목적이 있어야 합니다. 사도 바울은 말씀합니다. '너희 믿음과 봉사 위에 내가 나를 관제로 드릴지라도 나는 기뻐하리라.' 그만큼 그는 확실한 목적이 있는 생을 살았습니다.

오늘본문에서 가장 핵심이 되는 말씀은 '양을 사랑하노라'입니다. 사랑하기 때문에 버리는 것입니다. 양의 가치를 묻지 마십시오. 그것이 얼마짜리냐고 묻지 마십시오. 저는 간혹 성경을 읽다가 혼자 웃을 때가 있습니다. 아흔아홉 마리 양을 들에 두고 한 마리 양을 찾아 갔다- 그래 갖은 고생을 다 한 끝에 그 한 마리 양을 되찾아 어깨에 메고 돌아오면서 '잃어버렸던 양을 찾았노라. 양을 찾았노라' 하고 기뻐합니다. 그리고 돌아와 온 동네 사람들을 불러 잔치를 했다는 것입니다. 잔치하면서 무엇을 먹었겠습니까. 양을 잡아먹었겠지요. 몇 마리나 잡아먹었는지 모릅니다. 이것이 어디 손익계산이 맞는 이야기입니까. 하지만 사랑이라는 것이 원래 이런 것입니다. 계산해서는 안되는 것입니다. 목자의 마음에 양 한 마리를 잃어버렸다가 되찾은 그 감격은 양 열 마리를 다 없애도 상관없는 것입니다. 그것은 그대로 있는 것입니다. 사랑, 사랑…… 이것은 물질로 계산하는 것이 아닙니다. 목자가 양을 사랑합니다. 지극히 사랑합니다. 그 양을 위해서라면 목숨도 버립니다. 이것이 목자의 마음입니다.

목자의 마음속에 있는 가치관입니다. 이것을 잊지 말아야 합니다. 이런 가치관, 이런 감격으로 살아야 됩니다. 요새 세상사람들은 너무 타산적입니다. 계산하다가 다 망칩니다. 그럴 것 없습니다. 좀 높은 가치를 추구해야 되겠습니다. 사랑하기 때문에 버리노라, 얻기 위하여 버리노라, 결과를 알기 때문에 버리노라, 먼 후에 오는 결과를 알기 때문에 오늘 나는 죽노라…… 주도적이고 자율적입니다. 아주 신비로운 말씀입니다.

　요한복음 12장에서 예수님께서는 이렇게 말씀하십니다. "한 알의 밀이 땅에 떨어져 죽지 아니하면 한 알 그대로 있고 죽으면 많은 열매를 맺느니라(24절)." 밀알 하나가 땅에 떨어져 썩어 죽으면 비로소 싹이 나고 열매를 맺습니다. 아주 오래전에 「Time」지에서 읽고 감격했던 사건이 하나 있습니다. 시체를 건조시켜 만들어놓은 3,000년 된 미라를 해부해보니 그 손에 밀알이 몇 개 쥐어져 있었다는 것입니다. 밀알 한줌 쥐고 그렇게 죽은 것입니다. 그래 그 밀알을 정성껏 땅에 심어 물을 주고 기다려봤더니 마침내 싹이 트더라는 것입니다. 신기하지 않습니까. 무엇을 말하는 것입니까? 죽은 사람의 손에 쥐어져 있는 밀알은 3,000년이 지나도 싹이 나지 않습니다. 그러나 오늘 땅에 심어 그것이 썩으면 싹이 나는 것입니다. 죽지 않고는 생명이 없습니다. 이것을 잊지 말아야 합니다. 버려야 얻는 것입니다. 희생하고야 영광이 있는 것입니다. 이 진리를 모르기 때문에 세상은 불행한 것입니다. 다시 생각해보십시오. 목자는 양을 위하여 목숨을 버린다.

　작가 김석년이 쓴 「패스 브레이킹」이라는 책이 있습니다. 그는 이 책에서 말합니다. 각 분야에서 최고의 길을 가는 사람들에게는 세 가지 라이프 스타일이 있더라는 것입니다. 첫째는 남이 보지 못하는 것을 보고 살더라는 것입니다. 가치관이 다른 것입니다. 만사를 돈으로만 계산하는 것이 아닙니다. 남이 못보는 것을 보는 시각으로 삽니다. 그런 insight가 있습니다. 둘째는 현실에 안주하지 않고 더 나은 변화를 추구하며 살더라는 것입니다. '그저 이만하면 됐다. 그저 이대로 살다 죽어야지' 하면 안됩니다. 계속 새것을 추구하는 것입니다. 그리고 마지막으로 자신이 선택한 길을 가기 위해서는 엄청난 대가도 불사하더라는 것입니다. '이것이 좋다. 이것이 옳다. 이것이 선이다' 할 만한 일이 생기면 나머지는 다 때려치우는 것입니다. 아깝지 않게 버리는 용기가 있다는 것입니다. 바로 여기에 문제가 있는 것입니다. 잃어버리고 빼앗기고 찢기고 상처입고, 그렇게 한평생을 살아왔습니까? 이제는 그만하십시오. 이제는 스스로 버리십시오. 나는 절대 빼앗기지 않겠다는 생각, 버리십시오.

어떤 사람이 밤에 책을 읽고 있는데 도둑이 들이닥치더랍니다. 그는 도둑이 담장을 뛰어넘어 마당으로 들어오는 모습을 촛불을 켜놓고 책을 읽다가 보았습니다. 도둑은 그가 자기 모습을 보고 있는 줄 모릅니다. 그래 그는 도둑이 문을 열고 집 안으로 살금살금 들어와 무엇을 가지고 나가는 동안 가만히 그 모습을 몰래 지켜보기만 하다가 이윽고 이렇게 말했습니다. "안녕히 가세요." 도둑은 깜짝놀라 머뭇거립니다. "아, 선생님……" 그가 도둑에게 다시 말합니다. "아니오. 그저 뭐 별것도 아닐 텐데, 그거 잘 가지고 가서 유용하게 쓰세요." 그렇게 인사를 했습니다. 그 도둑이 가다가 그만 순경에게 붙들렸습니다. 그래 순경이 그 도둑을 끌고 그의 집으로 왔습니다. "이거, 선생님 집에서 가지고 온 모양인데, 이 녀석이 도둑질을 해서……" 그때 그는 말했습니다. "아닙니다. 그거 내가 준 것입니다. 고맙다고 인사까지 했는데요. 안녕히 가세요." 도적을 맞더라도 이 사람처럼 "안녕히 가세요" 하면 제대로 된 것입니다. 빼앗겼더라도 '내가 주었노라' 하면 나는 자유인이 되는 것입니다. 목자가 양을 위하여 목숨을 버리노라— △

양자의 영을 받은 아들

그러므로 형제들아 우리가 빚진 자로되 육신에게 져서 육신대로 살 것이 아니니라 너희가 육신대로 살면 반드시 죽을 것이로되 영으로써 몸의 행실을 죽이면 살리니 무릇 하나님의 영으로 인도함을 받는 그들은 곧 하나님의 아들이라 너희는 다시 무서워하는 종의 영을 받지 아니하였고 양자의 영을 받았으므로 아바 아버지라 부르짖느니라 성령이 친히 우리 영으로 더불어 우리가 하나님의 자녀인 것을 증거하시나니 자녀이면 또한 후사 곧 하나님의 후사요 그리스도와 함께한 후사니 우리가 그와 함께 영광을 받기 위하여 고난도 함께 받아야 될 것이니라
(로마서 8 : 12 - 17)

양자의 영을 받은 아들

　우리들의 생활 속에 나도는 유행어 하나가 있습니다. 심리학적 용어이지만, 전에는 들어보지 못한 유행어로 요새 많이들 사용하고 있습니다. '공상 허언증'이라는 말이 바로 그것입니다. 거짓말을 했는데 그 거짓말을 다른 사람들이 다 사실로 믿어줄 때 그만 자신도 자신이 한 거짓말을 사실로 믿게 되는 현상입니다. 중증입니다. 큰 정신병입니다. 정신과 의사의 말에 의하면 이 병은 적어도 병원에 2년 정도는 입원하여 치료를 해야 고칠 수 있답니다. 중병입니다. 문제는 이런 병자가 병원에 있어야 되겠는데 밖에 나와 돌아다니는 것입니다. 사실을 부인하는 것을 일러 거짓이라고 합니다. 그러나 더 큰 문제는 거짓을 사실로 생각하는 것입니다. 사실을 부정하는 것도 문제지만, 거짓을 사실로 인정하고, 그 생각으로 사회가 돌아가고 사람들이 살아간다면 더 큰 문제가 아닐 수 없습니다. 어떻게 하면 좋겠습니까? 이러니까 나라가 흔들리고 세상이 흔들리고, 도대체 어디까지가 사실인지 알 수 없는 형편에 빠지고 말았습니다. 진실이 무너진 것입니다. 큰 비극입니다.
　정체의식의 진실성이 문제입니다. 사상가 찰스 핸디는 이렇게 말하고 있습니다. '한 사람의 정체성은 그 사람만이 가진 생각이나 행위에 의하여 결정되는 것이고, 그가 누구의 자녀인가, 하는 데 있다. 누구의 자녀냐, 또는 누구의 자녀라고 믿느냐에 있는 것이다.' 이 말을 우리는 깊이 생각해야 합니다. 동시에 '누구의 부모가 되느냐?'를 생각하면서 정체의식이 바로 서게 된다는 것입니다.

한 세기의 세상을 혼란하게 만든 거짓된 사상이 무엇입니까? 온 세계를 뒤흔들었고, 지금까지도 많은 사람들의 생각을 흔들어놓고 있습니다. 그래서 세상이 시끄러워졌습니다. 그것은 바로 공산주의입니다. 공산주의는 지나간 것같지만, 공산주의 철학과 사상은 많은 사람들의 마음속에 지금도 여전히 그대로 남아 있습니다. 그래서 문제입니다. 이 사상의 뿌리를 찾아 들어가보면 찰스 다윈(Charles R. Darwin)의 저 유명한 「종의 기원」이 있습니다. 바로 그 책에서부터 시작된 것입니다. 그 책이 이렇게까지 큰 문제를 일으킬 줄은 아무도 몰랐을 것입니다. 그 책이 인생을 얼마나 비참하게 만들었는지 모릅니다. 바로 그 '종의 기원'이 무엇일까를 생각하다가 나온 것이 '진화론'입니다. 참 어이가 없지만, 저는 북한에서 공부할 때 중학교 2, 3학년 때 아메바와 같은 단세포 생물에서 우리 인간이 진화되어 왔다고 배웠습니다. 중학교 1, 2학년에다가 그렇게 가르칩니다. 아메바, 아메바, 단세포 동물, 단세포 동물…… 그래서 우리 인간의 뿌리는 단세포 동물입니다. 그 미생물 같은 아메바가 우리 인간의 뿌리라고 가르치고 주입합니다. 그래서 그것이 조금씩 조금씩 발전하여 하등동물이 되고, 그것이 다시 고등동물이 되고, 마침내 고등동물이 사람이 되었다고 가르칩니다.

　사람을 공산주의자로 만들 때 그들이 취하는 원리적인 방법이 있습니다. 첫째는 '진화론'이고, 둘째는 '사회발전사'이며, 셋째는 '볼셰비키 당사'입니다. 이 세 가지에 통달하고 나면 요샛말로 빨갱이가 되는 것입니다. 그 뿌리가 무엇이냐? 사람은 동물이다, 동물로부터 왔다는 것입니다. 그것을 아주 깊이 세뇌시키는 것입니다. '사람은 동물이다. 그런고로 약육강식이 있고, 적자생존이 있는 것이고, 생존경쟁이 있는 것이다. 그런고로 세상은 싸움의 터전이다.' 이것이 문제입니다. 어느 진화론 교수가 한평생 진화론을 연구하고 가르치다가 늙어 회개하고 예수를 믿게 되었습니다. 그는 나이가 많이 들어 어느 날 손자들과 함께 동물원을 방문하고 큰 참회를 했습니다. 그는 고백합니다. "내가 옛날에 동물원에 왔을 때는 원숭이를 볼 때마다 '저놈이 내 할아버지라며? 저놈이 내 조상이라며?' 하고 들여다보니까 비참하더라. 그런데 오늘은 아니다. '나는 하나님의 자녀다. 나는 하나님의 아들이다' 하니 동물을 보는 시각이 달라지고, 세상을 보는 눈이 바뀌더라."

유명한 작가 스티븐 코비(Steven Covey)가 쓴 「오늘 내 인생의 최고의 날」이라는 책이 있습니다. 그는 매일매일 우리 일상 속에서 작건 크건 선택을 신중히 해야 한다고 말합니다. 어느 방향으로 생각하며 선택하느냐가 중요하다는 것입니다. 첫째는 주도적인 선택을 해야 한다는 것입니다. 알고 선택하고, 생각하고 선택하고, 그리고 선택한 바에 책임을 져야 된다, 이것입니다. 항상 그래야 한다는 것입니다. 또 반사적 선택을 조심하라는 것입니다. 깊이 생각하지 않고 그냥 보는 대로, 듣는 대로, 인생의 행위가 마치 강아지 꼬리를 밟으면 깽 하는 것처럼 되어서는 안된다는 것입니다. 그것은 동물적인 것이라는 것입니다. 둘째는 목적적인 선택을 해야 한다는 것입니다. 오늘 현재는 이 모양이지만, 이것이 가지는 목적은 무엇이냐? 장래성은 무엇이냐? 이를 생각하고 선택해야 하겠다는 것입니다. 마지막으로는 원칙 있는 선택을 해야 한다는 것입니다. 그것이 인격자가 가는 길이라고 그는 말합니다.

나의 나됨의 근원은 어디에 있습니까? 예수 그리스도께서 우리를 위하여 오시어 구원의 사역을 이루셨습니다. 구원 사역의 총주제가 무엇이냐, 이것입니다. 딱 한마디로 말하면 하나님의 자녀됨에 대한 계시입니다. '우리가 하나님의 자녀다.' 그리고 하나님의 자녀 되게 하는 것이고 나아가서는 하나님의 자녀로 살게 하는 것입니다. 하나님의 자녀됨을 믿게 하는 것입니다. 그것이 예수님께서 오신 목적이요, 사역의 총체라고 볼 수 있습니다. 그래서 요한복음 3장 16절, 그 복음 중의 복음은 이렇게 말씀합니다. "하나님이 세상을 이처럼 사랑하사 독생자를 주셨으니……" 그래서 하나님의 자녀 됨을 믿게 했다는 것입니다. 자녀되게 독생자를 주셨다는 것입니다. 십자가가 무엇을 말하느냐? 나로 하여금 하나님의 자녀임을 알게 하는 것입니다. 예수님 사역의 클라이맥스라 볼 수 있는 십자가 사건 후 예수님께서 부활하신 다음에 그 거룩한 성체로서 맨 처음 하신 말씀이 있습니다. 요한복음 20장 17절에서 예수님께서는 막달라 마리아에게 말씀하십니다. "내가 내 아버지 곧 너희 아버지, 내 하나님 곧 너희 하나님께로 올라간다……" 참 귀한 말씀입니다. 그야말로 클라이맥스의 복음입니다. 내 아버지 곧 너희 아버지 - 예수님께서는 십자가를 지시면서도 하나님 아버지를 믿었고, 하나님 아버지의 사랑을 의심하지 않았습니다.

요한복음 18장에서 예수님 말씀하십니다. "아버지께서 주신 잔을 내가 마시지 아니하겠느냐……(11절)" 얼마나 소중한 말씀입니까. 아버지께서 내게 주신 잔 - 그렇게 십자가를 지십니다. 그리고 오늘 우리에게 말씀하십니다. '내 아버지가 곧 너희 아버지시다.' 문제는 어디에 있는가? 스스로 자기자격을 비하한다는 데 있습니다. 하나님의 자녀라는 자격에 스스로 미달한다고 여기는 것입니다. 아무리 들여다보아도 나는 하나님의 자녀답지 못하다, 하나님의 자녀 될 자격이 없다고 합니다. 그것입니다.

가정교육에서 제일 큰 문제가 무엇입니까? 아이들에게 공부하라는 것도 좋고, 공부하는 것도 좋지만, 공부가 잘 안 된다고 아이가 가출하는 것이 문제입니다. 아니, 자살까지 하는 것입니다. 나는 이 집의 자녀가 될 자격이 없다고 생각하는 것입니다. '우리 아버지는 나를 이렇게 소중한 아들로 생각하고 기대하는데 나는 아무리 생각해봐도 그 기대에 미치지 못한다. 아무래도 나는 이 집 아들이 아니다. 아니, 아들이 될 수 없다. 아들됨을 사양한다.' 여기에 문제가 있는 것입니다. 공부를 못해도 아들은 아들입니다. 자녀라는 입장에서부터 생각해야 되겠는데, 이것을 부정하는 데 문제가 있는 것입니다. 그래서 오늘본문은 소위 '양자설'로 상징하여 우리에게 귀한 교훈을 주고 있습니다. 양자라는 것이 무엇입니까? 자격 없는 자에게 자격을 부여하는 것입니다. 양자는 선발하는 것이 아닙니다. 선택하는 것입니다. 양부모가 누구든 좋습니다. 고아원에서든 길거리에서든 누구든 딱 선택하여 '오늘부터 너는 내 아들이다' 하면 아들입니다. 그의 과거를 물을 필요도 없고, 자격을 물을 필요도 없습니다.

바로 며칠 전에 텔레비전의 프로그램을 보면서 참 깊은 감동을 받았습니다. 유치원 다닐 나이의 시각장애 어린아이가 나와서 피아노를 칩니다. 천재적인 재능이라고 합니다. 피아노를 배운 바도 별로 없고, 악보를 본 일도 없는데 그냥 들리는 대로 친답니다. 소리가 들려오면 그 음 그대로 피아노를 치는 것입니다. 정확하게 칩니다. 그 모습을 텔레비전이 보여줍니다. 물론 그 아이가 피아노 치는 자세 같은 것은 별로 마음에 안듭니다. 그러나 정말 곧잘 치는 것입니다. 소리가 천재적입니다. 모두를 감동케 합니다. 더욱 감동적인 것은 그 아이가 그 어머니의 양녀라는 사실이었습니다. 고아원에서 데려와 키운 아이입니다. 얼마나 감동스럽습니까. 누구라도 그 어머니 앞에서는 고개를 숙일 수밖에 없습니다. 양자를 삼을 때 시험보고 합니까? 양녀를 둘 때 자격을 묻습니까? 아닙니다. 누구든 상관없습니다. 어떤 병자라도 상관없습니다. 어떤 장애인이라도 상관없습니다. 내가 오늘부터 너는 내 아들이라고 하면 아들인 것입니다. 이것이 양자입니다. 과거를 묻지 않습니다. 은혜와 율법의 관계 속에서 분명히 깨달아야 합니다.

로마의 네로 황제는 애초 노예였습니다. 그가 로마 황제 클라우디우스의 양자가 됩니다. 노예가 양자가 되고, 양자가 마침내 황제가 됩니다. 그 유명한 네로 황제입니다. 전혀 자격을 묻지 않았습니다. 과거의 신분을 묻지 않았습니다. 성경에는 묘한 진리가 있습니다. 탕자가 집에 돌아옵니다. 그때 그가 아버지 앞에서 말합니다. "저는 하늘과 아버지 앞에 죄를 지었기 때문에 아들의 자격이 없습니다. 저를 머슴의 하나로 대해주시기 바랍니다." 이것은 아들의 말입니다. 이것은 율법적 관계입니다. 자격이 없습니다. 아니, 머슴은 아무나 합니까? 머슴 자격도 없습니다. 그러나 아버지는 아랑곳않습니다. "너는 내 아들이다. 잃었다 얻었고, 죽었다 살았노라. 너는 내 아들이다." 아들입니다. 나는 성경을 볼 때마다 그 장면이 너무나 마음에 듭니다. 이 녀석이 어쩌자고 그 창피한 얼굴로 잔치에서 먹고 앉았지 않습니까. 염치가 없습니다. 멀쩡한 녀석이, 아니 무슨 자격으로 거기 앉아있는 것입니까. 그 환영하는 잔치에 마치 금의환향이라도 한 것처럼 말입니다. 원래 신앙인이라는 사람이 대개 그렇게 좀 멀쩡하거든요. 염치가 없습니다. 나는 하나님의 자녀다— 율법적 관계를 깨끗이 불식하고 아버지가 나를 아들이라고 하면 아들인 것입니다. 이유가 없습니다. 자녀라고 하면 자녀라는 말씀입니다. 온전히 은혜의 관계로 생각을 바꿔야 하는 것입니다. 이리 할 때 옛가족과의 관계는 완전히 끊어집니다. 의롭다 함을 얻었기 때문입니다. 이 자격은 양부모가 준 것입니다. 자기자신의 자격에서 온 것이 아니고, 행위도 아니고, 사상도 아닙니다. 이것을 잊지 말아야 합니다. '너는 내 아들이라' 하시고 높은 권세를 주신 것입니다. 그렇다면 이제 문제는 이것을 믿어야 한다는 것입니다. 내가 이것을 믿어야 합니다. 새 가족의 신분을 믿어야 됩니다. 옛날 관계는 끊어버리고 새 관계에서 새 가족관계, 새로운 아버지와의 관계를 내가 바로 믿을 수 있어야 한다는 것입니다.

  제가 아주 어렸을 때 본 책이 기억납니다. 일본의 유명한 가가와 도요히꼬라는 사람이 쓴 책입니다. 일본이 낳은 세계적인 종교가입니다. 그는 원래 고베 시장의 서자였습니다. 첩의 아들인 것입니다. 그는 본처의 자녀들하고 같이 자랐습니다. 그러니까 본처의 자녀들이 그를 미운 오리새끼처럼 여깁니다. 얼마나 구박을 했겠습니까. 그 형님들 속에서 천대받으며 살았습니다. 하루도 편할 날이 없었습니다. 겨울에도 혼자 골목길에 쭈그리고 앉아 있었습니다. 그야말로 우울증 환자입니다. 어느 날 구세군들이 북을 치고 지나가며 "예수를 믿으세요" 하고 노방전도를 합니다. "예수를 믿고 하나님의 자녀가 되세요." 그러자 이 어린아이가 그 구세군들을 따라가면서 뭐라고 물었는지 아십니까? "첩의 아들도 구원받습니까?" "아, 그럼요." 그 길로 그는 그들을 따라가 예수를 믿고 오늘의 가가와 도요히

꼬가 된 것입니다. 그는 평생 늘 외우는 말이 있습니다. '나는 첩의 자녀 서자가 아니라 하나님의 아들이다. 나는 하나님의 아들이다. 난 첩의 자식이 아니다.' 아마도 그가 첩의 자식으로 계속 자랐으면 아주 망나니가 되고 말았을 것입니다. 하지만 그는 하나님의 자녀로 자랐습니다. 이렇게 일단 양자가 되면, 그 옛날 부모가 가졌던 빚은 나와 상관이 없습니다. 옛날에는 아버지가 빚을 다 갚지 못하고 죽으면 아들이 갚아야 했습니다. 그러나 양자가 되면 그날로 관계가 딱 끊어지기 때문에 아버지가 진 빚이 더는 나와 아무 상관이 없습니다. 그리고 자유로워집니다.

더 중요한 문제가 있습니다. 이렇게 양자가 되고, 하나님의 자녀가 되었으니 이제부터는 자녀의 정체의식을 가져야 하고, 자녀의 가치관을 가져야 하고, 자녀로서의 생활양식을 키워가야 한다는 것입니다. 이것이 어려운 점입니다. 아들은 됐는데 아들답지를 못합니다. 아들로 살아가지를 못합니다. 이것이 문제라는 말씀입니다. 이것은 하루아침에 되는 것이 아닙니다. 이것을 신학적으로 '성화의 과정'이라고 말합니다. 생각이 바뀌고, 생활이 바뀌고, 양식이 바뀌고, 습관이 바뀌어야 된다는 말씀입니다. 하루하루 바뀌나가야 됩니다. 하나님의 자녀답게 ― 바로 여기에 문제가 있는 것입니다.

동양의 성자 공자는 말합니다. '성스러운 인격이 완성되기 위해서는 세 가지 길이 있다. 하나는 사색에 의해서 변하는 것이다. 이것은 가장 높은 것이다. 생각해서 공부해서 사람이 바뀐다.' 정말 귀한 것입니다. '둘째는 모방에 의해서 바뀐다. 이것은 제일 쉬운 것이다.' 좋은 사람 만나면 좋아지고, 나쁜 사람 만나면 나빠지지 않습니까. '그런고로 모방에 의해서 쉽게 하나님의 자녀로 변할 수 있다는 것이

다. 그러나 가장 어려운 것은 경험에 의해서 인격이 바뀌는 것이다.'

하나님의 자녀는 사색에 의해서도 아니고, 모방에 의해서도 아니고, 오직 경험에 의해서만 되는 것입니다. 때로는 얻어맞습니다. 진노의 채찍을 맞아 멀쩡하게 건강하던 사람이 갑자기 병이 들기도 하고, 사고를 겪기도 하고, 망하기도 합니다. 어려운 사건들도 겪고, 전쟁도 겪습니다. 이렇듯 많은 사건들 속에서 강한 경험을 하면서 비로소 하나님의 자녀가 성장하는 것입니다. 자녀의 정체의식을 이렇게 확실하게 키워갑니다. 이것이 문제입니다.

우리가 당하는 모든 시련들이 왜 있어야 하느냐? 이 사건들을 통해서 우린 사랑을 배웁니다. 부모의 사랑도 배우고 형제의 사랑도 배우고 특별히 하나님이 나를 사랑하신다는 것을 배웁니다. 내가 하나님의 자녀라는 것을 확증해주십니다. 오늘본문은 특별히 '성령이 증거하신다'고 말씀합니다. 어떤 사건에 부딪힐 때 성령에 감동하여 이것은 하나님이 너를 사랑하기 때문이요, 내가 너를 사랑하기 때문이라는 것을 강하게 깨닫고 경험하게 됩니다. 하나님의 자녀로 키워나가게 된다는 말씀입니다.

내가 하나님의 자녀됨을 잠시도 의심하지 마십시오. 이것을 잊지 말아야 합니다. 오늘본문은 아들의 영이 없으면 하나님의 자녀가 아니라고 말씀합니다. 그리스도의 영이 없으면 그리스도인이 아니라고 말씀합니다. 무슨 의미입니까? 이것은 의식의 세계가 아닙니다. 내 의지의 세계가 아닙니다. 신비롭게도, 이상하게도 뻔히 알면서도 잘못되는 일도 있고, 잘못하는 일도 있고, 하나님의 자녀답지 못한 일도 있습니다. 그런 행위가 우리 주변에 있지만 성령은 계속 말씀하십니다. '하나님이 나를 사랑한다.' 내가 하나님의 자녀라고 증거하십니다. 성령의 감화, 신비로운 감화 속에 하나님의 자녀됨을 확증해주십니다. 모든 사건 속에서 내가 하나님의 자녀라는 정체의식을 바로 하는 순간, 세상이 달라집니다. 내가 하나님을 아버지라 부를 때 이웃은 내 형제가 됩니다. 이를 잊지 말아야 합니다. 세상은 하나님이신 아버지께서 내게 주신 아름다운 세상입니다. 이런 세상, 이런 하나님의 자녀의 의식으로 살아가는 것이 그리스도인의 모습입니다. △

내일을 기다리라

여호수아가 옷을 찢고 이스라엘 장로들과 함께 여호와의 궤 앞에서 땅에 엎드려 머리에 티끌을 무릅쓰고 저물도록 있다가 여호수아가 가로되 슬프도소이다 주 여호와여 어찌하여 이 백성을 인도하여 요단을 건너게 하시고 우리를 아모리 사람의 손에 붙여 멸망시키려 하셨나이까 우리가 요단 저편을 족하게 여겨 거하였더면 좋을 뻔 하였나이다 주여 이스라엘이 그 대적 앞에서 돌아섰으니 내가 무슨 말을 하오리이까 가나안 사람과 이 땅 모든 거민이 이를 듣고 우리를 둘러싸고 우리 이름을 세상에서 끊으리니 주의 크신 이름을 위하여 어떻게 하시려나이까 여호와께서 여호수아에게 이르시되 일어나라 어찌하여 이렇게 엎드렸느냐 이스라엘이 범죄하여 내가 그들에게 명한 나의 언약을 어기었나니 곧 그들이 바친 물건을 취하고 도적하고 사기하여 자기 기구 가운데 두었느니라 그러므로 이스라엘 자손들이 자기 대적을 능히 당치 못하고 그 앞에서 돌아섰나니 이는 자기도 바친 것이 됨이라 그 바친 것을 너희 중에서 멸하지 아니하면 내가 다시는 너희와 함께 있지 아니하리라 너는 일어나서 백성을 성결케 하여 이르기를 너희는 스스로 성결케 하여 내일을 기다리라 이스라엘의 하나님 여호와의 말씀에 이스라엘아 너의 중에 바친 물건이 있나니 네가 그 바친 물건을 너희 중에서 제하기 전에는 너의 대적을 당치 못하리라

(여호수아 7 : 6 - 13)

내일을 기다리라

　1951년 정월은 아주 혹독하게 추운 겨울이었습니다. 압록강까지 진격했던 UN군은 뜻하지 않았던 중공군의 개입으로 부득이 후퇴하게 됩니다. 전쟁은 언제나 그렇듯이 진격전보다 후퇴전이 더 어렵습니다. 후퇴하게 되면 질서가 깨지기 때문에 참으로 어렵습니다. 지휘관도 어렵고, 그 지휘를 받는 군인들도 정말 힘듭니다. 그렇게 후퇴하는 중에 흩어진 패잔병이 포위된 채 산골짜기 한 곳에 숨어 다음 전황을 기다리고 있었습니다. 그런 순간의 초조함이란 이루 말할 수가 없는 것입니다. 숨이 막힐 것같은 고통입니다. 산골짜기에 숨어 있으면서 지치고 지친 군인들이 얼어붙은 빵 조각을 씹는 것으로 배고픔을 달래고 있었습니다. 여기에 종군기자 하나가 다가와 피곤에 지친 한 군인에게 물었습니다. "당신의 소원이 무엇입니까?" 그때 그 군인은 이렇게 대답했습니다. "Give me tomorrow." 이 유명한 이야기가 됐습니다. 그 후 세계적인 구어가 되었습니다. Give me tomorrow−내일을 주십시오.

　내일이 없는 오늘은 적막입니다. 아무리 잘살아도, 아무리 윤택한 생활을 해도 거기에 무슨 의미가 있습니까. 내일이 없는 오늘은 아무 소용이 없는 것입니다. 반대로 내일이 보장되기만 한다면 오늘의 어떤 고난도 문제가 되지를 않습니다. 내일이 있는 오늘, 확실한 내일이 보장된 오늘이라면 우리는 어떤 고난과 역경도 마다하지 않습니다. 적어도 그리함으로 인간이고, 바로 이리함으로 인간의 바른 길을 찾아갈 수 있는 것입니다.

이스라엘 백성은 출애굽 함으로써 노예생활에서 벗어나 하나님의 큰 은혜로 홍해를 건너 광야로 나옵니다. 그리고 그 광야 메마른 땅에서 무려 40년 동안을 잘 견뎠습니다. 그리고 지금 마침내 여호수아의 지도하에 요단강을 건너갑니다. 꿈에도 그리던 가나안 땅입니다. 젖과 꿀이 흐르는 그 가나안 땅으로 건너갑니다. 거기에서 하나님의 큰 능력으로 첫 성, 여리고성을 함락시켰습니다. 지금도 여리고성의 무너진 흔적이 남아 있습니다. 거기에는 한 바퀴 돌아보며 그 3,000년 전에 있었던 일을 충분히 상상해볼 수 있게 하는 유적이 지금도 남아 있습니다. 그 여리고성이 무너졌습니다. 이스라엘 백성은 크게 만족하여 이제 가나안을 향해 진격하게 됩니다. 여리고성이 무너지면서 앞으로 계속 가나안을 향한 문이 열리리라 기대합니다. 그때 가나안의 일곱 족속은 하나님의 그 크신 능력을 보면서 벌벌 떨고 있었습니다.

지금 바로 그런 순간입니다. 이제 이스라엘 백성은 제2의 성인 아이성을 치려고 합니다. 먼저 정탐꾼을 보냅니다. 아이성은 조그마한 성입니다. 이스라엘 백성은 '그저 2,000명에서 3,000명 정도만 보냅시다. 번거롭게 할 것 없습니다. 조그마한 성이니까 그냥 가서 점령하도록 합시다' 합니다. 그래 일단 3,000명을 먼저 보냈는데 그만 어쩐 일인지 패하고 맙니다. 36명이 희생되었습니다. 3,000명이나 되는 군인이 이상하게도 혼비백산하여 도망을 치게 된 것입니다. 패전한 것입니다. 도대체 이유를 알 수 없는 것입니다. 세상에 3,000명이 출전하여 36명이 죽었다고 도망치는 전쟁이 어디 있습니까. 아무리 생각해도 이해가 안되는 일입니다. 어쨌든 이스라엘은 이 전쟁에서 패합니다.

오늘본문 6절을 보면 여호수아는 통곡을 하고 하나님 앞에 하루 종일 엎드려 있습니다. '어찌 이런 일이 있습니까. 하나님이여, 어찌 이런 일이 있습니까.' 장로들과 함께 통곡을 합니다. 하나님께서 허락하신 거룩한 전쟁에 패전이란 있을 수 없는 것입니다. 하나님께서 이제 가나안 땅에 가시어 점령하라고 하셔서 나선 전쟁인데 어째서 패할 수 있다는 말입니까. 그뿐 아니라, 가나안 일곱 족속이 단결하여 이스라엘에 대항한다면, 이스라엘은 그들을 이길 수가 없습니다. 실은 이스라엘 백성은 다만 '하나님께서 함께하시는 백성이다' 하는 소식을 듣고 가나안 사람들이 지레 간담이 서늘해져서 벌벌 떨며 스스로 멸망하기를 기다리고 있었던 것입니다. '아이성 사람들이 이겼다' 하고 소문이 나면 가나안 7족속이 전부 일어날 판입니다. 이스라엘의 오합지졸, 여호수아의 이 미약한 군대로는 그들을 도저히 이길 수 없습니다. 전략적으로 보면 그렇습니다. 아무것도 아닌 형편입니다. 기가 막힌 일입니다. 하나님께서 함께하시는 전쟁에 패전은 있을 수 없는데, 왜 패했다는 말씀입니까? 전세로 보나, 수세로 보나, 전략으로 보나, 이것은 말이 안되는 일입니다.

　3,000명이 갔다가 36명이 죽었다고 하여 도망쳐오는 군인이 어디 있습니까. 저는 전쟁에 참전해보았기 때문에 말할 수 있습니다. 제가 참전군인 출신이라고 지금도 나라에서는 용돈이 나옵니다. 사양하겠다고 그래도 막무가내입니다. 안된답니다. 꼬박꼬박 용돈이 나옵니다. 아무튼 참전한 경험이 있는 사람들은 이것을 압니다. 말이 안되는 것입니다. 3,000명이 갔다가 36명 죽었다고 해서 혼비백산 도망쳐오는 이 따위 군인이 어디에 있다는 말씀입니까? 이거 말이 안되는 일입니다. 그래 여호수아가 '하나님이여, 어찌 이런 일이

있습니까? 도대체 어떻게 하실 것입니까?' 하며 하루종일 엎드려 몸부림을 칩니다. 하나님께서 이제 대답하십니다. '패전의 이유는, 패하게 된 원인은 외적인 것이 아니고 내적인 것이다.' 적진의 문제가 아니고, 여호수아군의 내부에 문제가 있다는 것입니다.

　이것을 알아야 합니다. 역사를 연구하는 사람들, 유명한 역사학자들은 이렇게 말합니다. '모든 나라의 멸망은 내부에서 시작된다. 외세에 의하여 멸망한 나라는 없다. 다같이 안에서 썩어서 망한 것입니다. 안에 이유가 있지, 밖에 이유가 있는 것은 아니다.' 이것을 잊지 말아야 합니다. 외세가 어땠고, 경제가 어떻고, 세상이 어떻고, 해봐야 다 소용없는 이야기입니다. 문제가 밖이 아니라 안에 있습니다. 내적인 문제가 있다는 것입니다. 원인을 찾아야 합니다. 원인을 밖에서 찾지 말고 안에서 찾아야 한다는 것이 하나님의 명령입니다. 수가 어떻고, 전략이 어떻고…… 아닙니다. '너 여호수아 군대 안에, 그 내부에 문제가 있다.' 성경은 간단하게 말씀합니다. "이스라엘이 범죄하여……(11절)" 죄를 범함이 있음으로 안되는 것입니다. 그래서 새로운 회개운동을 일으키고 있는 것입니다. 오늘본문은 제가 개인적으로 많이 사랑하고 늘 외우는 말씀입니다. "스스로 성결케 하여 내일을 기다리라……(13절)"

　내일의 문제를 과거로부터 추리하려고 하지 마십시오. 어떤 외적인 것을 생각하지 마십시오. 적어도 그리스도인이라면 스스로 성결케 하고 내일을 기다리는 것입니다. 내일은 하나님의 손에 달려있는 것입니다. 걱정하지 마십시오. 하나님께 맡기고 스스로 성결케 하고 내일을 기다리라, 성결케하고 내일을 기다리라— 개인적으로도 민족적으로도 마찬가지입니다. 진중에 문제가 있었습니다. 하나님의 명령을 따라 전쟁을 했는데, 하나님의 명령을 어긴 아간이라는 한 사람이 있었던 것입니다. 이 한 사람 때문에 이스라엘은 다음 전쟁에서 패한 것입니다. 이 한 사람의 범죄 때문에 온 민족이 수난을 겪게 된 것입니다. 문제는 그렇습니다. 하나님이 명령하시니 나가라, 가서 진멸하라, 하면 이것은 성전(聖戰)입니다. 거룩한 전쟁입니다. 여기에는 신학적 문제가 있습니다. 이스라엘 백성의 숫자는 적지만, 전쟁에 강한 군인으로 세상에 다 알려져 있습니다. 왜냐? 바로 이 신학 때문입니다. 전쟁에 나갈 때, 무슨 전략이 어떻고, 이권이 어떻고, 장차 어떻게 되고, 하는 손익계산을 하는 것이 아닙니다. 전쟁의 신학적 의미는 이렇습니다. '하나님께서 심판하신다. 하나님께서 너희를 벌하신다. 나는 집행관이다. 내게 선택의 여지가 있는 것도 아니고, 내가 자비를 베풀 수 있고 없는 것도 아니다. 그건 문제가 안 돼. 하나님께서 치라하시는 고로 치는 것이다.' 그런 신학입니다. 하나님의 심판을 집행한다고 하는 의식을 가지고 있습니다. 그래서 가차없는 것입니다. 하나님께서 치라고 하시면 치는 것입니다. 그래 여리고성 칠 때 하나님께서 명령하십니다. '모조리 죽이라. 남녀노소 없이 짐승까지 싹 쓸어라.' 하나님의 심판입니다.

 하나님께서는 마치 소돔과 고모라에 유황불을 내리시어 그냥 진멸하시듯 이스라엘을 보내시어 여리고성을 진멸케 하십니다. 여기에 사사로운 감정은 있을 수 없습니다. 사사로운 판단도 있을 수 없습니다. 다만 하나님의 명령을 집행하고 있을 뿐입니다. 이렇게 단호히 집행을 해야 되는데 여기에 사사로운 감정이 들어갔습니다. 여기에 인간의 죄가 있는 것입니다. 아간이라는 사람이 전쟁 중에 보니 번쩍하는 금덩어리가 있습니다. 아주 좋은 옷이 한 벌 있습니다. 은 이백 세겔이 있습니다. 이것을 슬쩍하여 땅에다 묻어놓은 것입니다. '전쟁 다 끝난 다음에 언젠가 와서 이것을 내가 가져가야지……' 한 것입니다. 하긴 그 아까운 것을 다 불태워버릴 필요가 없지 않습니까. 아까운 것입니다. 어차피 없어질 것입니다. 자기가 요만큼 가져야겠다는 마음으로 몰래 숨겼더라는 것입니다. 바로 이 일 때문에 이스라엘은 전쟁에서 패하게 됩니다.

성경은 21절에서 분명히 말씀합니다. '탐내어'라고 돼 있습니다. 탐심입니다. 전쟁 중에 사사로운 탐심이 작용한 것입니다. 그 거룩한 전쟁에 탐심이 작용한 것입니다. 정말입니다. 전쟁을 하다보면 몰래 도둑질하는 사람들이 많습니다. 전쟁이라는 큰 사건은 생각하지 않고, 뭐 좋은 것 있으면 자기주머니에 슬쩍 집어넣는 것입니다. 안될 일입니다. 지금 이스라엘의 전쟁은 약탈전이 아닙니다. 하나님의 거룩한 공의를 심판입니다. 바로 그런 거룩한 순간에 사사로운 탐심이 작용하면 안되는 것입니다. 욕심에 눈이 어두워졌습니다. 그리 할 때 하나님의 말씀이 들리지 않습니다. 내가 지금 무엇을 하고 있다는 것을 생각하지 않았습니다. 욕심에 끌려서 엄청난 죄를 범하게 된 것입니다. 깊이 생각해야 합니다.

헬라의 철학자 플라톤은 그의 글에서 행복의 5가지 요건을 말하고 있습니다. 그저 지나가는 이야기처럼 보이지만 가만히 생각해보면 큰 의미가 있습니다. 첫째, 재물은 먹고 살 수 있기에 조금 모자란 것이 좋다는 것입니다. 우리는 먹고 남기를 바라는데, 아닙니다. 조금 모자란 것이 좋습니다. 그 뜻을 여러분이 잘 헤아려야 합니다. 둘째, 외모는 모든 사람이 칭찬하기에 조금 떨어지는 게 좋다는 것입니다. 외모가 너무 좋으면 팔자가 기구하더랍니다. 이것 때문에 성격이 이상해지고 망가집니다. 그저 약간 모자란 것이 좋습니다. 셋째, 명예는 자신이 생각하는 것의 절반 정도면 좋다는 것입니다. 넷째, 체력은 한 사람과 겨루어 이기고 두 사람과 겨루면 지는 정도면 좋다는 것입니다. 다섯째, 말솜씨는 연설할 때 청중의 절반만의 박수를 받는 정도면 좋다는 것입니다. 모두가 박수해주기를 바라지 마십시오. 한 절반 정도면 충분합니다. 이 말은 무슨 뜻입니까? 전부 무슨 말인고 하니 부족함을 만족함으로 받으라는 것입니다. 조금 부족한 듯한 것을 만족하게 여기는 사람이 행복한 것입니다. 제발 부탁인데 다 가지려고 하지도 말고 다 알려고도 하지 마십시오.

가끔 여행을 할 때 보면 가까운 동료들이 '저기 가봅시다. 여기에 가봅시다' 하고 말하면 저는 '아, 안간다' 합니다. '아, 여기까지 와서 그것을 안보시겠습니까?' 하면 '어차피 먹을 것도 아닌데, 그것 다 봐야 될 이유가 뭐 있나? 제 자리에 다 있을 텐데, 내가 안가도 거기 그 자리에 다 있어' 합니다. 여러분도 다 보려고 하지 마십시오. 더구나 다 먹으려고 하지 마십시오. 이것은 망조입니다. 욕심을 제한해야 됩니다. 한데 전쟁하는 마당에 웬 탐심입니까. 탐심이 작용하니까 다 망가지고 말았습니다.

또 하나는 이기심입니다. 아간은 자기만 생각했습니다. 민족도 나라도 하나님도 생각하지 않았습니다. 이기주의, 극단의 에고이즘입니다. 이기주의는 사람을 죽이는 것입니다. 피곤해지게 하는 것입니다. 아니, 절망과 파국으로 이끄는 것입니다. 나만 생각하는 것에서 절대 자유해야 합니다. 벗어나야 합니다.

아간에게는 양심의 가책이 있었습니다. 그래서 이것을 숨겼다는 것입니다. 하지만 숨겼다는 바로 거기에 문제가 있습니다. 숨겨

질 수 있다고 생각했던 것입니다. 여러분, 비밀이 있습니까? 숨길 수 없는 것입니다. 숨길 수 있다고 하는 생각이 얼마나 잘못된 생각입니까. 이것이 바로 불신앙입니다. 여러분, 처세학에 이런 말이 있습니다. 좋은 지혜가 되는 말입니다. '알고 하는 일은 충고하지 마라.' 잠언에도 보면 비슷한 말이 나옵니다. '교만한 자를 충고하면 욕을 당한다.' '알고 하는 일 충고하지 말고, 듣기 싫어하는 일 말하지 말고, 말하기 싫어하거든 묻지 마라.' 이대로만 하면 처세에 성공합니다. 그러나 문제를 일으키는 사람은 이것을 꼭 반대로 합니다. 다 알고 하는 일 자꾸 충고하면 잔소리만 많아집니다. 그런 말 귀담아 들을 사람 아무도 없습니다. 사람만 잃어버립니다. 또 듣기 싫어하는 말을 골라가면서 합니다. 이 얼마나 미련한 짓입니까. 말하기 싫어하는 일을 돌아가면서 캐묻기도 합니다. 본인이 말하기 싫어하거든 내버려두십시오. 그것이 사랑입니다. 알려고 하지 말고 묻지 마십시오.

오늘본문에서 아간은 훔친 것을 숨겼습니다. 숨길 수 있는 것이 아닌데 숨겼습니다. 사람으로서는 완벽하게 숨겼습니다. 땅속에 묻어놨기 때문입니다. 그러나 하나님을 속일 수는 없습니다. 하나님께서 그것을 만천하에 드러내십니다. 하나님께서 폭로하시는 것입니다. "스스로 성결케 하여 내일을 기다리라……(13절)" 깨끗하게 하고, 스스로 성결케 하라― 무슨 의미입니까? 내가 나의 잘못을 말하면 회개입니다. 하나님께서 내 잘못을 폭로하시면 그것은 심판입니다. 똑같은 일처럼 보이지만, 나 스스로 성결케 하면 진실이지만, 다른 사람이 내 허물을 폭로하면 이것은 큰 부끄러움이요, 심판이 되는 것입니다.

내일은 하나님께 있습니다. 유명한 이야기가 있지 않습니까. 제갈공명이 어느 날 화전을 꾀했습니다. 전쟁을 하는데 이쪽 강 언덕에 큰 배를 대놓고 거기에 많은 나무들을 실어다둔 다음 그것들에 불을 지르고 배를 띄우면 그 배가 저쪽 강 언덕으로 가 닿게 될 것이고, 그러면 저쪽에 있는 성 진중에 배의 불이 옮겨 붙게 되리라는 계산이었습니다. 그래 불 붙인 배를 띄웠는데 그날따라 비가 왔습니다. 그래서 화전은 실패로 돌아갔습니다. 그때 제갈공명이 한 유명한 말이 있습니다. 진인사대천명(盡人事待天命) ― 사람이 자기 할 일을 다 하고 하늘의 명을 기다려야 한다는 것입니다. "스스로 성결케 하여 내일을 기다리라……(13절)" 어차피 내일은 내 손에 있는 것이 아닙니다. 하나님의 손에 있습니다. 그런고로 초조할 것도 없고, 불안할 것도 없습니다. 스스로 성결케 하여 내일을 기다리라―

오늘날 민족적으로나, 국가적으로나, 사회적으로나 모든 시끄러운 이야기가 어디에 있습니까? 저는 요새 신문에 나는 것을 보면서 아니, 그냥 처음에 꽝 하자마자 '사실은 이렇습니다' 하고 고백해버리면 검사도 좋고 판사도 좋으련만, 뭘 이렇게까지 숨기고 저렇게 거짓말을 해가면서 그 많은 세월을 보내야 하나, 싶습니다. 다 정력낭비요 국력낭비입니다. 꽝하고 터지자마자 '사실은 이렇습니다' 하고 말해버리는 사람 한번 만나봤으면 좋겠습니다. 왜 그렇게 변명이 많고, 왜 그렇게 숨기려고 몸부림들을 치는지……

다 쓸데없는 짓입니다. 하나님 앞에서는 아무것도 숨길 수 없습니다. 자기자신을 숨길 수가 없습니다. 그런고로 성경은 말씀합니다. '미래를 걱정하지 마라. 그건 하나님의 손에 있느니라.' 다만 내가 해야 될 일은 스스로 성결케 하고, 욕심을 버리고, 이기심을 버리고, 거짓을 버리고, 스스로 성결케 하고, 조용히 하나님께서 주시는 내일을 기다리는 것입니다. 하나님께서 판단하시고 하나님께서 복을 주실 것입니다. 회복케 하실 것입니다.　△

안식일의 주인

안식일에 예수께서 밀밭 사이로 지나가실새 그 제자들이 길을 열며 이삭을 자르니 바리새인들이 예수께 말하되 보시오 저희가 어찌하여 안식일에 하지 못할 일을 하나이까 예수께서 가라사대 다윗이 자기와 및 함께 한 자들이 핍절되어 시장할 때에 한 일을 읽지 못하였느냐 그가 아비아달 대제사장 때에 하나님의 전에 들어가서 제사장 외에는 먹지 못하는 진설병을 먹고 함께 한 자들에게도 주지 아니하였느냐 또 가라사대 안식일은 사람을 위하여 있는 것이요 사람이 안식일을 위하여 있는 것이 아니니 이러므로 인자는 안식일에도 주인이니라

(마가복음 2 : 23 - 28)

안식일의 주인

유대 사람과 십계명에 대한 아주 유명한 전설이 있습니다. 이 전설은 또 유대 사람이 어떻게 선민으로 선택되었는가, 많은 민족 중에 왜 하필 유대 사람만이 선민으로 선택되었는가를 설명하는 전설이기도 합니다.

하나님께서 천지를 창조하신 뒤 사람들은 점점 더 많아져 다함께 모여 살 수 없을 지경이 되었습니다. 그래 여기저기로 흩어져 각기 나라와 민족을 이루어 살게 되었습니다. 그것을 보시고 하나님께서는 그 각 민족들에게 복을 주시기 위하여 어떻게 하면 사람들이 복을 받고 자손만대에 행복한 생을 살 수 있을까를 생각하셨습니다. 그래서 계명들을 만들어주셨다는 것입니다. 그러니 사람들은 하나님께서 주신 이 계명들을 따라서 살면 복을 받을 수 있는 것입니다. 더욱이 하나님께서는 사람들을 위하여 이 계명들을 간단하게 열 가지로 요약해주셨습니다. 그것이 십계명입니다. 하나님께서는 이 십계명을 모든 민족들에게 다 주려고 하셨습니다. 한데 프랑스 사람들은 이 십계명을 다 읽어보더니 제7계명인 '간음하지 말라'가 마음에 안들었습니다. 그래서 십계명을 거절했습니다. 한편 아랍 사람들은 십계명을 다 읽어보더니 '도적질하지 말라'라는 제8계명이 마음에 안 들었습니다. 그들은 사막을 돌아다니며 도적질을 해서 먹고 살아가고 있었기에 제8계명을 따를 수 없었던 것입니다. 그래 그들 역시 십계명을 거절했습니다. 또 독일 사람들은 '안식일에 쉬라'는 제4계명이 마음에 안들었습니다. 열심히 일을 해야 하는데 쉬라니, 그럴 수 없다는 것이었습니다. 그래 그들 역시 십계명을 거절했습니다. 이렇게 각 민족들에게서 차례로 십계명을 거절당하신 하나님께서는 마지막으로 유대 사람들에게로 가셔서 말씀하셨습니다. "너희가 이 십계명을 받으라." 그랬더니 유대 사람들이 하나님께 이렇게 되묻더랍니다. "그거 얼마입니까?" 참 유대 사람다운 질문 아닙니까. 그러자 하나님께서 말씀하셨습니다. "공짜다." 그제야 유대 사람들이 "아, 그러면 저희가 받지요" 하더랍니다. 결국 십계명은 유대 사람들 차지가 되었습니다. 그들이 하나님의 선민이 된 것입니다. 복을 받게 된 것입니다. 이런 이야기입니다. 뭔가 많이 생각하게 하는 전설 아닙니까.

이스라엘 백성이 바벨론 포로기 이후에 집대성한 그들 나름의 또다른 유명한 경전이 있습니다. 「미쉬나」가 그것입니다. 이 책은 좌우간 구약성경보다도 훨씬 더 크고 분량도 많습니다. 제가 이 책을 그래도 한번은 정확하게 읽어봐야 되겠다는 생각에서 시간을 들여 읽어보려고 했는데, 결국 다 못읽고 말았습니다. 너무 지루합니다. 조항들이 너무 많은 것입니다. 「미쉬나」는 이를테면 십계명의 부록입니다. 예컨대, 십계명 가운데 '살인하지 말라'라는 계명이 있습니다. 그러면 어떻게 해야 살인하지 않는 것이 되겠는지를 알아야 하지 않겠습니까. 바로 그것을 기록한 책이 「미쉬나」인 것입니다. 이 책을 이스라엘 사람들은 아주 소중하게 여깁니다. 이 책에 나오는 안식일에 대한 내용만 하더라도 그 금지사항이 무려 39가지에 달합니다. 뿐만 아니라 여기에 따르는 부칙들까지 만들어놓았으니, 이것만 해도 219가지나 됩니다. 결국 그 219가지를 다 지켜야 십계명 가운데 안식일을 지키라는 계명을 제대로 지킨 것이 된다는 뜻입니다.

사실 그렇기는 합니다. 우리가 안식일을 지키라고 하지만, 과연 어떻게 지키는 것이 올바로 지키는 것인지를 잘 모릅니다. 따라서 부칙은 확실히 필요한 것입니다. 문제는 이 부칙이 너무 세분화되어 도리어 사람을 얽어매게 된다는 것입니다. 그래 어떤 조항을 보면 정말 난센스라고 할 수밖에 없는 것도 있습니다. 그러나 가만히 보면 또 그 나름대로 일리가 있습니다. 따지고보면 다 일리가 있는 것입니다. 예컨대 안식일이라고 아이를 안아주지 말아야 합니까? 안식일에 아이를 안아주는 것은 분명히 죄가 아닙니다. 하지만 그 아이가 책을 들고 있다면 문제가 됩니다. 요컨대 책을 들고 있는 아이를 안아주는 것은 죄라는 것입니다. 왜요? 그럼으로써 결과적으로 책을 운반한 격이 되기 때문입니다. 책을 운반하는 것은 일에 해당하는 것입니다. 정말 세밀하지 않습니까. 그러니까 바늘이 꽂힌 옷을 입고 다니는 것도 안식일을 범하는 일입니다. 결과적으로 바늘을 운반하는 일을 한 것이기 때문입니다. 씨를 뿌리는 일, 수확하는 일, 곡식 단을 묶는 일, 타작하는 일, 키질하는 일, 곡식을 고르는 일, 맷돌질하는 일, 반죽하는 일, 끈을 매는 일, 끈을 푸는 일이 다 안식일을 범하는 일들이 되는 것입니다.

이와 관련한 아주 재미있는 이야기가 있습니다. 예를 들어 안식일에 양이나 나귀가 함정에 빠졌다고 합시다. 이때 함정에 빠진 나귀를 그냥 방치해두면 머지않아 그 나귀는 죽습니다. 문제는 이제부터입니다. 함정에 빠진 나귀의 상태가 안식일이 지난 다음에 건져도 죽지 않을 것처럼 보인다면 건지지 말아야 한다는 것입니다. 그러지 않고 건진다면 그것은 안식일을 범하는 일이 됩니다. 그러나 당장 건져내지 않으면 함정에 빠진 나귀가 죽을 것이라고 판단될 때는 건져도 괜찮습니다. 안식일을 범하는 일이 안되는 것입니다. 그것은 생명을 구원하는 일이기 때문입니다. 하지만 사태가 이렇게 일도양단으로 간단히 구분되지 않는다는 것이 문제입니다. 함정에 빠진 나귀한테 "너, 하루 지날 때까지 있어도 죽겠느냐, 안죽겠느냐?" 하고 묻지 않는 한 무슨 수로 나귀의 상태를 알아낼 수 있습니까? 의학적으로 진단을 해봐야 알 수 있는 것입니다. 문제는 또 있습니다. 그렇게 나귀의 상태를 진단하여 당장 건져내지 않으면 오늘 중으로 죽을 것 같다는 결과가 나왔다고 합시다. 그래 나귀를 함정에서 건져냈는데, 이 나귀가 갑자기 후다닥 도망을 가버립니다. 그러면 그것은 안식일을 범하는 일이 된다는 것입니다. 결과적으로 하루 더 있다가, 안식일이 지난 다음에 건져내도 되는 것을 굳이 안식일에 건져내 안식일을 범한 격이 되었기 때문입니다. 그러나 함정에서 건져낸 나귀가 도망을 못가고 헉헉 숨을 몰아쉬고 있으면 그것은 안식일을 범한 일이 아니라는 것입니다.

이 무슨 말입니까? 생명을 구원하는 것까지는 좋습니다. 문제는 과연 어디까지가 생명을 구원하는 일이냐, 이것입니다. 이는 결국 안식일을 깨끗하게 지키며 하나님의 법을 따라보려고 이스라엘 사람들이 얼마나 많이 생각하고 애썼는가를 말해주는 것입니다. 참으로 중요한 것입니다. 우리 신교, 특별히 우리 장로교의 본래 전통이 그렇습니다. '주일을 안식일화' 하는 것입니다. 우리는 예수를 믿으면서 주일을 지킵니다. 우리는 유대사람들처럼 안식일을 지키는 것이 아닙니다. 그러나 주일을 지키면서 이 주일을 이스라엘 사람들이 안식일을 지키는 정신으로 지키는 것입니다. 이것이 우리 그리스도인의 모습입니다.

옛날 제가 어렸을 때 보니까 이런 일도 있습니다. 농사짓는 것이 얼마나 힘든 일입니까. 더구나 모내기철, 추수철에는 특히나 더 바쁩니다. 얼마나 바쁜지 모릅니다. 그러나 그런 때에도 주일만은 깨끗이 지킵니다. 그러자니 모든 일을 토요일까지는 끝을 내야 하는 것입니다. 농촌에는 품앗이라는 것이 있습니다. 남의 일도 도와주고, 또 남이 우리 집에 와서 일을 도와주기도 합니다. 여기서 문제가 생깁니다. 예를 들어 저 집 사람이 우리 집에 와서 일을 해주었습니다. 그렇다면 저 집이 일을 할 때 우리 집에서 저 집으로 가 일을 도와주어야 합니다. 한데 저 집에서 하필이면 주일에 일을 하는 것입니다. 그러니 갈 수 없지 않습니까. 이때 다른 사람을 대신 가달라고 부탁하는 것입니다. 그러자니 대신 갈 사람을 토요일에 미리 구해놓아야 합니다. 이것이 얼마나 어렵고 힘든 일인지 모릅니다. 어쨌든 그런 식으로 이런저런 일 다 면해놓고 비로소 안식일, 주일을 편안하게 지내는 것입니다. 특별히 토요일 밤이 되면 다림질을 늦은 밤까지 합니다. 주일에 교회 갈 때 입을 옷을 미리 다려놓는 것입니다. 주일에는 다림질을 할 수 없으니까, 그 전날 밤에 미리 옷을 빨아놓고, 다림질도 열심히 해놓는 것입니다. 어릴 때 저는 그것을 꾸벅꾸벅 졸면서 붙들고 있었습니다. 그 기억이 아직도 생생합니다. 이렇게 하여 주일 아침이 되면 하루종일 아무 일도 안하는 것입니다. 정말 아무것도 안합니다. 그뿐만이 아닙니다. 저는 그 장면을 늘 생각합니다. 마당 한가운데 매놓은 소가 있습니다. 소도 편안하게 쉬고 새김질을 해야 합니다. 그 소를 빌려주는 일도 주일에는 하지 않습니다.

왜? 소도 안식일을 지켜야 되기 때문입니다. 그러니 소까지도 편안하게 쉬는 것입니다. 제 할아버지가 말씀하십니다. "저 봐라. 저 소도 하루 쉬니까 얼마나 좋아하냐?" 이렇게 깨끗하게 안식일을 지키는 것입니다. 이것이 참 그리스도인의 모습입니다.

바벨론 포로 이후 이스라엘 사람들은 완전히 흩어졌습니다. '디아스포라'가 되어 각 나라로 흩어져 살았습니다. 서로 오갈 일이 없습니다. 그 결과 지금 세계에서 음식 메뉴가 제일 많은 나라가 이스라엘입니다. 각 나라에 흩어져 사는 동안 그 나라 고유의 풍습을 익힌 탓입니다. 그런 사람들이 한데 모였으니 이제는 이스라엘 고유의 음식이 무엇인지를 딱 꼬집어 말할 수 없을 정도가 된 것입니다. 각 나라에 흩어져서 각양각색의 모습으로 몇 천 년을 살았으니 어찌 아니그렇겠습니까. 그렇다면 어떻게 이스라엘이 이스라엘임을 알 수 있을까요? 바로 안식일로 알 수 있습니다. 이스라엘이 이스라엘 될 수 있는 유일한 증거가 안식일이기 때문입니다. 안식일을 지키면 이스라엘이고, 안지키면 이스라엘이 아닙니다. 마침내 이런 결론에 도달합니다. 안식일이 이스라엘을 지켰느냐, 아니면 이스라엘이 안식일을 지켰느냐? 확실히 기억해야 합니다. 안식일이 이스라엘을 지킨 것입니다.

예수를 믿는다는 것이 무엇입니까? 복잡하게 생각하지 마십시오. 성경을 얼마나 읽었느니, 기도를 얼마나 하느니 하는 것은 별로 반갑지 않습니다. 딱 한 가지, 주일을 지켜야 됩니다. 주일이 되면 올스톱하고 교회에 나오는 것입니다. 온가족과 함께 나오는 것입니다. 가족들과 함께 죽 앉아 예배드리는 모습을 보면 얼마나 아름다운지 모릅니다. 이 날을 하루종일 가족과 함께 지내는 것입니다. 주일을 지킴으로 기독교인인 것입니다. 요새 '교회성장학'에서는 일주일에 한번 교회에 나와야 교인이라고 말합니다. 그래야 신앙이 자라고, 믿음과 생활이 바뀝니다. 똑똑한 척하며 성경공부니 뭐니 하면 된다는 핑계로 주일에 교회에 안나와보십시오. 네 번만 주일을 안지키면 비기독교인 되어버리고 맙니다. 그러니까 그리스도인이 주일을 지키는 것이 아니라, 주일이 그리스도인을 지키는 것입니다. 잊지 말아야 합니다.

장 보드리야르(Jean Baudrillard)라고 하는 프랑스 파리대학 교수는 이런 중요한 말을 합니다. '자본주의 사회의 사람들은 그 기능을 소비하는 것이 아니라, 그 의미를 소비하고 산다.' 우리는 복잡하게 사느라 의미를 다 잊어버렸습니다. 내가 왜 이래야 하는지, 이것이 무엇을 의미하는지…… 이것이 오늘날 우리의 결정적인 결점입니다.

오늘본문에 나오는 이야기는 또다른 재미있는 에피소드입니다. 예수님과 제자들이 밀밭 사이로 지나가더라— 안식일이었습니다. 길이 없는 곳이니까 밀밭을 좌우로 열어 헤치면서 나아가다가 아무 생각 없이 보리이삭을 따 비벼서 그 알곡을 먹었더라, 이것입니다. 이 모습을 보고 바리새인들이 제자들을 비난합니다. 왜 안식일에 타작을 하느냐는 것입니다. 아무리 생각 없이 먹었다고 해도 잘못은 잘못입니다. 문제는 이 제자가 시원치 않았다는 것입니다. 그래 예수님마저도 곤욕을 당하신 것같습니다. 이때 예수님께서는 그렇지 않다고 부정하시며 아주 근본적인 말씀을 하십니다. 안식일이 누구를 위해 있느냐는 것입니다. 사람을 위해 있는 안식일이냐? 안식일을 위해 사람이 있는 것이냐? 얼마나 중요한 말씀입니까.

몇 해 전 저는 유대인 랍비 두 분을 한국으로 초청하여 세미나를 한 일이 있었습니다. 한 분은 뉴욕에서, 다른 분은 이스라엘에서 왔습니다. 둘 다 아주 보수적인 성향의 랍비들이었습니다. 랍비가 한국에 들어온 것은 그것이 역사적으로 처음이라고 하더라고요. 그들과 함께 세미나를 하는 중에 이런 이야기가 나왔습니다. 어떤 목사님이 랍비에게 질문을 했습니다. "저 랍비여, 그 당신들 안식일 지키느라고 얼마나 애씁니까? 그 얼마나 고생스럽습니까?" 그랬더니 랍비가 껄껄 웃으면서 답합니다. "바로 그것이 문제입니다. 당신들이 참 잘못 생각하고 있습니다. 저는 안식일을 즐깁니다. 우리는 안식일에는 전화를 하지도 않고 받지도 않습니다. 신문도 보지 않고, TV는 아예 켜지도 않습니다. 일절 안합니다. 전화는 받지도 걸지도 못하게 아예 차단해놓습니다. 그래놓고 하루를 아주 편안하게 쉬는 것입니다. 그리고 회당에 나가 예배드리고 돌아와서 하루를 온전히 가족들과 함께 지냅니다. 안식일은 우리에게 참으로 소중한 날입니다." 그러고는 마지막에 결론을 이렇게 맺습니다. "만일에 안식일이 없다면 나는 살 수가 없습니다. 정신도 마음도 살 수가 없어요. 피곤해서 말입니다. 아, 이렇게 좋은 안식일인데 누가 억지로 지킨다는 말입니까?"

주일은 즐겨야 합니다. 주일에 교회 나오는 것, 주일에 쉬는 것, 엔조이해야 합니다. 억지로 할 일 아닙니다. 억지로 해서도 안됩니다. 감사하며 지내야 될 것입니다. 율법의 근본정신, 원초적 정신이 무엇입니까? 사랑입니다. 하나님의 사랑입니다. 사랑해서 우리에게 이것을 주신 것입니다. 그것을 받아들일 수 있어야 됩니다. 그런 믿음이 필요하다는 말입니다. 안식일을 지켜라— 지키되 감사한 마음으로 지켜야 합니다. 마르틴 루터의 해석대로 말하면 '살인하지 말라'는 계명은 우리의 생명을 보호하시려는 하나님의 사랑입니다. '간음하지 말라'는 우리의 순결을 지켜주시려는 하나님의 사랑입니다. '도적질하지 말라'는 우리의 사유재산을 지켜주시려는 하나님의 사랑입니다. '거짓증거하지 말라'는 우리의 명예를 지켜주시려는 하나님의 사랑입니다. 십계명의 뿌리가 사랑인 것입니다. 이 사랑에 감사하며 율법을 지켜야 됩니다. 억지로 지켜서는 안됩니다.

영성가인 프랑수아 페넬롱은 그의 저서 「쉼」에서 안식의 효과에 대하여 이렇게 말합니다. '사람이 쉬게 되면 먼저는 갈 길을 몰라 주저하는 것같은 부자유로부터 자유할 수 있고, 억지스러운 자기합리화에서 벗어날 수 있고, 끝도 없는 자기탐욕에서부터 벗어날 수 있고, 높은 지위를 얻기 위한 초조함과 안달로부터 자유할 수 있다.'

쉼, 안식 – '사바트'라는 말은 '쉰다'는 뜻입니다. 쉰다는 말은 일상을 중지하는 것을 말합니다. 일상으로부터의 자유입니다. 일상을 포기하고 쉬는 것입니다. 그래서 다른 날 하던 일을 주일에는 하면 안되는 것입니다. 가능하면 다른 날 입던 옷도 주일에는 입으면 안되는 것입니다. 생각도 행위도 쉬라고 말합니다. 구별해야 됩니다. 그것이 안식일입니다. 얼마나 아름답고 귀한 일입니까. 쉬라, 생각하라, 기도하라…… 하나님의 말씀을 들으면서 하나님의 말씀에 비추어 보며 자기의 오늘과 내일을 다시 생각하라는 것입니다.

아브라함의 믿음을 생각해보십시오. 하나님께서 아브라함에게 말씀하십니다. '고향을 떠나라. 기다려라. 백세에 얻은 아들 이삭을 모리야 산에 데리고 가 내게 바쳐라……' 엄청난 명령을 하십니다. 그때마다 아브라함은 순종합니다. 억지로가 아닙니다. 감사함으로 순종합니다. 이것을 알아야 됩니다. 왜? 그 속에 하나님의 사랑이 있고, 약속이 있고, 축복이 있다고 믿기 때문입니다. 아는 것은 알고 순종하고, 모르는 것은 믿고 순종하는 것입니다. 효도라는 것이 무엇입니까? 부모님이 무슨 말씀을 하시면 그 말씀이 마음에 들 때도 있고 안들 때도 있습니다. 그럴 때 마음에 들면 드는대로 좋아서 순종하고, 안들면 안드는대로 믿고 순종하는 것입니다. 다 나를 사랑해서 하시는 말씀이기 때문입니다. 인생선배의 말씀이기 때문입니다. 그래서 부모님의 말씀에는 일단 순종하고 보는 것입니다. 기쁨으로 순종하는 것이 효도입니다. 하지만 억지로 하면 안됩니다. 바리새교인들의 실수가 무엇입니까? 벌받을까 무서워 벌벌 떨며 공포 속에서 안식일을 지킨 것입니다. 잘못입니다. 또 그들은 복받으려고 안식을 지켰습니다. 잘못입니다. 안식일 지킨 것을 공로처럼, 액세서리처럼 자랑삼았습니다. '나는 안식일을 이렇게 잘 지키는 사람이다' 해놓고는 안식일 못지키는 사람을 멸시했습니다. 이것이 소위 바리새주의라는 것입니다. 그럼 참신앙이란 무엇이겠습니까? 하나님의 계명에 대하여 자유함을 느끼는 것입니다. 계명을 지킬 때 내 양심이 자유한 것입니다. 말씀을 따라 살 때 내 영혼이 자유한 것입니다. 양심의 자유를 위하여 지킵니다. 감사하면서 지킵니다. 믿음으로 지킵니다. 행복한 마음으로 지킵니다. 이렇듯 부모님의 말씀에 순종할 때 기쁨으로 감사함으로, 십계명의 계명들을 지킬 때 감사함으로 자유함으로 지키는 것입니다.

    심리학자 케이치프 노이드의 유명한 '감옥설'이 있습니다. '사람은 알게 모르게 6가지 감옥에서 산다. 자기의 예쁜 면만 보는 자기도취의 감옥. 다른 사람의 나쁜 점만 바라보는 비판의 감옥. 오늘과 내일을 암담하게만 보는 절망의 감옥. 옛날 일만 황금시대로 보는 과거 지향적 감옥. 다른 사람을 부러워하는 선망적 감옥. 그리고 알게 모르게 누군가를 미워하고 있는 증오의 감옥.' 이 모든 감옥으로부터 벗어날 수 있는 길이 안식일입니다. 모든 생각을 중단하고 하나님 앞에 나아와 말씀 앞에서 새롭게 되는 것입니다. 믿음을 새롭게, 사랑을 새롭게, 소망을 새롭게 - 깊이 생각해야 합니다. 이 계명이 누구를 위한 것입니까? 예수님 말씀하십니다. '사람이 율법을 위해 있느냐? 율법이 사람을 위해 있느냐? 안식일이 사람을 위해 있느냐? 사람이 안식일을 위해 있느냐?' 이 모든것은 나를 위해 주신 것입니다. 나를 위해 말씀하시는 것입니다. 나를 위한 명령이고 계명입니다. 그런고로 안식일의 주인의식을 가져야 됩니다. 안식일을 침해하지 맙시다. 이런 일 저런 일로 그 소중한 안식일 상처내지 맙시다. 깨끗한 안식일, 깨끗한 주일을 지내보십시오. 알게 모르게 하나님의 축복이 가까이, 가까이 올 것입니다. △

영생의 말씀이 있는 교회

이러므로 제자 중에 많이 물러가고 다시 그와 함께 다니지 아니하더라 예수께서 열 두 제자에게 이르시되 너희도 가려느냐 시몬 베드로가 대답하되 주여 영생의 말씀이 계시매 우리가 뉘게로 가오리이까 우리가 주는 하나님의 거룩하신 자신 줄 믿고 알았삽나이다 예수께서 대답하시되 내가 너희 열 둘을 택하지 아니하였느냐 그러나 너희 중에 한 사람은 마귀니라 하시니 이 말씀은 가룟 시몬의 아들 유다를 가리키심이라 저는 열 둘 중의 하나로 예수를 팔 자러라
(요한복음 6 : 66 - 71)

영생의 말씀이 있는 교회

여러분, 반갑습니다. 창립 30주년을 맞는 소망교회에 하나님의 특별한 축복이 함께하시기를 바랍니다. 제가 은퇴한 뒤로 오늘까지 꼭 만 4년이 됐습니다. 가끔 길에서 소망교회 교인들을 만나면 "다른 교회 원로목사님들은 설교를 하시던데, 왜 소망교회 원로목사님은 본교회에서 설교를 안하십니까?" 하는 질문을 받곤 합니다. 이제 공개적으로 대답을 하겠습니다. 저는 은퇴하기 3년 전부터 하나님 앞에 준비하면서 기도했습니다. '은퇴한 다음에 어떡하면 좋을까?' 하다가 생각했습니다. 저는 50년을 목회했습니다마는, 사실 개척은 소망교회 하나뿐입니다. 저는 하나님께서 내게 은사와 건강을 주시고 내 생전에 다섯 교회를 개척하게 해주십사, 다섯 교회를 세울 수 있게 해주십사, 기도했습니다. 그렇게 미리미리 준비를 했습니다. 이 소망교회의 많은 성원과 여러분들의 기도와 후원으로 분당에 예수소망교회를 세웠고, 지금 교인수가 8,000명에 이르렀습니다. 기적적인 일입니다. 고작 4년이라는 짧은 동안에 교인수 8,000명의 큰 교회로 성장했고, 이제는 일산에도 예수소망교회를 세워 주일이면 아주 바쁩니다. 분당에서 설교를 하고나서 차를 몰고 1시간을 가서 이번에는 일산에서 또 설교를 합니다. 두 교회를 섬기는 것입니다. 이제는 일산교회도 교인수가 500명에 이르는 제법 규모 있는 교회가 되었습니다. 하나님께서 기회를 주시면 교회 셋을 더 세울 수 있을 것입니다. 내년에 또 한 교회를 개척할 생각으로 준비하고 있습니다. 여러분, 많이 성원해주시고 기도해주시기 바랍니다. 저는 제 생전에 앞으로 세 교회를 더 세우려고 합니다. 그런 사정 때문에 그동안 소망교회에 못 온 것입니다. 그런 사정을 오늘 잘 이해해주시기 바랍니다.

한 주일 내내 할 일 없이 빈둥거리던 두 청년이 있었습니다. 둘은 너무나도 심심하고 따분하여 '이번 주일날에는 좀 화끈하게 한번 놀아보자' 하는 생각으로 벼르고 있었습니다. 마침내 주일날이 되자 두 청년은 작당을 하고 도박장으로 갔습니다. 도중에 교회를 지나가게 되었습니다. 그때 그들은 교회의 게시판에서 그날의 설교제목을 보았습니다. '죄의 값은 사망이다.' 이것을 보고 한 청년은 발이 딱 붙어서 더는 움직일 수 없었습니다. 죄의 값은 사망이라는 설교 제목을 보고 그는 당장 발길을 돌려 교회 문을 열고 안으로 들어갔습니다. 나머지 한 청년은 아랑곳없이 도박장으로 갔습니다. 그래 화끈하게 술을 마시고 방탕하게 놀았습니다. 그로부터 정확히 30년 뒤, 그때 그 교회로 들어갔던 사람은 미국의 제22대 대통령이 되었습니다. 스티븐 그로버 클리블랜드(Grover Cleveland)가 바로 그 사람입니다. 한편 그때 도박장으로 갔던 사람은 훗날 큰 죄를 지어 종신형을 받고 감옥에서 자기 친구가 대통령이 된다는 소식을 들으며 한없이 눈물을 흘렸다는 것입니다.

이것이 교회입니다. 무슨 설명이 더 필요합니까. 교회는 바로 이것입니다. 주일날 어떤 부부 집사님이 꼭 교회를 가야겠는데, 하필이면 그날따라 갑자기 일이 생겨 여집사님이 교회를 못가게 되었습니다. 그래 여집사님이 남편에게 부탁했습니다. "여보, 오늘 교회에 가서 졸지 말고 설교 잘 듣고 은혜 많이 받고 와서 내게 전수해주세요. 나도 말씀을 들어야 한 주일 동안 살 것 아니에요?" 남편은 알았다고 대답하고 교회로 갔습니다. 예배가 끝나고 집에 돌아온 남편은 방으로 가지 않고 먼저 부엌에서 일하고 있는 아내한테로 갔습니다. 그러고는 아내를 끌어안고 화끈하게 사랑을 해주었습니다. 4개월 만에 처음 있는 일이었습니다. 지난 4개월 동안 둘은 얼굴도 서로 마주 본 일이 없고, 손 한번 잡은 일이 없었던 것입니다. 그런데 갑자기 4개월 만에 기적같은 일이 일어난 것입니다. 아내는 너무나 행복하여 "여보, 오늘 은혜 많이 받았어요?" 하고 물었습니다. "많이 받았지." "무슨 말씀을 들었어요?" "알 것 없어." 아무리 물어도 남편은 대답을 안해줍니다. 어쨌든 부인은 행복했습니다. 하룻밤을 지내고 이튿날 과일을 사들고 목사님 댁을 방문합니다. 인사를 하고 묻습니다. "목사님, 어제 제 남편이 와서 은혜 많이 받았다고 그럽디다. 무슨 말씀을 하셨습니까? 네 아내를 사랑하라고 하셨습니까?" "아닌데요." "그럼 뭐라고 하셨습니까?" "네 원수를 사랑하라고 했지요."

　　심각하게 생각해보십시오. '네 아내를 사랑하라' 해서 사랑하면 윤리강연입니다. '원수를 사랑하라' 해서 아내를 사랑하게 됐으면 그게 바로 복음입니다. 이것이 교회입니다. 잊지 말아야 합니다. 말씀은 지식이 아닙니다. 윤리강연이 아닙니다. 말씀은 사람을 변화시키는 것입니다. 사람을 중생시키고 성화시키는 것입니다. 그래서 세계를 변화시키는 것입니다. 나이가 드니까 요샛말로 '이제는 말할 수 있습니다.' 왜냐하면 제가 50년 동안 설교를 하는데 가만히 보면 우리 한국이나 미국이나 할 것 없이 목사 중에는 제가 설교를 제일 많이 한 사람으로 평가됩니다. 좌우간 만 번 이상 했으니까요. 그러다보니 제 설교에 대하여 연구하는 사람들이 많습니다. 후배들 가운데 곽 목사 설교를 연구하는데, 그냥 연구하고 강연하는 차원을 넘어 아예 논문을 쓴 경우가 적지 않습니다. 현재 제 설교에 대한 논문으로는 석사논문이 100편이 넘고, 박사논문만 넷이 나와 있습니다. 아무튼 곽 목사 설교가 이렇다 저렇다 말들을 많이 하는데, 제가 그 논문들을 읽어보면 마음에 안듭니다. 그렇지만 어떡하겠습니까. 논문 쓴 사람 생각이 그렇다는데 어쩌겠습니다. 그래도 저는 고맙게 받아들입니다. 그 논문들 가운데 제 마음을 감동시킨 내용이 두 가지 있습니다. 그 하나가 이것입니다. '어떤 목사님의 설교는 지식을 준다. 어떤 목사님의 설교는 감동을 준다. 곽 목사님의 설교는 사람을 변화시킨다.' 저는 이 말을 참 고맙게 생각하며, 또 그렇게 되기를 바라는 마음입니다.

그런 모든 평가들 가운데서 제가 일생토록 잊을 수 없는 중요한 내용의 논문이 하나 있습니다. 저는 모르는 분입니다마는, 감리교신학대학의 김홍기 교수의 논문이 바로 그것입니다. 이 논문이 나올 때까지 저는 그의 얼굴조차 본 일이 없었습니다. 그런 분이 제 설교에 대하여 논문을 쓴 것입니다. 그 제목이 '역사 신학적 조명에서 본 곽선희 목사의 설교와 신학'입니다. 논문의 서론에 나오는 말입니다. '춘원 이광수가 만약에 곽 목사와 같은 신학적 설교를 들었더라면 그가 불교도가 되지는 않았을 것이다.' 얼마나 중요한 이야기입니까. 지성인들의 지성을 교회가 인도하기 때문입니다. 목사가 인도하고, 목사의 설교가 인도하는 것입니다. 바른 설교를 못들으면 구원받지 못할뿐더러, 바른 길을 갈 수 없습니다. 그런고로 설교는 사람을 인도하는 것입니다. 사람을 구원하는, 또 사람을 변화시킨다는 것을 잊지 말아야 합니다. 우리에게 말씀은 지식의 대상이 아닙니다. 조금 어려운 이야기입니다마는, 바르트(K. Barth) 신학에서는 '말씀은 지식의 대상이 아니라 지식의 주체'라고 말합니다. 왜요? 말씀 자체가 우리에게 다가오기 때문입니다. 우리에게 와서 말씀되게 하기 때문입니다. 그는 설교란 'Not interpretation but application'이라고 결론 내립니다. 성경을 공부하고, 기억하고, 분석하고, 해석하는 것이 아니고, 하나님의 말씀을 그대로 적용하는 것, 바로 이것이 설교라고 현대 설교학에서는 말하고 있는 것입니다. 주님께서는 말씀으로 오셨습니다. 바르트는 말합니다. '말씀이 육신이 되어 우리 가운데 계시다(호 로고스 사르크스 에게네토).' 수만 번 인용합니다. 말씀이 육신이 되어 우리 가운데 거하시다― 말씀으로 오셨습니다. 말씀이 되셨습니다. 말씀하셨습니다. 그리고 오늘도 주의 종을 통하여, 교회를 통하여 말씀하십니다. 당신의 사람을 고용하시고 은혜의 방편으로 교회를 사용하시어 주님께서 친히 오늘도 말씀으로 역사하고 계시다는 것입니다.

　설교에 대한 많은 오해가 있습니다. 많은 지식, 심지어는 성경지식을 많이 주어서 그것으로써 사람이 변화되기를 바랍니다마는, 그것이 잘 안됩니다. 기실, 성경공부 아무리 많이 해도 달라지지 않더라고요. 이것을 알아야 합니다. 성경을 하나님의 말씀으로 듣기 전에는 아무 소용이 없는 것입니다. 그런가하면, 윤리적 차원에서 성경을 이해하는 수가 있습니다. 사람은 이래야 한다, 저래야 한다, 효도해야 한다, 진실해야 한다, 거짓말하지 말아야 한다…… 이렇게 하나의 윤리적 규범으로 성경을 이해하는 수가 많습니다. 제가 근자에 책을 읽다가 재미있는 처세학으로서의 지혜를 하나 얻었습니다. 잘 듣고 그대로만 실천하면 크게 성공할 것입니다. 첫째, 알고도 행치 않는 사람에게 충고하지 마라— 뻔히 알면서 곁길로 가는 사람을 놓고 이래라 저래라 말해봐야 아무 소용없습니다. 잠언에서도 교만한 자를 충고하면 벌을 받는다고 했습니다. 둘째, 듣기 싫어하는 말은 하지 마라— 뻔히 듣기 싫어하는 줄 알면서 왜 자꾸 말을 합니까. 잔소리가 너무 많은 것입니다. 쓸데없는 일입니다. 이래서는 사람을 감동시킬 수 없습니다. 사람을 변화시키지 못합니다. 셋째, 대답하기 싫어하는 말은 묻지 마라— 남편이 지금 대답하고 싶지 않다는 것을 알면서도 자꾸 '자기 왜 말이 없어?' 하면서 사람을 힘들게 합니다. '왜 나에게 말을 안하느냐?' 그만하십시오. 말하기 싫다지 않습니까. 말을 안하거든 그런 줄 알아야지, 뭘 그렇게 자꾸 형사가 취조하듯 난리를 치는 것입니까. 그래서 사람 달라지는 것 봤습니까. 왜 이렇게 멍청한 짓을 합니까. 잘못하는 것입니다. 또 때로는 너무나 선동적이고 감동적이어서 마치 엔터테인먼트 같은 설교도 있습니다. 그러나 설교는 무엇보다도 말씀 자체라는 사실을 잊지 말아야 합니다.

　베드로가 예수님께 신앙을 고백합니다. 그 대목이 성경에 두 번 나옵니다. 하나는 마태복음 16장입니다. '너희가 나를 누구라 하느냐?' 하고 예수님께서 물으실 때 베드로가 대답합니다. '주는 그리스도시요 살아계신 하나님의 아들입니다.' 유명한 고백입니다. 오늘본문에서 베드로는 "주께 영생의 말씀이 계시매 우리가 뉘게로 가오리이까(68절)" 합니다. '당신은 말씀입니다. 영생의 말씀입니다' 하는 고백을 하는 것입니다. 이 둘을 비교해보면, 두 번째 고백이 한 차원 더 높은 고백이라는 생각이 듭니다. 그는 예수님께 말씀을 들었습니다. 아니, 말씀을 보았습니다. 그뿐 아니라 말씀을 체험했습니다. 몸으로 체험했습니다.

　예수님께서 가버나움에 가셨을 때, 백부장 하나가 찾아 나왔습니다. 로마 군인입니다. 예수님 앞에 와 절을 하며 '내 하인이 병들었습니다. 고쳐주세요' 합니다. 그때 예수님께서는 의외의 대답을 하십니다. '너희 집에 가자.' 그러고 나서십니다. 그때 백부장이 말합니다. '오지 마세요. 우리집에 오시는 것을 감당치 못하겠습니다.' 여기에 설명을 좀 붙이면, 그는 로마 군인입니다. 이방 사람의 집입니다. 거기에는 우상도 많습니다. 그런 집에 예수님께서 출입하시면 바리새인들이 가만히 있겠습니까. 그렇지 않아도 좋지 않은 말을 많이 하는 사람들 아닙니까. 그러니 '예수님께서 우리집에 다녀가심으로 인하여 비난거리가 되면 안되지 않겠느냐' 하는 것입니다. 그래서 그는 '오지 마세요' 합니다. 그 다음에 백부장이 하는 말을 잘 보십시오. '말씀으로만 하세요. 말씀으로만. 그러면 내 하인이 나을 것입니다.' 그때 예수님께서 큰 감동을 받으십니다. 그리고 칭찬하십니다. 예수님 생애에 이만한 칭찬을 하신 일이 없습니다. '온 이스라엘 중에도 이만한 믿음을 만나본 일이 없다.' 이렇듯 크게 칭찬을 하시고 '가라. 네 하인이 나았을 것이다' 하고 말씀하십니다.

　다시한번 생각해보십시오. 말씀 중심의 신학, 말씀 중심의 신앙 - 말씀으로만 하십시오. 무슨 해석이 더 필요합니까. 말씀을 말씀으로 받는 순간 이것은 능력이요 생명력이며, 그 속에 영생이 있음을 베드로는 잘 알고 있었던 것입니다. 이것을 잊지 말아야 합니다. 12살난 야이로의 딸이 병들어 방금 죽었습니다. 예수님께서 가시어 아이의 손을 잡으시고 말씀하십니다. 죽은 아이에게 말씀하십니다. "달리다쿰. 딸아 일어나라." 그 딸이 일어납니다. 또 청년이 죽었습니다. 장례식을 치르면서 지금 관을 메고 나가고 있습니다. 그 관을 멈추게 해놓으시고 예수님, 시체가 들어 있는 관을 향해 말씀하십니다. '청년아, 일어나라.' 그 청년이 벌떡 일어납니다. 이것이 말씀입니다. 또 죽은 지 나흘이나 되어 벌써 시체 썩는 냄새가 나고 있습니다. 그 나사로의 무덤을 찾아가 주님께서 말씀하십니다. '나사로야, 나오너라.' 시체가 걸어 나옵니다. 이것이 말씀입니다. 죽은 사람이 살아납니다. 귀신이 나갑니다. 말씀은 곧 능력입니다.

유진 피터슨(Eugene H. Peterson)이라는 유명한 신학자는 그의 저서 「이 책을 먹으라」에서 이렇게 말합니다. 중요한 신학적 요지입니다. 우리가 성경을 봅니다. 설교를 듣습니다. 그리고 뭔가를 깨닫습니다. 깨닫고는 '아, 옳다' 하고 긍정하고 수용하는 순간 '아, 이대로 살아야겠다. 맞아, 옳은 말씀이니까 그대로 살아야겠다' 하고 결심합니다. 유진 피터슨은 그런 것은 설교가 아니라고 말합니다. 그것은 말씀이 아닙니다. 그렇다면 무엇이 말씀인가? 하나님의 말씀으로 성경을 받아들이는 순간 설교를 들으면서 하나님의 말씀을 듣는 순간에 나도 모르게 변하는 것입니다. 나도 모르게 확 달라지면서 어두운 마음이 밝아지고 어두운 세상이 환하게 보이고, 땅에 살지만 영원한 세계가 보이면서 그 결과로 원수같은 마누라가 예뻐지는 것입니다. 누가 사랑하라고 해서 사랑하는 것이 아닙니다. 사랑하란다고 사랑할 수 있습니까. 사랑하겠다고 결심하고 갔다가도 딱 만나면 무작정 미워지는데, 어쩌면 좋습니까? 이것은 마음대로 못하는 것입니다. 말씀이 역사할 때 비로소 확 달라지는 것입니다. 희한하게 달라집니다. 이것을 알아야 됩니다. 바로 이것이 말씀의 '변화케 하는 역사'입니다.

제일 중요한 것은 사죄권 행사입니다. 가버나움에서 환자 하나가 왔는데 사람들이 너무 많아 예수님 가까이로 갈 수 없었습니다. 그래 침대를 그냥 끌고 올라가 지붕을 뚫고 달아 내렸습니다. 예수님 앞에 지금 환자가 하나 떡 누워 있습니다. 예수님 보시자마자, 요샛말로 하면 인사도 하지 않으시고 딱 보는 순간 '네가 죄 사함 받았느니라' 하십니다. 엄청난 말씀입니다. 누가 죄를 사할 수 있습니까? 회개한다고 사해지는 것입니까? 눈물 흘린다고 되는 것입니까? 일평생 속죄하는 뜻에서 뭘 어떻게 한다고 하는데, 말짱 헛것입니다. 빌리 그레이엄 목사님은 이를 다음과 같은 비유로 말합니다. '홍수에 떠내려가는 사람이 있다. 그는 자기가 자기 머리카락을 위로 잡아당긴다. 하지만 아무리 잡아당겨 봐도 자기 몸이 밖으로 나갈 수 있을 것같으냐?' 내가 아무리 눈물을 흘려도, 일생 동안 울어도 소용없습니다. 그것으로 사함받는 것이 아닙니다. 주님의 말씀이 떨어져야 됩니다. '네 죄 사함 받았느니라.' 그리고 '아멘!' 할 때 죄 사함의 역사가 이루어지고, 새사람으로 태어나는 것입니다. 예수님께서 마리아에게 말씀하시지 않습니까. '네 많은 죄가 사함 받았느니라.' 그러므로 막달라 마리아가 되지 않습니까. 이것을 알아야 됩니다. 예수님께서는 십자가에서 돌아가실 때도 그 옆에 있는 강도에게 이렇게 말씀하십니다. '네가 오늘 나와 함께 낙원에 있으리라.' 이 한마디에 한 영혼이 구원을 받습니다. 이것을 알아야 됩니다. '세상 끝날까지 너희와 함께 있으리라.' 약속해주십니다. 이것이 믿어져야 되는 것입니다. 예수님께서 세상 끝날까지 나와 함께하시는 순간 확 사람이 변합니다. 새로운 세상에 살게 되는 것입니다.

우스운 이야기입니다마는, 어느 여집사님이 남편이 믿음이 없어서 그저 교회에 나올 때마다 늘상 남편이 예수믿게 해달라고 하며 '나는 어쩌다가 팔자가 이 모양입니까?' 하고 울며 기도했습니다. 그러던 어느날 목사님의 설교를 통하여 은혜를 받는데, 은혜받는 순간 '나는 행복하다. 나는 행복하다' 하는 생각이 듭니다. 그래 너무 행복하여 집에 돌아가자마자 "여보, 여보. 나는 행복해요" 했더니, 남편이 경상도 사람인데, 그러더랍니다. "야, 너 미쳤냐?" "아니, 행복합니다. 정말로 행복합니다." 그래 남편이 말합니다. "술주정뱅이하고 살면서 뭘 행복하다고 하나……" 저도 생각이 있어서 그랬다는 것입니다. 그러니까 그 여집사님이 대답을 합니다. "아니, 매일같이 술은 먹는데 건강하니 행복하고, 하루같이 맑은 정신이 아닌 술 취한 정신으로 돌아오는데 제집 찾아오니 행복하고, 술 먹고 돌아다니는 것 보아서는 집안 식구 다 굶겨죽일 것같은데, 제법 돈도 벌어와 잘살게 해주니 감사합니다. 나는 당신을 볼 때마다 행복합니다." 그랬더니 남편이 "고만해라. 다음 주일부터 교회 나가줄께" 하더랍니다. 은혜가 무엇입니까? 은혜받는 순간 행복입니다. 세상이 달리 보이는 것입니다. 여기에는 원수가 없습니다. 여기에는 어둠이 없습니다. 말씀과 함께 말씀의 능력이 생명력으로 작용하는 것입니다. 그래 요한복음 15장에서 예수님 말씀하십니다. '내 말이 너희 안에 거하면 무엇이든지 구하라 내가 이루리라.'

하나님의 말씀을 조용히 들어야 하겠습니다. 가끔 우리는 너무 시끄러운 세상을 봅니다. 보는 것이 많아지면 듣는 것이 적어집니다. 듣는 소리가 커지면 생각하는 능력이 줄어듭니다. 여러분, 디스코장에 가보았습니까? 나는 못가봤습니다마는, 가서 보면 얼마나 시끄럽습니까. 그 고성능 스피커로 꽝꽝하면 정신이 혼미해진답니다.

뇌세포까지 망가진답니다. 거기에서 더 시끄러워지면 영혼이 죽습니다. 생각하는 기능도 없어집니다. 엘리야에게 주신 말씀처럼 조용한 가운데서 묵상 중에 주의 음성을 들어야 됩니다. 교인이 누구입니까? 교회 나오는 사람이 교인입니까? 아닙니다! 하나님의 말씀을 듣는 사람이 교인입니다. 성경을 하나님의 말씀으로 듣는 사람입니다. 아니, 하나님의 말씀의 능력이 직접 나타나는 바로 거기에 교회가 있는 것입니다. 깊이 생각하십시다. 조용하게, 아주 겸손하게 마음을 열고 주의 음성을 들어보십시오. 들려올 것입니다. 들리는 순간 나도 모르게 희한한 변화가 일어나게 될 것입니다. 베드로는 예수를 배우고 예수를 따르다가 또 예수로 인하여 출세하려는 생각도 했던 사람입니다. 그러나 예수님과 함께하면서 이제 깨닫습니다. '당신은 말씀입니다. 말씀은 영생입니다. 영생의 말씀이 당신에게 있으매 내가 뉘게로 가오리이까.' 바로 이 사람이 교회입니다. 이 사람이 그리스도인입니다. 교회는 말씀이요, 말씀의 방편입니다. 말씀이 말씀되게 하는 것이 교회입니다. 살아 역사하고, 선포되고, 증거되고, 생명력이 나타나는 것입니다. 예수님께서 설교하실 때마다 그의 반응은 이랬습니다. '권세 있는 자와 같고 서기관과 같지 않더라.' 권세, 하나님의 권세가 함께하는 말씀, 이 영생의 말씀이 있음으로 하여 우리가 변하고 가치관이 변하고 인생관이 변하고 세계가 변하는 것입니다. 말씀의 생명력이 오늘도 내일도 살아 역사하는 그런 교회가 되기를 바랍니다. △

선택받은 교회상

우리가 너희 무리를 인하여 항상 하나님께 감사하고 기도할 때에 너희를 말함은 너희의 믿음의 역사와 사랑의 수고와 우리 주 예수 그리스도에 대한 소망의 인내를 우리 하나님 아버지 앞에서 쉬지 않고 기억함이니 하나님의 사랑하심을 받은 형제들아 너희를 택하심을 아노라 이는 우리 복음이 말로만 너희에게 이른 것이 아니라 오직 능력과 성령과 큰 확신으로 된 것이니 우리가 너희 가운데서 너희를 위하여 어떠한 사람이 된 것은 너희 아는 바와 같으니라 또 너희는 많은 환난 가운데서 성령의 기쁨으로 도를 받아 우리와 주를 본받은 자가 되었으니 그러므로 너희가 마게도냐와 아가야 모든 믿는 자의 본이 되었는지라

(데살로니가전서 1 : 2 - 7)

선택받은 교회상

저는 몇년 전 뉴질랜드를 방문하여 세 교회에서 연이어 부흥회를 인도한 적이 있습니다. 그때 세 번째 교회를 방문하기 위해 비행기에서 내리면서 저는 그 지명을 보고 놀랐습니다. Christ Church― 이것이 지명입니다. 이런 지명의 도시가 이 지구상에 있는 것입니다. 세상에는 지명들이 참 많습니다. 하지만 '그리스도 교회'라는 지명은 처음이었습니다. 그 자체가 한 도시의 이름입니다. 35만 명이 사는, 뉴질랜드에서는 가장 아름답고 큰 도시 가운데 하나입니다. 스코틀랜드에서 청교도적인 신앙을 가진 분들이 그곳으로 모여들어 자자손손 아주 조용하게 하나님의 나라를 그 땅에 세우며 신앙적으로 살아보자는 뜻에서 세운 도시라고 합니다. Christ Church― 그런 도시입니다. 그곳에 가서 며칠 있는 동안 재미있게 보고 느낀 것이 무엇인가 하면, 그곳에 있는 집들은 크든 작든 지붕이 전부 삼각형이라는 사실입니다. 아주 경사가 높게 삼각형으로 세워져 있습니다. 그렇게 지은 이유가 흥미롭습니다. 그들의 고향인 스코틀랜드는 눈이 많이 오는 곳입니다. 하지만 그들이 새로 정착한 뉴질랜드는 눈이 잘 안내리는 곳입니다. 강설량이 많은 지역에서는 지붕이 평평하면 안됩니다. 눈이 자연스럽게 흘러내리도록 삼각형으로 돼 있어야 하는 것입니다. 그들은 바로 그 삼각형 지붕이 그리웠던 것입니다. 그래 눈이 많이 오지도 않는 곳에 집을 지으면서 고향생각을 지울 수 없어 지붕을 전부 삼각형으로 만든 것입니다. 여기에서 그들의 고향생각이 얼마나 간절한지를 우리는 엿볼 수 있습니다.

바로 그 도시 안에 아름다운 성당이 있습니다. 아주 예술적으로 지은, 그렇게 크지 않은 성당입니다. 하루는 일본의 어느 청춘남녀가 여행중에 거기를 지나가다 보니 그 성당이 너무 아름다운 것입니다. 그래 그 성당 안으로 들어가 신부님께 부탁하여 즉석 결혼식을 올리게 됩니다. 그 교회 측에서는 상대가 일본사람들이기도 하고, 예수를 믿는 것도 아니지만 선교적 차원에서 결혼식을 허락했습니다. 그랬더니 그 뒤로 그 교회에서 결혼한 사람은 이혼하지 않고 행복하게 산다는 소문이 퍼졌습니다. 그러자 일본에서 점점 더 많은 젊은이들이 거기까지 결혼을 하러 찾아옵니다. 나중에는 그 수가 너무 많아져서 마침내 교회 옆에 그들이 묵을 호텔까지 지었습니다. 그리고 뉴질랜드 전지역에서 이것을 여행 패키지 상품으로 내놓게 되었습니다. 성행을 하게 된 것입니다. 아주 큰 사업이 된 것입니다. 일본의 많은 젊은이들이 그 교회에 가서 결혼식을 올리고, 또 거기에서 신혼여행을 하고 돌아오는 것입니다. 교회 측에서는 교회가 어쩌다가 이렇게 남의 장사에 말려들었나, 이래서는 안되겠다 싶어서 교회법으로 결혼식을 해주지 않기로 결의했습니다. 그러고나니 일본 여행업계에 큰 손실이 생겼습니다. 이때 일본사람들은 참 그들다운 일을 합니다. 그 교회 바로 옆에 땅을 사서 거기에 그 교회와 똑같이 생긴 가짜 성당을 하나 지은 것입니다. 주례를 볼 가짜 신부까지 하나 세웁니다. 그러고는 계속 결혼식을 주관합니다. 현재 그런 상황입니다. 이것이 교회입니까? 하나님께서 선택하신 교회가 진짜 교회지, 여행업자가 선택한 것이 교회입니까? 아닙니다. 그것은 가짜입니다. 깊이 생각할 문제입니다. 교회는 하나님께서 세우십니다. 하나님께서 선택하십니다. 인간은 하나님의 뜻을 조용히 따를 뿐입니다.

　예수소망교회의 설립에 관하여 이제는 좀 말을 해야겠습니다. 여러분도 이제는 아셔야 되겠습니다. 바로 이 예배당이 서 있는 대지에 관한 이야기입니다. 여러분이 교회에 오실 때마다 느끼시겠지만, 온 세계를 통틀어 이렇게 좋은 명당자리에 세운 교회가 없습니다. 이렇게 좋은 땅이 어디 있습니까. 대한민국 어디에 이렇게 좋은 자리에 세워진 교회가 또 있습니까. 교회는 다 골목으로 들어간 곳에 있습니다. 이렇게 비싼 땅, 이렇게 좋은 예배당, 게다가 뒤에는 동산이 있고, 사통오달입니다. 도대체 이런 희한한 장소가 어떻게 교회의 설립 장소가 되었을까? 바로 이 1,200평 대지에 교회를 세우게 되는데, 그 유래는 이렇습니다. 이 근방에 있는 교회의 목사님들이 저를 찾아와 말합니다. 자기들이 그 땅을 사려고 좌우간 10년 동안을 뱅뱅 돌면서 저 땅 사게 해달라고 기도했다는 것입니다. 그래서 여기에 예배당을 지으려고 그렇게 애를 썼는데도 결국 못샀습니다. 그런데 곽 목사는 오자마자 샀습니다. 그래 어떻게 샀을까 궁금하여 물어보는 것입니다. 제가 아주 신중히 대답을 했습니다. "나는 겸손해서 샀고, 당신들은 교만해서 못산 거요." 무슨 뜻인지 모르시겠지요? 이 대지가 원래 두 사람 것이었습니다. 500평, 700평. 한데 500평 가진 사람이 팔겠다고 하면 700평 사람이 안팔겠다고 하고, 700평 가진 사람이 팔겠다고 나서면 이번에는 500평 사람이 안팔겠다고 합니다. 그렇게 해서 서로 땅값을 올리는 것입니다. 하지만 교회를 지으려면 두 땅을 다 사야 됩니다. 500평만 가지고는 안된다는 생각으로 700평까지 다 사려고 하다보니 못샀던 것입니다. 하지만 저는 욕심이 없었습니다. 500평을 판다고 하기에 일단 샀습니다. 만족합니다. 더 바라지도 않았습니다. 그리고 여기에 500명 들어가는 예배당을 딱 세우고 조용하게 목회하려고 했습니다. 500명 들어가는 규모의 예배당을 설계까지 다하고 건축허가까지 받았습니다. 이제 짓기만 하면 되는 것입니다. 그래 건축을 시작하려고 하는데, 미안합니다마는, 고맙게도 동네 사람들이 모여 데모를 했습니다. 반대데모를 한 것입니다. 이래서는 안되겠다는 것이었습니다. 곽 목사님이 세우는 교회라면 언젠가는 커질 것이고, 그러면 비좁은 교회 때문에 이 동네 전체가 다 시끄러워질 테니, 500평 가지고는 안되겠다는 것이었습니다. 그래서 좌우간 1년 동안을 건축을 못했습니다. 참 애타게 기다렸습니다. 그래 제가 동네사람들하고 만나 의논을 하였습니다. 그랬더니 그들은 차라리 크게 하려면 하라고, 작은 것은 안된다고 하는 것입니다. 그래서 나머지 700평까지 사들이게 된 것입니다. 그 700평 땅 가진 분도 700평만 가지고는 아무 소용이 없거든요. 그래서 두 땅을 쉽게 사게 되었고, 그것을 합쳐서 오늘의 이 교회가 된 것입니다. 누가 이런 시나리오를 만들 수 있겠습니까. 사람으로는 불가능합니다. 하나님께서 참 오묘하게 역사해주셔서 여기에다 예수소망교회를 세울 수 있었던 것입니다. 이것을 알아야 됩니다. 간단합니다. 겸손해서 이 땅을 살 수 있었던 것입니다. 그래서 이 교회가 이렇게 세워지게 된 것입니다. 하나님께서 친히 역사하셔서 이 땅을 우리 예수소망교회에게 주셨고, 오늘의 교회가 이루어진 것입니다.

오늘본문은 말씀합니다. "너희를 택하심을 아노라(4절)." 사도 바울의 유명한 선언이 있습니다. 그는 데살로니가 교회를 향해 편지를 쓰며 말씀합니다. '하나님이 너희를 선택하신 것을 아노라.' 깊은 뜻이 있습니다. 교회는 인간이 세우는 것이니, 다른 목적이나 다른 동기로 세울 수도 있습니다. 그러나 문제는 하나님의 선택하심의 증거가 있어야 된다는 것입니다. 과연 하나님께서 하신 일이다— 여기에서부터 교회입니다. 사람들이 이 모양, 저 모양으로 한다고 해서 그것이 교회가 아닙니다. 특별히 오늘본문에서는 이렇게 확증해줍니다. "복음이 말로만 너희에게 이른 것이 아니라 오직 능력과 성령과 큰 확신으로 된 것이니……(5절)" 복음이 말로만이 아니고, 능력화되었다는 것입니다. 여기에는 중요한 신학적 의미가 있습니다. 말로만이 아니고 능력이다— 말로만 되는 것은 교회가 아닙니다. 능력으로 나타나야 교회입니다.

참 우습기도 하고 어이없는 일같지만 이것은 사실입니다. 제가 소망교회를 처음 세웠을 때 11명이 가정에서 예배드리면서 시작했습니다. 그러다가 상가를 하나 얻게 되었습니다. 전체 교인수가 겨우 150명 정도일 때입니다. 전혀 생각지도 않게, 한 달 동안 그 교인들 가운데서 귀신들린 사람이 셋이나 생겼습니다. 어쩌겠습니까? 제가 인천에서 14년 동안 목회하면서 많이 경험해봤습니다. 인천은 바닷가라서 워낙 귀신들이 많습니다. 귀신들린 사람 내쫓는 일에 제가 아주 능란하거든요. 신학대학에 가서 엑소시즘 강의도 제가 했습니다. 그러니 귀신 내쫓는 것 정도야 문제가 안되는 일이었습니다. 결국 귀신을 싹 다 내쫓아서 깨끗하게 만들었습니다. 그랬더니 참 의외의 소문이 납니다. 다들 '우리 곽 목사님은 박사요, 교수요, 목사요' 하는 줄만 알았는데, '영권'이 있다는 소문이 퍼지는 것입니다. 요샛말로 '영발'이 있다고 그러지요? 영발이 있어야 됩니다.

성경에도 나옵니다. 예수님께서 만일 귀신을 내쫓지 못하셨다면 어떻게 되었겠습니까? 예수님께서 그 많은 병자들을 고치지 못하셨다면 어떻게 되었겠습니까? 솔직히 말하면 귀신들린 사람이 예수님께 오지 않았다면 어떻게 되었겠습니까? 그런 사건들이 있어서 예수가 예수되고, 예수가 하나님의 아들로 증거되는 것 아닙니까. 말로만이 아니라 능력으로 나타난 것을 확증하게 되는 것이거든요. 이렇게 되니까 능력 있는 종으로 소문이 나더니, 1년 동안에 무려 2,000명의 교인들이 모여드는 것이었습니다. 그래서 오늘의 소망교회가 된 것입니다. 능력, 복음의 능력화— 말씀이 말로만이 아니라 능력으로 나타나야 되는 것입니다. 능력으로 나타난 증거가 있어야 합니다. 그래서 지적인 교리, 인간화된 지식이 아니라, 도덕강연이 아니라, 인간을 변화시키는 능력이 그 교회 안에서 나타날 때 비로소 교회가 교회되는 것입니다.

추상적, 철학적 진리가 아니라 영생하게 하는 능력, 영생의 말씀이 있다는 증거가 나타나는 순간 교회가 교회되는 것입니다. 그 확실한 증거의 개인적 검증기준이 오늘본문에 있습니다. "믿음의 역사……(3절)" 믿음은 가슴에 있는 것입니다. 역사란 '에르곤(에너지)'입니다. 힘으로 나타나야 됩니다. 믿음이 힘으로, 자기극복의 힘으로, 시험을 이기는 힘으로, 정욕을 이기는 힘으로 나타나야 됩니다. 힘으로 나타나야, 능력으로 나타나야 한다는 것입니다. 그러니까 믿음이 머릿속에 있는 지식이 아니라, 그 인격과 성품과 생명을 움직이는 힘으로 작용할 때 그가 택함받은 사람인 것입니다.

또 "사랑의 수고……(3절)"입니다. 사랑한다면 수고는 따라가는 것입니다. 유명한 슈바이처 박사의 논리가 있습니다. '사랑은 수고다. 사랑은 희생이다.' 그 다음 말이 중요합니다. '그런데 그 수고와 희생은 기쁨이다.' 여러분은 부엌에서 설거지를 합니까? 설거지를 하면서 '어쩌다 내 팔자가 이렇게 됐나?' 하면 사랑은 거짓말입니다. 사랑하면 설거지를 하는 것이 행복하고, 사랑하는 자를 위하여 수고하는 것은 영광입니다. 또 가족들을 위하여 새벽부터 나가서 돈을 번다 하더라도 행복한 것입니다. 왜? 사랑하기 때문입니다. 사랑의 수고가 얼마나 확실한 이야기입니까.

아주 재미있는 이야기가 있습니다. 어떤 사람이 목사님을 찾아가 "내가 며칠 전에 결혼했는데, 결혼하면 그저 행복할 줄만 알았는데, 결혼생활이 아주 피곤합니다. 너무 힘듭니다. 가정생활이라는 것이 노동입니까? 오락입니까?" 하고 물었습니다. 그러자 목사님이 말합니다. "그거, 중노동입니다." 이번에는 신부님을 찾아가 물어봤답니다. "결혼생활은 노동입니까? 오락입니까?" 신부님 대답이 걸작입니다. "십자가입니다." 다음으로 랍비를 찾아갔습니다. 이스라엘 랍비를 찾아가 묻습니다. "아니, 가정생활이 노동입니까? 오락입니까?" 그러자 랍비가 껄껄 웃으며 명답을 합니다. "그것은 틀림없이 오락입니다. 그것이 만일 노동이라면 내 마누라가 식모한테 시키지 자기가 하겠습니까?" 그것이 만일 노동이라면 왜 자기가 하겠느냐? ― 가정부한테 시키지 않겠습니까. 하지만 자기가 하거든요? 사랑으로 무슨 일을 하든 그것은 기쁨입니다. 기쁨이 되어야 거기에 바른 수고가 있고, 희생이 있고, 기쁨이 있습니다. 그것이 바로 사랑이라는 것입니다.

또 "소망의 인내……(3절)"입니다. 소망이 확실하면 인내는 쉬운 것입니다. 소망 없는 인내는 지옥입니다. 안그렇습니까. 소망이 확실하면 스데반처럼 돌에 맞아 죽어도 얼굴이 천사의 얼굴이 되는 것입니다. 왜요? 자기가 가야 할 소망의 세계가 환하게 보이기 때문입니다. 환난과 핍박은 아무것도 아닙니다. 순교까지도 아무것도 아닙니다. 소망이 확실하기 때문입니다. 바로 이런 믿음을 가리켜 성경은 분명히 말씀합니다. 이것이 바로 택함받은 자의 모습이라고. 택함받은 자의 증거라고. 누가 토마스 에디슨에게 물어보았습니다. "발명을 할 때 우리가 갖추어야 될 자세가 무엇이겠습니까?" 토마스 에디슨은 말합니다. "한 가지에 집중하십시오. 그리고 기다리세요. 인내로 승부가 납니다." 기다림이 지루하면 아무것도 아닙니다. 이것을 알아야 됩니다. 소망이 확실하면 기다림은 지루하지 않습니다. 어렵지 않습니다.

우스운 이야기입니다마는, 제가 나이가 드니까 이런 이야기도 합니다. 제가 제 아내를 집에다 두고, 아이들을 다 놔두고 혼자서 유학을 5년 했습니다. 미국 사람들이 이해가 안되는 것입니다. '어떻게 아내를 5년씩이나 혼자 두느냐? 자기네들은 일주일도 혼자 있으면 안되는데, 무려 5년 동안이나 이별상태로 살다니, 어찌 그럴 수 있느냐?' 이런 질문 많이 받았습니다. 그때마다 제가 답합니다. '그렇게 생각할 것 없다. 앞으로 5년 후에 만날 것 아니냐. 이렇게 생각하면 곱배기 기쁨이 있는 것 아니겠느냐? 무얼 그렇게 초조하냐? 그까짓 5년이 무슨 큰 문제냐?' 저는 5년 동안 집사람 두고 가서 공부할 때 한 번도 미안하다는 생각 안했습니다. '잠깐만 기다려라.' 무얼 그렇게 조바심을 하고 난리를 칩니까. 소망, 소망. 멀리 바라보고 확실하면 오늘 인내는 문제가 안됩니다. 이럴 때 우리는 택하심을 아노라 — 그것이 택함받은 사람의 모습입니다. 그래서 데살로니가 교회는 하나님께서 택하신 교회라고 사도 바울은 말씀하는 것입니다.

성서신학적으로 보면, 데살로니가 전서가 사도 바울의 모든 편지 중에 No.1입니다. 첫 번째로 쓴 것입니다. 처음으로 쓴 편지입니다. 데살로니가전서, 여기서 이렇게 말씀하고 있는 것입니다. '당신의 교회는 선택받은 교회요. 처음부터 환난 가운데서 복음을 받았고, 도를 받고, 기쁨으로 받고, 행복한 마음으로 예수를 믿으니 선택받은 사람들이요' 하고 칭찬하고 있습니다.

이같은 데살로니가 교회는 모든 믿는 자의 표본이 됐습니다. 이상적 모델(Idealist Model)입니다. 교회란 무엇이냐? 오늘도 교회의 이미지 때문에 문제가 많습니다. 이런 교회, 저런 교회…… 참교회가 무엇인지 알아볼 수 없을 만큼 혼란해졌습니다. 소망교회, 우리 예수소망교회는 교회 중의 교회, 아주 이상적 모델로서의 교회, 표본적 교회입니다. 꼭 필요합니다. 특별한 일은 안해도 '이것이 교회다' 할 수 있는 교회가 꼭 필요합니다. 그럴 때 우리 교회만이 아니라 모든 교회가 함께 부흥할 것입니다. 함께 교회된 모습을 바로 세워갈 것입니다. 하나님의 선택, 하나님께서 계시고, 하나님의 능력이 계시고, 하나님의 복음적 능력이 살아 역사하는 교회— 바로 그런 교회에 그런 능력을 매일같이 체험하는 살아 있는 교인이 필요한 것입니다. 특별한 행사가 없어도 괜찮습니다. 이것이 교회다— 예수소망교회가 '이것이 교회다!'라고 말해주는 확실한 증거로서의 교회, 등대같은 교회로 다시 출발하고 부흥하게 되기를 바랍니다. △

네 원수를 사랑하라

또 네 이웃을 사랑하고 네 원수를 미워하라 하였다는 것을 너희가 들었으나 나는 너희에게 이르노니 너희 원수를 사랑하며 너희를 핍박하는 자를 위하여 기도하라 이같이 한즉 하늘에 계신 너희 아버지의 아들이 되리니 이는 하나님이 그 해를 악인과 선인에게 비취게 하시며 비를 의로운 자와 불의한 자에게 내리우심이니라 너희가 너희를 사랑하는 자를 사랑하면 무슨 상이 있으리요 세리도 이같이 아니하느냐 또 너희가 너희 형제에게만 문안하면 남보다 더 하는 것이 무엇이냐 이방인들도 이같이 아니하느냐 그러므로 하늘에 계신 너희 아버지의 온전하심과 같이 너희도 온전하라

(마태복음 5 : 43 - 48)

네 원수를 사랑하라

80세를 훌쩍 넘긴 노부부가 언젠가 한번 텔레비전 방송에 나와 인터뷰하는 것을 본 적이 있습니다. 사회자가 이렇게 묻습니다. "할아버지 할머니처럼 해로하며 행복하게 사는 부부를 무엇이라고 하는지 아십니까?" 사회자가 기대하는 답은 두 가지입니다. '천생연분' 아니면 '천정배필'입니다. 적어도 이 비슷한 대답이 나오기를 기대하며 물었던 것입니다. 그러나 할머니는 엉뚱한 대답을 합니다. "웬수." 그러자 사회자가 당황합니다. "그런 것이 아니고, 넉 자로, 넉 자로 말씀해주세요." 그러자 "평생원수" 합니다. 원수하고 한평생 산 것입니다. 틀림이 없습니다. 어쨌든 이혼은 안했으니까요.

여러분은 인간관계를 어떻게 생각합니까? 이제는 말할 수 있습니다마는, 제가 북한에 갈 때마다 저를 대하는 분들이 자꾸 바뀝니다. 역시 정치세계니까 사람이 자꾸 바뀌거든요. 고급간부들이 바뀌는데, 나같은 사람을 만나자니 나에 대한 과거기록을 볼 수밖에 없습니다. 내 프로필이 거기에 있는 것입니다. 그 기록을 딱 보고 나를 만나는 그쪽 사람은 언제나 이렇게 말을 시작합니다. "목사동무, 동무의 아버지가 우리 공산당원에게 총살당할 때 바로 옆에 있었다고 여기에 기록되어 있습니다. 그래서 남쪽으로 피신을 했다고 되어 있는데, 그럼에도 불구하고 조국(祖國)을 위해 오셔서 이렇게 우리를 돕고자 애쓰시는 것을 볼 때, 참으로 고맙고 감격하게 생각합니다. 그래서 조국의 이름으로 환영합니다." 이렇게 인사를 하는 것입니다. 그분들이 내게서 무슨 대답을 기대하는지 모르지만, 저는 늘 이렇게 답합니다. "약육강식의 원리를 기초로 한 변증법적 유물사관으로는 이해하지 못할 것입니다. 그러나 이것은 사실입니다. 마치 산중에서 포수와 맹수가 만난 것같은 관계로 세상을 보아서는 안됩니다. 세상은 벌과 꽃처럼 보아야 합니다. 서로 돕고 사는 것입니다. 빼앗기는 것같으나 주는 것이고, 또 받는 것같으나 베푸는 것입니다. 그렇게 살아가는 것입니다. 그리고 내가 여러분을 돕고자 하는 것은 아주 기본적인 것입니다. 누구를 위해서도 아닙니다. 나의 자유(自由)를 위해서입니다. 원수 갚는 연쇄고리는 언젠가는 누군가가 끊어야 하기 때문입니다. 분해서 원수 갚으면 또 다른 원수를 만듭니다. 원수에서 원수로— 이것을 언제까지 이어갈 것입니까? 그런고로 사랑의 원리라는 것은 어디선가 원수를 사랑한다고 하는 그 시작이 있고야 이루어지는 것입니다. 시간적으로나 생활양식으로나 심리학적으로나 원수사랑은 기본입니다. 이것을 우리가 잊지 말아야 합니다."

프레드 러스킨(Fred Luskin)의 「용서」라는 유명한 베스트셀러가 있습니다. 이 책에서 그는 계속 강조합니다. '많은 사람들이 어두운 과거에서 헤어나지 못한다. 어두운 과거에서 어두운 과거로, 그 콤플렉스에서, 그 피해의식에서 헤어나지 못하는 그런 불행한 삶을 계속 살며 일생을 망치게 된다. 이런 사람들이 너무 많다.' 이렇게 지적하면서 그는 말합니다. '첫째, 그런고로 이 과거로부터, 과거라고 하는 어두운 감옥으로부터 벗어날 수 있는 길은 용서다.' 잊지 말아야 하겠습니다. 용서만이 내 과거로부터 나를 벗어나게 할 수 있습니다. 그래야 오늘이 새날이 될 수 있고, 내가 새사람이 될 수 있는 것입니다. 거기에 매인 동안은 나는 옛사람입니다.

'둘째, 용서를 통해서만 두려움에서 벗어난 자유인이 될 수 있다.' 무슨 일을 하든, 누구를 만나든 어딘가 좀 거리끼는 것이 있고, 사람을 대할 때도 활짝 트인 마음으로 대하지 못하고 무엇엔가 껄끄럽고 불편하다면 그것은 무엇 때문입니까? 용서를 못했기 때문입니다. 깨끗이 용서해버린 사람은 두려움이 없습니다. 거칠 것이 없습니다. 하늘을 보나 땅을 보나 거칠 것이 없습니다. 죄송합니다마는, 그래야 건강합니다. 우리가 앓는 병의 80%는 자기 스스로 만드는 것입니다.용서를 못한 사람들의 일입니다. 다 용서하고나면, 아니 용서하면서 살면 모든 두려움으로부터 자유할 수 있습니다.

'셋째, 용서를 통해서만 미래를 볼 수가 있다. 깨끗이 용서하는 순간 환한 미래가 열린다.' 이것은 누구나 경험할 수 있는 일입니다. 이것은 확실한 것입니다. '상호성 사랑'이라는 것이 있고, '대가성 사랑'이라는 것이 있습니다. 네가 나를 사랑하니 내가 너를 사랑하고, 네가 나를 위하니 내가 너를 위하고…… '대가성'이란 자녀들에게 사랑을 베풀고는 효도하라고 강요하는 것입니다. 효도를 바라고 자녀를 키운 것입니까? 저는 이런 생각을 합니다. 아이들을 키울 때, 아주 어린 그 아이들, 얼마나 예쁩니까. 잠깐잠깐 봐도, 남의 아이라도 보면 아주 미치게 예쁘지 않습니까. 그러면 본전 찾은 것입니다. 무엇을 또 바랍니까. 키우면서 재미 다 보지 않았습니까. 안그렇습니까. 효도? 잊어버리십시오. 그거 생각하는 동안 벌써 사람 추해지고 인간 망가지는 것입니다. 이놈들이 뭐 전화 한 통도 있느니 없느니, 뭐 키워봐야 말짱 헛것이라니…… 말조심하십시오. 당신은 안그랬습니까! 뭘 쓸데없는 소리를 하고 있습니까. 잊어버리십시오. 불효를 하든 효도를 하든, 기어가든 말든, 전화 한 통이 있든 없든 상관하지 마십시오. 왜 그렇게 사람 추해지려 하는 것입니까. 깨끗이 잊어버리고 살아야 됩니다. 그래야 자유합니다. 이것을 잊지 말아야 됩니다.

오늘성경은 우리에게 이 문제를 아주 구체적으로 가르쳐줍니다. 예수님께서 이렇게 확실하게 말씀하십니다. '자, 너희가 너희를 사랑하는 자를 사랑하면 무슨 상이 있겠느냐? 세리도 이같이 하지 않느냐. 너희가 너희 형제에게만 문안하면 남보다 더한 것이 무엇이냐? 이방인들도 이와같이 하지 않느냐? 사랑받고나서 사랑하는 일이야 누가 못하겠느냐? 그까짓 것 가지고야 인간이라고 할 수 있겠느냐?' 여러분, 이 선, 이 수준, 이 차원을 넘어서야 크리스천이라는 것을 잊지 마십시오. 이것이 안돼서 결국은 바득바득 그렇게 울상으로 사는 것입니다. 그래서 마음이 편하지 않은 것입니다. 아직도 자유하지 못한 것입니다. 이것을 잊지 말아야 합니다.

원수라는 것이 무엇입니까? 원수는 자기주관과 자기중심적 관점에서 생기는 것입니다. 나와의 관계에서 원수인 것입니다. 그러나 이것은 선악의 문제하고는 다릅니다. 나에게는 원수지만, 다른 사람에게는 애인일 수도 있습니다. 나하고는 나쁘지만, 다른 사람하고는 좋을 수도 있는 것입니다. 아니, 어쩌면 남에게는 원수지만, 하나님 앞에는 소중한 하나님의 자녀일 수도 있습니다. 그래 나를 중심으로 할 때, 이 좁은 '나'라고 하는 여기에서 그만 원수가 생기는 것입니다. 이런 이기적인 생각이, 이런 자기중심적인 생각이 원수를 맺게 하는 것입니다. 여기서 탁 털고 일어나면 원수는 없습니다.

또 현재에 집착할 때 원수가 생깁니다. 언제나 현재에 꽉 붙들린 사람이 있습니다. 오늘 이 시간, 이것밖에는 생각하지 못합니다.

여기에 있는 이득, 여기에 있는 돌아오는 것, 이것만 생각합니다. 그저 몇푼 더 벌려 하고, 조금 더 인정받으려고 하는 이런 것입니다. 사실 생각하면 그거 아무것도 아닙니다. 조금만 멀리 생각해보십시오. 저는 그런 생각 좀 해봅니다. 요새 우리 정치한다고 나선 분들, 뭐 후보가 돼 보겠다고 몸부림을 치고, 서로 욕하고 하다가 다 떨어져나가고 이제 마지막에 하나 남지 않습니까. 그 떨어져나간 사람들 어떻게 생각할까요? 저는 그런 생각을 합니다. '아이고, 잘됐다.' 그럼 안됩니까? 이제부터 또 뭘 하려면 얼마나 힘듭니까. '지금 떨어져나가길 잘했지.' 조금만 멀리 생각해보십시오. 낙방한 것이 차라리 잘된 일입니다. 실패한 것이 차라리 잘된 일입니다. 실패가 있어서 오늘이 있는 것 아닙니까. 아니, 그 원수가 있어서 오늘이 있는 것 아닙니까.

    정말 이제야 말할 수 있습니다마는, 제가 목회하면서 많은 헌금도 해봤고, 예배당 지으려고 애도 많이 썼지만, 헌금예산을 세워서 단번에 계획한 액수를 훌쩍 넘어선 경우는 딱 한 번뿐이었습니다. 언제나 첫번 헌금은 계획한 것의 삼분의 일만 들어오면 된 것입니다. 그렇게 하면서, 또 세월이 가면서, 채우면서 헌금을 해왔지, 단 한 번 헌금으로 예산보다 훨씬 많은 헌금이 들어온 것은 한 번뿐이었습니다. 그때 그 헌금으로 교회의 사택도 구입하고, 서울장로회신학대학의 땅을 사는데도 보탰습니다. 아무튼 그런 일이 있었는데, 왜 그럴 수 있었을까요? 바로 그때 예배당증축 반대운동이 있었습니다. 예배당 증축하기로 결정하고 막 시작하는데, 아주 조직적인 반대가 있었던 것입니다. 절대반대— 반대에 부딪히니까 사람들이 '아, 이거 안되겠다. 열심을 내야겠다' 하고 생각한 것입니다. 그래서 열심을 내어 헌금이 곱배기로 많이 들어왔습니다. 저는 그때 반대했던 분들에 대하여 지금 아주 고맙게 생각합니다. 어려운 일이 있어도, 지나고 보면 어려움을 주었던 분들이야말로 사실은 원수가 아닌 것입니다. 오히려 은인입니다.

제 친구 몇이 북한에서 나왔습니다. 이원설 박사, 민경배 박사, 김정열 박사, 저 이렇게 네 사람이 한 고향 친구입니다. 형제처럼 지냈습니다. 우리가 만나면 첫번 인사가 '너나 나나 시골에서 지게 지고 다니던 놈들인데, 김일성 덕에 출세했다'입니다. 안그렇습니까. 아무리 생각해도 그렇습니다. 이번에도 제가 지난 주일에 미국에 갔다가 어젯밤에 돌아왔습니다. 거기에서 하루 여덟 시간씩 강의했습니다. 그러고 돌아왔는데, 가고 오는 동안 가만히 생각해보면 '이게 웬 떡이냐?' 싶습니다. 내가 이럴 수 있는 사람이 못되거든요. 아무리 생각해도 그 영감 덕을 본 것입니다. 그놈의 원수라고 미워하지 마십시오. 조금만 더 두고 보면 은인이 된다니까요. 아주 잊을 수 없는 은인입니다. 왜, 이 생각을 못하고 조급하게 미리 판단해서 뭐가 어쩌고저쩌고 말을 하니, 이 얼마나 한심한 인격입니까.

또한, 하나님의 뜻과 하나님의 경륜을 이해하면 모든 시련, 모든 고통에서 우리는 더 감사할 수 있게 되는 것입니다. 이것이 있어서 내가 있기 때문입니다. 가장 큰 예가 요셉입니다. 요셉의 형들이 동생을 노예로 팔아먹었습니다. 있을 수 있는 일입니까. 도저히 있을 수 없는 악이지만, 이를 통하여 요셉이 애굽의 총리대신이 되는 것입니다. 형들이 팔아먹지 않았다면 요셉이 애굽에 갔겠습니까. 총리대신이 됐겠습니까. 이해하기 쉽지 않은 일이지만, 이런 일들이 다 하나님의 섭리, 하나님의 큰 축복, 하나님의 은총입니다. 감사하는 사람은 원수가 없습니다. 그래서 요셉이 자기 형들 보고 위로하지 않습니까. '당신들의 자녀를 내가 기르겠습니다. 걱정하지 마세요. 당신들이 나를 팔아먹은 게 아닙니다. 내가 팔려온 게 아니고, 하나님께서 나를 이리로 보내신 것입니다.' 하나님의 큰 경륜을 아는 사람에게는 원수가 없습니다. 다 고마운 분들입니다. 다 고마운 분들입니다. 그런고로 원수가 없는 것입니다.

또한 신앙적 관점에서 로마서 5장을 생각합니다. 내가 하나님과 원수가 되었을 때 예수께서 나를 위해 죽으시고…… 내가 하나님과 원수가 되었다는 것은 곧 내가 하나님의 은혜를 배반하고 하나님 앞에 용서받지 못할 원수로 살아간다는 것입니다. 하나님께서 나를 사랑하신 그 사랑이 바로 원수사랑의 차원에서 이루어진 것입니다. 이런 사랑을 내가 받았습니다. 그런데 무슨 할말이 있습니까. 가끔 우리는 자식을 위하여 수고할 때도 있습니다. 저는 그런 생각을 해봅니다. 저는 그렇게 자녀들을 나무라지 않습니다. 왜요? 제 어머니가 그러셨기 때문입니다. 제 부모님이 그러셨습니다. 우리가 아무리 자식을 위하여 수고한다고 해도, 이것은 아무것도 아닙니다. 옛날 그 어른들이 정성을 다하여 수고한 것에 비하면 이것은 만분의 일도 안됩니다. 제가 받은 사랑은 바로 그런 사랑이라는 말입니다. 그 큰 사랑을 받고 이제와서 무슨 말을 하겠습니까. 그런고로 신앙적 관점에서 내가 받고 있는 사랑이, 아니 이미 받은 사랑이, 바로 이 원수사랑의 차원에서 이루어진 것입니다. 주께서 창조적으로 주도적으로 사랑하셨던 것입니다. 먼저 사랑하셨습니다. 그렇다면 그 사랑에 응답하는 내가 누구를 비판하고 누구를 미워하겠습니까.

또한 구원론적으로 생각하면 이 사랑이라는 것은 절대조건입니다. 이 원수사랑이란 절대조건입니다. 성경의 맥락을 잘 연구해보면 기본적으로 구원받는 절대조건이 세 가지가 있답니다. 첫째가 '믿음으로'입니다. 오직 믿음으로 의롭다 함을 얻고 구원받습니다. 둘째는 '어린아이와 같지 아니하면 하늘나라에 못들어간다'는 것입니다. 어린아이 같은 겸손한 자세입니다. 셋째는 '용서'입니다. 주기도문에도 용서해야 용서받는다고 돼 있습니다. 그러니까 마지막 숨 넘어가기 전에라도 용서해야 됩니다. 용서를 다 하고야 하늘나라의 문을 들어갈 수 있는 것입니다. 내가 누구를 원망하고, 누구하고 원한이 맺힌 관계에서는 천국 문에 들어설 수 없습니다. 그것은 믿음이 아니기 때문입니다. 믿음의 증거는 바로 용서와 그 결과로 나타나는 것입니다. 구원의 절대조건입니다. 그리고 '원수를 사랑하라' 하고 말씀하십니다. 사랑하라— 몇 가지로 말씀하십니다. 구체적으로, 아주 그냥 사랑하라— 감상적으로 그저 용서하는 마음가짐으로 살라는 것이 아닙니다. 적극적으로 말씀하십니다. 기도하라 하십니다. 원수를 위해서 기도하라— 복을 빌라는 말씀입니다. 원수 잘 되게 해달라고 복을 빌라는 것입니다. 원수가 망하는 것 보고 좋아하지 말라고 하셨습니다.

　시편에서는 네 원수 망하는 것 보고 좋아하지 말라고 하였습니다. 그러면 하나님께서 그 벌을 네게 내릴 것이다, 하였습니다. 원수가 망하는 것을 보고도 통쾌하게 여겨서는 안되는 것입니다. 잊지 말아야 합니다. 그저 복만 빌어야 됩니다. 원수사랑이란 곧 복을 비는 마음입니다. 그래 예수님께서 아주 구체적으로 말씀하시는 바가 있지 않습니까. 마태복음 10장은 '너희가 전도하러 다닐 때 누가 핍박을 하거든 다음 집으로 가라. 그리고 가는 곳마다 복을 빌어라. 핍박을 해도 복을 빌고 물러서라'고 말씀합니다. 아주 귀한 말씀입니다. 그것이 바로 우리 그리스도인의 처세입니다. 그래서 복을 빌어야 한다는 것입니다. 예수님께서는 친히 실천하셨습니다. 예수님께서 친히 본을 보여주셨습니다. 십자가상에서 돌아가실 때 '하나님이여, 저들의 죄를 사하여주옵소서' 하며 위하여 기도하셨습니다. 원수를 위하여 기도하셨습니다. 왜요? 모르기 때문입니다. 불쌍한 사람들입니다. 모르기 때문입니다. 증오란 무식입니다. 증오란 근심이며, 어리석음입니다. 이 얼마나 바보짓입니까? 꼴에 미워해서 뭐 어쩌자는 것입니까. 자기가 망하는 것도 모르고, 자기가 병들어 죽는 것도 모르고, 얼마나 불쌍합니까. 그런고로 불쌍히 여기는 마음으로 '하나님이여, 저들의 죄를 사하여주옵소서' 하고 기도하셨습니다. 이것이 바로 승리입니다. 또한 '배고프거든 먹이고, 목마르거든 마시우라. 원수라고 해서 굶어 죽어가는 것 보면서 외면하지 마라. 그러면 하나님께서 그 핏값을 찾겠다'고 하셨습니다. 나와의 관계야 어떻든, 나는 배고픈 자는 먹여야 하고 목마른 자는 마시게 해야 합니다. 구체적으로 그렇게 해야 합니다. 이것이 사랑입니다. 내가 할 도리는 다해야 한다는 말씀입니다. 원수로서가 아니라 사랑하는 자로서, 위하여 복을 비는 자의 '내 할 도리'는 다 해야 한다는 말입니다.

제가 인천에서 목회할 때, 박학전 목사님이 협동목사님으로 계셨습니다. 그분이 옛날 일정 때 감옥에 오래 계셨던 애국지사입니다. 그래서 나라에서 특혜를 주어 인천 판유리 공장을 세울 때 그분을 사장으로 세웠습니다. 그래서 인천시장도 하고, 공장사장도 했습니다. 그런 특혜를 입었던 분입니다. 그분이 저희 교회에 협동목사로 계셨는데, 그분의 이야기입니다. 어느날 특별한 사람이 취직을 하러 왔더랍니다. 키가 작습니다. 쉽게 말하면 난쟁이입니다. 그 키 작은 사람이 아주 신앙이 좋았습니다. 그래 먹고 살게 해달라는 부탁을 받고 그렇게 하라고 큰 자비를 베풀어 한 자리 일을 맡겼답니다. 그랬더니 좀 우락부락한 사람들이 가끔 가서 발길로 차면서 "야, 이 난쟁이야. 네가 뭘 할 수 있다고 왔냐? 이걸 들 수 있냐? 저걸 옮길 수 있냐? 네가 뭘 한다고 자꾸만 용을 쓰냐?" 이러면서 그 키 작은 사람을 괴롭히는 것입니다. 점심을 먹고 있는데도 와서 발길질을 해대며 난쟁이가 무슨 일을 하겠느냐고 한바탕 퍼붓고 가는 것입니다. 옆에서 보는 사람도 참 민망했습니다. 그렇다고 저러는 것을 말렸다가는 내가 얻어맞을 수도 있으니 어쩔 수도 없고, 그런 딱한 상황이었습니다. 그때 그 난쟁이가 하는 말입니다. "야, 이놈들아. 너희들 못 하는 거 나만 하는 게 있다." 깜짝놀랄 일이었습니다. 그래 되묻습니다. "야, 이놈아. 우리가 못하는 거 네가 하는 게 뭐란 말이냐?" 그러자 그 난쟁이가 아주 당당하게 말하더랍니다. "난쟁이 놈아! 하는 소리를 들으면서도 미워하지 않는 것은 나만 할 수 있다." 그 순간 아주 관내가 숙연해졌다는 것입니다.

 그런 업신여김을 받으면서도 나는 너를 미워하지 않는다고 하면 바로 그가 이긴 것입니다. 그가 승자입니다. 존 맥스웰(John Maxwell)은 「인간관계의 원칙」이라는 저서에서 이렇게 말합니다. '우리는 남을 미워하다 보면 두려움이 생겨요. 이 경계심 때문에 내가 가진 잠재능력을 다 잃어버린다는 겁니다. 또 너무 지나친 이기주의 때문에 남을 사랑할 수가 없게 되는 겁니다. 다른 사람의 차이점을 이해하지 못함으로 인해서 내 생각과 능력의 영역이 좁아지고 있다는 겁니다. 이 모든 것에서 벗어날 수 있는 길은 원수를 사랑하는 데 있는 겁니다.' 절대로 잊지 맙시다. 사랑받고 사랑하는 정도의 수준으로는 안됩니다. 오늘성경은 말씀합니다. '원수를 사랑할 때 하나님의 자녀가 된다.' 왜? 하나님께서 그렇게 하고 계시기 때문입니다. 악한 자의 밭에도 비를 내리시고, 선한 자의 밭에도 비를 내리시는 하나님이십니다. 아니, 원수도, 심지어 하나님이 없다고 하는 사람까지도 사랑해주시는 하나님이십니다. 그 하나님의 자녀가 되는 것은 바로 용서를 통해서만 가능한 일입니다. 하나님의 사랑은 창조적이요, 주도적이요, 미래적이요 그리고 자기희생적입니다. 십자가에서 돌아가신 그 엄청난 사랑을 통하여 원수사랑을 계시해주셨습니다. 그래서 이 사랑에 감복하고 이 사랑을 따라 살 때, 온전함을 얻게 됩니다. 오늘성경은 말씀합니다. "하늘에 계신 너희 아버지의 온전하심과 같이 너희도 온전하라(48절)." 하늘 아버지의 온전함, 그 자녀가 되었다면 너희도 온전하라— 원수가 없는, 원수를 사랑하는, 원수를 위해 복을 비는 이 차원에서 살아가라— 그리하면 하나님의 자녀 됨의 의미를 알게 될 것입니다. △

개혁신앙의 속성

　아브라함이 바랄 수 없는 중에 바라고 믿었으니 이는 네 후손이 이같으리라 하신 말씀대로 많은 민족의 조상이 되게 하려 하심을 인함이라 그가 백 세나 되어 자기 몸의 죽은 것 같음과 사라의 태의 죽은 것 같음을 알고도 믿음이 약하여지지 아니하고 믿음이 없어 하나님의 약속을 의심치 않고 믿음에 견고하여져서 하나님께 영광을 돌리며 약속하신 그것을 또한 능히 이루실 줄을 확신하였으니 그러므로 이것을 저에게 의로 여기셨느니라 저에게 의로 여기셨다 기록된 것은 아브라함만 위한 것이 아니요 의로 여기심을 받을 우리도 위함이니 곧 예수 우리 주를 죽은 자 가운데서 살리신 이를 믿는 자니라 예수는 우리 범죄함을 위하여 내어 줌이 되고 또한 우리를 의롭다 하심을 위하여 살아나셨느니라
(로마서 4 : 18 - 25)

개혁신앙의 속성

　신학자이자 목사인 일본의 유명한 종교가 우찌무라 간조(內村鑑三)가 어느날 아침식사자리에서 엉뚱한 기도를 했습니다. 마음속에 답답한 사정이 있었습니다. 어디까지나 아침식사 때는 아침식사를 위한 기도를 해야겠지만, 그는 자기도 모르게 뜻밖의 기도를 한 것입니다. 그 당시, 몇달 동안 비가 오지 않아서 이대로 한 주일 동안만 더 비가 오지 않으면 그 해 농사를 다 망치게 되었기에, 온 나라가 떠들썩했습니다. 한쪽에서는 기우제를 드리고 난리를 피웁니다. 그래 그는 자기도 모르게 "하나님 아버지, 비를 주세요. 주실 줄로 믿습니다. 꼭 오늘 비를 내려주세요. 그래서 우리가 다시 소생함을 얻게 해주세요. 비를 꼭 내려주실 줄로 믿습니다" 하고 기도했습니다. 그래 식사가 끝나고 밖으로 나갈 때 초등학교 다니는 큰 아이는 그냥 "아버지, 다녀오겠습니다" 하고 나가는데, 둘째 꼬마아이는 "아버지, 우산, 우산……" 하더랍니다. 그래 그가 말했답니다. "아, 이 놈아 비가 오지 않아서 지금 난린데, 청천하늘에 무슨 우산이냐?" 아이가 말합니다. "아버지, 비가 꼭 올 줄로 믿습니다. 비가 올 테니까 우산 가지고 가야지요." 이 말을 듣고 우찌무라 간조는 크게 감동을 해서 '나는 믿는다 믿는다 했는데, 다 헛된 소리였다. 이 아이만 믿음을 가지고 있다' 했더랍니다.
　믿음이란 추상적 진리가 아니고, 추상적 관념이 아니고, 추상적 소원이 아닙니다. 믿으면 행동은 따라가게 돼 있습니다. 믿음과 행위의 갈등이란 있을 수 없습니다. 믿으면 행동하는 것입니다. 믿음과 행동은 함께 가는 것입니다. 톨스토이(Leo Tolstoy)의 「사람은 희망에 속느니보다 절망에 속는다」라는 저서가 있습니다. 이 책에서 그는 말합니다. '사람들은 스스로 절망을 만들어놓고 그 안에서 속고 있다. 몇 번 실패하고 나면 이제는 끝났다고 생각해버리고 만다. 그리고 절망한다. 우리의 인생의 모퉁이에서 희망의 봄은 나를 기다리고 있다.'

심리학자 폴 투르니에(Paul Tournier)는 「모험으로 사는 인생」이라는 저서에서 이렇게 말합니다. '우리는 일상의 삶 속에서 새로운 변화를 시도한다. 아니, 바라고 있다. 간절히 바란다. 그러면서도 새로워지기를 싫어한다. 아니, 미래를 기대하지 않는다.' 이유가 있습니다. 첫째는 전문적 지식과 학문이 늘 현재적 시점에 안주하게 만들기 때문이라는 것입니다. 우리가 가진 얼마 안되는 지식, 별것 아니지만 늘 믿을 만한 것이 못된다는 것을 알면서도 우리는 또 믿습니다. 내 생각이라는 것이 별것 아니며, 번번이 빗나간다는 것 다 알면서도 또 거기에 의존하는 것입니다. 게다가 생각해보아야 할 문제가 전문성이라는 것입니다. 저는 그 말을 잘 안믿습니다. 무슨 전문가, 전문가 하는데, 별소리도 아닌 것을 전문가가 말했다고 하면 믿는 것이 참 우습습니다. 번번이 속으면서도. 이것 때문에 우리 운명이 망가지고 있고, 우리 신앙까지 흔들린다는 말입니다. 둘째는 반복과 틀에 박힌 사고로 인해 현재에 안주하기 때문이라는 것입니다. 새로운 것보다는 늘 익숙한 것에 안주하기를 바라기 때문에, 익숙한 거기에 안주하기 때문에 새로운 역사는 일어날 수가 없다고 말하고 있습니다.

우리의 믿음의 표본, 우리의 믿음의 이상적 모델은 아브라함의 믿음입니다. 사도 바울의 신학을 요약해서 딱 한마디로 한다면 '믿음으로 말미암아 의롭다 함을 얻는다(Justification by Faith)'입니다. 율법이 아니고, 우리 행위가 아니고, 오직 믿음으로 의롭다 함을 얻는다- 그의 모든 신학을 그렇게 말할 수 있습니다. 그런데 아브라함의 믿음의 뿌리와, 사도 바울의 믿음의 뿌리를 우리는 다음의 두 요절에서 읽어볼 수 있습니다. 첫째는 창세기 15장 6절 말씀인 "아브람이 여호와를 믿으니 여호와께서 이를 그의 의로 여기시고"입니다. 오늘본문에도 있는 말씀입니다. 둘째는 하박국 2장 4절 말씀인 "의인은 그 믿음으로 말미암아 살리라"입니다. 이 두 요절, 이 두 말씀에 뿌리를 박고 믿음으로 말미암아 의롭다 함을 얻는다는 것입니다.

    깊이 생각해야 합니다. 일반적인 신앙이 있습니다. 하나님께서 계시고, 하나님의 능력과 지혜가 있고, 하나님께서 온우주를 주관하시고 우리를 사랑하십니다. 이는 일반적인 것입니다. 그러나 그 하나님께서 나와 함께 계시고, 내 생애 속에 계시고, 내 현실 속에 함께하신다는 믿음은 아무에게나 있는 믿음이 아닙니다. 특별한 것입니다. 이것을 깊이 생각해야 합니다.

    믿음의 속성이란 추상적인 것이 아니고 현실적인 것이었습니다. 아브라함의 믿음의 위대한 점은 그것입니다. '천지를 창조하신 하나님'에 대한 일반적인 이야기가 아닙니다. '나와 함께하신 하나님, 내 생애 속에 함께하시고 구체적인 현실 속에 살아계시는 하나님'을 그렇게 믿었습니다. 그것이 바로 아브라함의 믿음의 특별한 점입니다. 아브라함의 믿음, 그 속성을 보려면 창세기 12장 1절에서부터 읽어야 합니다.

    하나님께서 아브라함에게 고향을 떠나라고 말씀하십니다. 고향을 떠나라고 하실 때 딱 두 가지 약속을 하십니다. '지시할 땅으로 가라. 내가 네게 땅을 준다.' 또 '내가 네게 자손을 주마.' 아브라함이 지금 결혼하여 살고 있지만, 아이가 없습니다. 아직도 아이가 없는데 앞으로 태어나게 될 자녀까지 바라보시면서 하나님께서는 약속을 하십니다. '너와 네 후손에게 약속을 한다.' 이렇게 말씀하십니다. 아브라함은 이 사실을 믿고 고향을 떠납니다. 정든 고향, 익숙한 고향 땅을 떠나서 정처없이 갑니다. 가만히 생각하면 기가막힙니다. 가는 도중에 하나님께서 말씀하십니다. 떠난 다음에 말씀하시는 것입니다. '이 땅을 너와 네 후손에게 주마. 그리고 하늘을 쳐다보라. 이 별빛을 보라. 내가 네 후손을 이렇게 만들 것이다.' 그러나 아직 아이가 없습니다. 이것이 하나님의 약속입니다. 이 약속을 그대로 믿고 떠납니다. 이것은 추상적 신앙이 아닙니다. 감상적인 신앙이 아닙니다. 관념적인 신앙이 아닙니다. 구체적인 신앙입니다. 그렇게 구체적으로 받아들이면서 현실 속에서 믿음을 실천하게 됩니다. 그래서 선택의 사람이 되고, 약속을 따라 사는 일생이 시작됩니다. 성경은 말씀합니다. '갈 바를 알지 못하고 갔다.' 갈 바를 알지 못하고도 말씀하면 떠납니다. 하나님의 약속만을 믿고 고향을 떠납니다. 그런데 아브라함의 일생을 가만히 보면, 오늘본문에도 나오는 것처럼, 중요한 사건이 하나 있습니다. 이렇게 훌륭한 믿음을 가졌지만, 역시 인간인고로 믿음이 약해질 때가 있었던 것입니다.

    믿음이 약하다는 것과 의심한다는 것은 다릅니다. 믿음이 약하다는 것과 하나님을 버렸다는 이야기하고는 다릅니다. 잊지 말아야 합니다. 오늘도 우리는 종종 약한 사람들을 봅니다. 사랑에도 약하고, 믿음에도 약하고, 의지도 약하고…… 사람은 약할 때가 있습니다. 그것은 약한 것이지 없는 것은 아닙니다. 잊지 말아야 합니다. 이 사실을 제일 구체적으로 보여주는 예가 있습니다. 바로 베드로가 예수님을 세 번 모른다고 부인한 것입니다. 어쩌자고 이 수제자 베드로는 예수를 세 번이나 모른다고 한 것입니까? 모른다고 부인하고 마지막에 저주까지 했습니다. 이제 예수님께서 베드로를 찾아가 물으십니다. '아가파오 메ー네가 나를 사랑하느냐?' 그때 베드로는 대답합니다. '큐리에 수 오이다스 호티 필로 세ー 내가 주님을 사랑하는 줄 주께서 아십니다.' 그때의 그 심정이 무엇입니까? 그 마음을 어떻게 이해합니까? '주님, 저는 분명히 예수를 모른다고 했습니다. 그러나 주를 사랑하는 것은 사실입니다. 이렇게 비참해졌습니다마는, 이렇게 약해졌지마는, 주여, 아시지 않습니까. 제가 주를 사랑하는 줄을……' 진실의 토로입니다. 얼마나 아름다운 장면입니까. 인간적인 시간입니다.

　아브라함은 종종 약해졌습니다. 그러나 의심한 것은 아닙니다. 하나님께서는 떠나신 것도 아니요, 버리신 것도 아닙니다. '이 땅을 너와 네 후손에게 준다'고 하셨는데, 어쩌자고 흉년이 듭니다. 계속 흉년이 들어 굶어죽게 됩니다. '이거 안되겠다.' 약속의 땅이라는 것을 압니다. '하나님께서 주신 땅인 줄 알지만, 애굽 땅에 가면 나일강변에 곡식이 많다는데…… 가서 어떻게 좀 얻어먹다 와야겠다.' 그렇게 생각하여 애굽으로 갑니다. 아브라함이 애굽에 갔다고 그가 가나안을 버린 것은 아니지 않습니까. 그러나 그가 애굽으로 간 것은 잘못된 일입니다. 아주 극단적인 보수 신학자들은 이스라엘 백성들이 왜 애굽에 가서 400년 동안 부역을 했는가, 하는 문제에서 그것은 아브라함이 가나안 땅을 버렸기 때문으로 보며 이 사건을 해석하기도 합니다.

어쨌든 아브라함이 하나님의 약속의 땅을 떠난 것은 잘못한 일입니다. 흉년이 들든, 굶어죽든, 그냥 있었으면 어떻게 되었겠습니까. 여러 생각을 할 수 있겠지만, 잠깐 애굽을 다녀오겠다고 생각했고, 그렇게 아브라함은 약해진 것입니다. 낯선 곳에 갔더니, 거기는 큰 나라가 있고, 군사도 많고, 왕의 세력이 대단한데, 가만히 보니까 자기 아내 너무 예쁜 것입니다. 그 아내를 빼앗으려고 나를 죽일는지도 모른다는 생각이 들어 그는 아내를 누이라고 속입니다. 이것이 또 뭡니까? 무슨 이런 나약한 소리가 있습니까? 아내가 아내이지, 어떻게 누이입니까? 이것이 말이 되겠습니까? 이것도 나약해서 죽을까봐 생각해낸 것입니다. 그렇게 약해지더라는 이야기입니다. 가장 결정적인 것은 하나님께서 자식을 주겠다고 하셨는데, 그 말씀을 주신 날로부터 적어도 열 달 있다가 아들을 낳아야 되지 않겠습니까. 준다, 준다 하시는데 이것이 몇년입니까? 십 년이 넘었습니다. 이것을 어떻게 해야 하겠습니까. '가만있자, 내게 자식을 준다고 하셨으니까……' 그래서 하갈을 통하여 이스마엘을 얻습니다. 약해진 것입니다. 하나님의 말씀을 그대로 받지를 못하고 이렇게 조금씩 수정하면서 약해지는 것입니다.

확실히 아브라함은 약한 때가 있었습니다. 아브라함의 약함이 너무너무 마음이 아픕니다. 그러나 그것은 사실입니다. 놀라운 것은 하나님께서는 그의 약함을 다 아시고 보충해주신다는 것입니다. 하나님께서 거들어주시면서 다시 일어나게 해주십니다. 하나님의 약속은 불변입니다. 하나님의 약속은 확실합니다. 그래서 다시 애굽에서 돌아오게 하기도 하셨고, 죽을 뻔했는데 하나님께서 보호해주기도 하셨습니다. 그리고 아직도 자식은 태어나지 않았습니다마는, 이스마엘이 아닌 아내 사라로부터 아이를 낳을 것이라고, 처음에 약속하신 대로 약속이 이루어질 것이라고 하십니다.

하나님의 약속은 아브라함의 약함을 다 덮고 넘어섰습니다. 저는 이 하나님이 좋습니다. 종종 우리는 실수를 합니다. 우리는 하나님을 잘못 생각할 때가 있습니다. 이제 하나님께서 보내신 천사가 아브라함의 집에 왔습니다. 25년이 지난 다음 단산한 지가 언젠데 이제 찾아와서 '내년에 아들을 낳으리라' 하니 사라가 천막 뒤에서 '픽' 웃었습니다. '하나님, 웃기시누만…… 내가 단산한 지가 언젠데……' 천사가 이것을 감지합니다. 웃음소리가 들리니 "네 아내 사라가 웃고 있지 않느냐?" 합니다. 사라가 겁이 납니다. "아니, 안 웃었습니다." "너, 거짓말했지?" 그런데 저는 그 다음의 이야기가 참 좋습니다. "웃었느니라. 기가막혀서 웃었지." 그러나 너무너무 아름다운 순간입니다. 하나님께서 만일에 "너 왜 웃었냐? 너 왜 믿음이 없냐? 약속 취소다" 하고 말씀하시면 어떻게 하겠습니까. 그런데 하나님께서 그렇게 인색한 하나님은 아니시라는 것입니다. "웃었느니라. 그래도 아들은 낳을 것이다." 얼마나 좋은 하나님이십니까. 하나님의 약속은 불변했습니다. 막 밀고 나가시는 것입니다. 약함을 다 덮고 초월하십니다.

이제 문제가 있습니다. 바로 아브라함의 믿음이 어디서부터냐? 여기서 결정이 납니다. 그 마지막 약속, 하나님께서 그의 약함과 그의 과거와 그 과거의 실수와 무자격, 이런 것들을 다 생각하지 아니하시고, 다 덮어주시고 다시 말씀하십니다. '약속은 약속대로 이루어질 것이다.' 그때 아브라함이 부인하지 않았습니다. 아브라함은 그때도 하나님을 믿었습니다. 단산해도 믿었습니다. 그동안 너무 하나님의 약속을 떠나서 약해져 실수한 것 다 잊고, 부끄러웠지만 또 믿었습니다. 또 믿었습니다. 또 믿는 바로 그 마음. 그래서 이 믿음을 보시고 하나님께서 의로 여기셨습니다. 하나님의 약속을 믿습니다.

하나님의 약속을 교정하거나, 수정하거나, 편법적으로 만들거나, 인간적으로 해석해서는 안됩니다. 다시 말하면, 하나님께서 아들을 주겠다고 하셨는데 '아, 그거 꼭 사라라야 말입니까? 뭐 하갈을 통해 얻든지 내 아들은 분명히 내 아들인데 요렇게 하면 안되겠습니까?' 하는 것을 하나님께서는 용납하지 않으십니다. 편법적으로, 인간적으로 교정하고 수정하는 것을 용납하지 않으십니다. '처음대로, 그대로 되어야지, 무엇을 수정하고 있느냐?' 바로 이 점입니다. 여기에 중요한 문제가 있습니다. 하나님께서는 약속을 교정하는 것을 원치 않으십니다. 오늘본문에서 하나님께서는 25년 만에 다시 약속을 확인하십니다. 이제 아브라함은 또다시 믿습니다. 모든 과거의 실수와 허물을 넘어서서 믿습니다. 오늘본문을 보면, 죽은 것과 방불한 가운데서 자기도 백세가 되고, 아내도 구십이 되어 단산한 지 오래인데, 죽은 것과 방불한 가운데서 믿었다는 것입니다. 대단한 이야기입니다.

제가 언젠가 한번 미국 펜실베이니아에서 아브라함과 사라에 대한 연극을 보았습니다. 훌륭한 장식을 만들고 잘 꾸며진 무대에서 연극을 잘 하는데, 저는 바로 이 장면에서 큰 은혜를 받았습니다. 천사가 이렇게 말하고 간 다음에, 머리가 하얀 아브라함이 할머니 사라를 부릅니다. 늙어서, 요샛말로 별거하면서 천막에 따로따로 살았는데, 아브라함이 천사가 떠난 다음 사라를 부릅니다. 그리고 사라의 어깨를 칩니다. "여보, 오늘은 내 천막에 들어가 잡시다." 그리고 그 아내를 데리고 자기 방으로 들어갑니다. 그 장면이 그렇게 아름다울 수가 없습니다. 이것이 믿음입니다. 말로만 떠드는 것이 아닙니다. 믿으니까 행동으로 옮기는 것입니다. 죽은 것과 방불한 여자를 데리고 다시 침실로 들어갑니다. 다시 시작합니다. 여기서 기적이 나타나고 약속은 이루어지는 것입니다. 아브라함은 하나님을 믿었습니다. 한평생 많은 실수를 하고 허물이 있습니다. 이 약속을 다시 확인할 만큼 자격이 없는 것을 알고 있습니다. 너무너무 자신이 나약하고 허물은 크지만, 또 이 약속을 믿었습니다.

1879년 10월은 토마스 에디슨에게 대단히 중요한 날입니다. 그는 백열전구를 발명하기 위하여 13개월 동안 계속 실험을 했습니다. 실험하면 틀리고, 또 실험해도 또 안되고 하기를 무려 13개월 동안 했습니다. 그렇게 몸부림을 쳤습니다. 심지어 조수가 이렇게까지 말했답니다. "선생님, 11만 번이나 실패했어요." 그때 에디슨은 대답합니다. "아니야, 그렇게 하면 안된다는 것을 11만 가지로 알았으니, 그만큼 성공한 것이지." 그후 그는 마침내 백열전구 발명에 성공합니다. 13개월 동안 11만 번의 실패를 거쳐 이루어낸 것입니다. 에디슨은 포기하지 않았습니다.

우리는 종종 약해집니다. 너무 약해져 마침내 '다 끝난 것 아닌가, 하나님께서는 나를 버리시지 않을까?' 합니다. 하나님께서는 약속을 일방적으로 지키셨습니다. 아브라함은 종종 멀어졌지만, 하나님께서는 계속 아브라함을 붙드셨습니다. 아브라함은 그 하나님을 믿었습니다. 오늘도 믿었습니다. 현실 속에서 믿었습니다. 사도 바울은 바로 이것을 말씀합니다. '이것은 마치 부활신앙과 같은 것이

다.' 죽음에서 생명이 나오는 것과 같은 부활신앙으로 해석합니다. 그래서 '이 믿음을 가질 때 의롭다 함을 얻었다.' 이 믿음, 오직 이 믿음만이 의롭다 함을 얻는 것입니다. 우리는 오늘본문 16절, 24절에 있는 말씀대로 그 믿음의 후예로 살아갑니다. 그 아브라함의 믿음을 따라 오늘도 우리가 사는 것입니다. 그 모델을 따라 오늘 우리가 믿음의 사람이 되는 것입니다. 의로운 사람이 되고 하나님의 자녀가 되는 것입니다. △

파숫군에게 묻는 책임

여호와의 말씀이 내게 임하여 가라사대 인자야 너는 네 민족에게 고하여 이르라 가령 내가 칼을 한 땅에 임하게 한다 하자 그 땅 백성이 자기 중에 하나를 택하여 파숫군을 삼은 그 사람이 칼이 그 땅에 임함을 보고 나팔을 불어 백성에게 경고하되 나팔 소리를 듣고도 경비를 하지 아니하므로 그 임하는 칼에 제함을 당하면 그 피가 자기의 머리로 돌아갈 것이라 그가 경비를 하였던들 자기 생명을 보전하였을 것이나 나팔 소리를 듣고도 경비를 하지 아니하였으니 그 피가 자기에게로 돌아가리라 그러나 파숫군이 칼이 임함을 보고도 나팔을 불지 아니하여 백성에게 경고치 아니하므로 그 중에 한 사람이 그 임하는 칼에 제함을 당하면 그는 자기 죄악 중에서 제한 바 되려니와 그 죄를 내가 파숫군의 손에서 찾으리라 인자야 내가 너로 이스라엘 족속의 파수군을 삼음이 이와 같으니라 그런즉 너는 내 입의 말을 듣고 나를 대신하여 그들에게 경고할지어다 가령 내가 악인에게 이르기를 악인아 너는 정녕 죽으리라 하였다 하자 네가 그 악인에게 말로 경고하여 그 길에서 떠나게 아니하면 그 악인은 자기 죄악 중에서 죽으려니와 내가 그 피를 네 손에서 찾으리라 그러나 너는 악인에게 경고하여 돌이켜 그 길에서 떠나라고 하되 그가 돌이켜 그 길에서 떠나지 아니하면 그는 자기 죄악 중에서 죽으려니와 너는 네 생명을 보전하리라

(에스겔 33 : 1 - 9)

파숫군에게 묻는 책임

　서울 근교에 산본이라고 하는 도시가 있습니다. 산본에 있는 어느 교회에 부흥사경회를 인도하러 갔을 때, 그 교회 담임목사님 본인으로부터 들은 간증입니다. 이 목사님께서 큰 뜻을 가지고 대학을 마치고 다시 신학대학을 마치고 이제 목사가 되는 마지막 관문인 목사고시라고 하는 시험을 보게 되는데 시험을 마친 후에 면접시험이 따르게 됩니다. 면접시험 할 때 시험관이 목사님에게 이렇게 물어보았답니다. "부모님이 계십니까?" "네, 두 분 다 계십니다." "부모님이 다 교인입니까?" "아니요, 저희 아버지는 교인이 아닙니다." "그러면 아버지께 예수 믿으라고 전도했습니까?" "안했습니다." "그건 왜요?" "우리 아버지가 고집이 세거든요. 보통 고집이 아닐 뿐더러 내가 목사 되는 것도 반대하고, 신학대학 다니는 동안 학비도 안 주고, 집을 나가라 들어오라 했는데 뭐 그 분에게 전도해야 안될 겁니다. 그래서 전도 안했습니다." 시험관 목사님은 "그러면 불합격" 그랬습니다. "제 아버지도 인도하지 못하고 무슨 목사 되겠다고? 불합격!" 아, 큰 고민에 빠졌습니다. 이제는 전적으로 아버지 한 사람을 인도하기 위해서 좌우간 일 년 동안 기도하고 애쓰고, 기도하고 권면하고, 그렇게 해서 아버지를 전도했습니다. 아버지가 이제 예수를 믿고, 세례를 받았어요. 받고나서 아버지의 말을 들어보세요. "이렇게 좋은 예수를 너희만 믿었단 말이냐? 나쁜 놈들." 그러더라는 거 아닙니까? "아, 이렇게 좋은 예수를 말이야 왜 나에게 믿지 않게 하고 너희들끼리만 교회 다녔냐?" 이렇게 꾸중을 하시더라고 합니다.

제가 인천제일교회를 시무할 때, 14년 동안 여러 가지 경험을 했습니다마는 아주 오래전 일이지만 잊지 않는 재미난 에피소드가 있습니다. 그 때는 심방을 많이 했거든요. 하루에 평균 27집, 최고로 34집까지 방문한 기록이 있습니다. 아, 그 뭐 새벽기도 마치고 바로 나가서 밤 10시까지 종일 심방을 하고 이제 돌아옵니다. 직장에 나가기 전에 그 분들을 위해 심방하고, 직장에서 돌아온 사람들 밤늦게 또 만나고, 이렇게 해서 심방을 많이 할 때입니다. 심방을 떠나려고 하면 혼자 가질 않습니다. '심방꾼'이라는 게 있습니다. 권사님들, 집사님들, 장로님들과 보통 평균 일곱 사람 정도 같이 수행을 해서 가게 되는데 수행하는 중에 항상 같이 다니고 싶어하시는 분이 하나 있었습니다. 한세경 권사님이라는 분이신데, 그때만 해도 벌써 70이 넘은 그런 분이었어요. 그런데 이 분은 심방이 전업입니다. 매일같이 와서 심방을 같이 가려고 하는데, 중요한 건 심방을 부목사님도 가고, 전도사님도 가고, 저도 가고, 이렇게 여러 사람이 대를 나누어서 심방을 하게 되는데 아무도 이 한 권사님을 모시고 가려 하지 않습니다. 부목사님한테 "나 좀 데리고 가라." 그러면 "안돼요." 그러고 전도사님한테 가면 "안돼요." 아, 이런단 말입니다. 마지막에 할수없이 나한테 와서 "목사님, 나 좀……" 그럽니다. 그러면 어떡하겠어요? 그래서 "갑시다." 제가 늘 모시고 가게 되는데, 자, 그 왜 이렇게 그 권사님을 기피했을까? 이유는 간단합니다. 심방을 하게 되면, 예배를 마친 다음에 거기에 과일이니 과자니 해서 몇가지 이렇게 놓고 다과회를 잠깐 하게 되지 않습니까? 그러면 이제 감사기도를 하거든요. 감사기도 하고나면 이 권사님이 앞에 있는 사탕을 싹 쓸어가지고 가방에다 집어넣어요. 슬쩍하는 것입니다. 아, 이거 참…… 권사님이 못살지를 않습니다. 그 당시에도 그 집에 자가용이 있었어요. 잘사는 집인데도 이건 뭐 아무리 말려도 안돼요. "권사님, 그러지 마세요. 따로 드릴께요. 따로 드릴께요." 해서 따로 드려요. 진짜로 드렸는데도, 기도하는 동안 쏙 쓸어서 집어넣는 것입니다. 그러니까 아, 이걸 어떡하면 좋습니까? 못말리는 것입니다. 그래 다들 묻지요. "아이 권사님, 왜 그러세요?" 그러면 저 맛있는 것이 딱 눈앞에 보이는 순간 손자 손녀가 "할머니"하고 손을 내미는 손이 보인다는 것입니다. 그래서 본인 말씀이 "나도 그래선 안되는 거 알지. 그러나 나도 모르게 손이 나가는 거야, 나도 모르게." 이렇게 해서 손자 손녀들에게 갖다가 주면 그 아이들이 좋아하는 모습을 보면서 그렇게 행복을 느끼게 됩니다.

자, 사랑이라는 게 뭡니까? 제가 아는 목사님 중에 이현수 목사님이라고 있어요. 제가 아는 대로는 아내 사랑 제1호입니다. 나는 그 양반처럼 사모님 사랑하는 사람을 내가 아는 사람 중엔 아는 사람이 없어요. 부인을 얼마나 사랑하는지 말입니다. 어디 가서 음식 하나 맛있는 것을 대접받으면 그 다음날 사모님을 모시고 거기에 갑니다. 반드시 갑니다. 그런 사람 봤어요? 그런 분이 하나 계셔요. 음식 하나도 맛있는 것이 있으면 딱 보는 순간 생각나는 사람이 있어요. 바로 그 사람이 내가 사랑하는 사람입니다. '아, 그 사람하고 같이 여기 와야지. 아, 이건 나 혼자서 먹어서는 안되지. 그 분도 같이 이 자리에 있어야 하지.' 바로 그 마음 말입니다. 이게 사랑이라는 것입니다.

자, 그런데 내가 예수를 믿고 영생을 얻는다고 하면서 나 혼자 믿어서 되겠어요? 그건 말도 안되는 거지요. 어떻게 나만 믿고 감사하고 하나님을 찬양한다고 할 수 있겠어요. 그건 뭔가 많이 잘못된

거 아니겠습니까? 뭐 전도라고 하는 거 복잡하게 생각할 거 없습니다. 내가 믿고 행복하니까, 내가 믿고 감격하니까, 이거 가만히 있을 수가 없지요. 반드시 누구에겐가 내 사랑하는 사람에게 전해서 나와 같은 사람 되게 하고 나와 같은 길을 가게 하는 것, 그것이 백 번 천 번 마땅한 일이 아니겠습니까?

그런데 오늘 본문 말씀은 더더욱 심각한 말씀을 우리에게 주십니다. 옛날 전쟁터를 비유로 하고 있습니다. 극한 위기 상황을 말하고 있는 것입니다. 두 군사가 이렇게 서로 대진하고 있다고 한다면, 이제 곧 전쟁이 벌어질 모양인데, 그런 순간에는 첩보전이 이루어집니다. 밤중에 서로 상대방을 알기 위해서 첩보전이 은밀하게 이루어지는데 그 때에 부대원들도 자야 되니까 잠을 재우기 위해서 자게 하고 반드시 초소 파숫군이 하나 서게 됩니다. 불침번이 있습니다. 보초가 있습니다. 이 파숫군이 서서 정신을 차리고 긴장한 가운데서 기다립니다. 그런 이야기입니다. 그러면서 파숫군은 위험한 일이 생기면 나팔을 붑니다. 나팔을 불어야 할 시간에 나팔을 불지 않았다면 이건 큰일입니다. 그렇게 되면 그 부대가 그냥 몰살당하는 것입니다. 뿐만 아니라 이 파숫군이 잠들어 버렸다고 하면, 이건 큰일입니다. 잠들면 이건 사형감입니다. 저는 최일선에 있을 때 정말로 이 사실을 보았습니다. 보초병이 잤거든요. 그 다음날 아침에 그냥 쏴 버렸습니다. 아주 무서운 일입니다. 최일선에서는 이 파숫군의 사명과 그 위치라는 것은 전 부대의 생명을 몸에 걸고 있는 것입니다. 파숫군은 절대로 자면 안됩니다. 정신을 차려야 합니다. 그런데, 이보다 더 중요한 게 있습니다. 적군이 오는 것을 봤다고 합시다. 이 사람이 저 혼자 살겠다고 혼자서 도망가 버려요. 혼자서 도망가 버렸다면 이것은 뭐 마땅히 죽어야 하는 경우입니다.

자, 오늘 얘기가 이런 얘기입니다. 본문에서 말씀하고 있는 세 가지의 죄에 대한 경우입니다. 첫째는 경고를 듣고 믿지 않는 사람입니다. 나팔을 무시하고 경고를 무시해 버리는 사람, 죽어 마땅하지요. 둘째는 경고나 복음을 들은 바가 없어요. 파숫군이 나팔을 불지 아니했음으로 경고를 듣지 못해서 그만 자고 말았어요. 그러면 이 얼마나 불행한 일이겠습니까. 셋째, 가장 중요한 오늘의 주제입니다. 자기는 알았어요. 위험이 오는 것을 알았고, 앞에 큰 사건이 있는 것을 알았어요. 그리고 다른 사람에게 전하지 않았어요. 자기만 살겠다고 도망가 버렸어요. 자, 이 얼마나 무서운 죄입니까? 얼마나 큰 사건입니까? 그런고로 죄에 대해서 말하자면, 일단은 모르는 것이 죄입니다. 예수님이 십자가상에서 '하나님이여, 저들이 자기 죄를 모르기 때문입니다. 무엇을 하고 있는지 모르기 때문입니다……' 하신대로 모르는 것이 죄입니다. 그렇다면 알게 하는 것이 전도입니다. 모르는 가운데서 죽어가고 있기 때문에 사실을 알게 하는 것 그것이 바로 전도일 것입니다.

또하나는 듣고도 불순종하는 사람이 있습니다. 경고해도 믿질 않습니다. 이런 불신적인 사람은 경고를 받고도 듣지 않기 때문에 그 또한 죽어 마땅하지요. 그런데 문제는 자기는 다 알고 있으면서 전하지 않는 경우입니다. 이런 것은 죄가 됩니다. 오늘의 성경은 말씀합니다. '피값을 찾으리라. 네가 말하지 아니함으로 다른 사람이 죽었다면 그 죽은 책임을 네게 찾으리라.' 이렇게 묻습니다. 그럼 왜 전하지 않았겠습니까? 왜 전하지 않느냐? 첫째는 이기주의 때문입니다. 나 밖에 생각하지 않습니다. 나만 생각하는 극단적 이기주의

가 문제가 됩니다. 예수를 믿어도 나 믿으면 그만입니다. 다른 사람에 대해 생각하지 않습니다. 나만 구원받으면 돼요. 우리 가정만 구원받으면 된다고 생각하는 극단적 이기주의 이것이 문제고요. 두 번째는 무책임입니다. '내가 구원받았으면 됐지. 남의 일까지 책임질 거 뭐 있나, 아니, 내가 남의 일까지 책임질만한 사람이 되는가.' 스스로 자기를 비하하고 평계하면서 무책임해버립니다. 그 다음에는 가장 무서운 것이 불신입니다. '저 사람은 전도해도 안믿을 거야. 분명히 안믿을 거야' 그렇게 생각합니다. 오늘 여러분 생각에도 전도해야겠다는 생각이 좀 들 것입니다. '저 사람에게 전도해야겠다. 하지만 아, 거 안믿을 거야. 더구나 뭐 내가 뭐라고 하면 또 오히려 나를 업신여길지도 몰라.' '자네나 믿어' 그래버릴 것같아요. 어쨌든 이런 불신앙입니다. 사람을 믿질 않습니다. 그래서 전도해야 될 시간에 하지 않습니다. 저 사람에게는 할 필요가 없다고 미리 생각을 해 버립니다. 이렇게 속단을 해 버립니다.

또하나는 'Not now' 지금이 아니라는 것입니다. '글쎄, 지금은 기회가 아닌 것같구먼. 좀더 있다가, 좀더 나이가 든 다음에 어떤 계기가 올 때가 있겠지' 하고 자꾸 미루어 나갑니다. 미루고 미루어 나가면서 그 많은 세월을 보냈습니다. 전도해야 될 줄 알면서도 오늘은 아니라고 생각합니다. 뿐만 아니라 내가 아니라는 것입니다. '내가 무슨 주제에 누구에게 믿으라 말라 할 수 있나? 나도 시원치 않은데, 나도 이 지경인데, 뭐 누구에게 말할 수 있겠나.' 여러분, 이렇게 자꾸 미루다보니 일생동안 누구한테도 예수 믿으라는 말 한마디도 못했어요. 가만히 생각하면 나를 통해서 예수 믿은 사람이 하나도 없어요. 그렇게 한평생을 살았다면 이 얼마나 잘못된 생입니까? 현대인의 죄를 요한계시록 3장 17절에서 말씀합니다. 이제 들으시기 바랍니다. "나는 부자라 부요하여 부족한 것이 없다 하나 네가 곤고한 것과 가난한 것과 눈먼 것과 벌거벗은 것을 알지 못하는도다." 자, 부하다고 하면서 가난합니다. 저는 늘 생각합니다. 강남에 사는 사람들 뭐 특별하다고요? 허, 제일 불쌍한 사람들입니다. 말할수없이 빈곤합니다.

여러분, 물질이라는 게 뭔데요. 그 물질로부터 행복을 얻어야 됩니다. 어떤 면에서는 행복을 사기 위한 수단입니다. 자, 그런데 행복이 없다면 그 물질은 무효입니다. 더구나 그것 때문에 고민이 많다면 더더욱 그것은 저주입니다. 이것 때문에 부자지간도 나빠지고 부부 간에도 싸움이 나고 친척 간에도 계속 고발 사건이 생긴다면, 그 집은 돈이 화근입니다. 절대로 복일 수는 없습니다. 여러분, 이것만은 잊지 마십시오. 분명히 시편에 말씀하기를 '사랑하는 자에게 잠을 주시는도다' 그랬습니다. 물질이야 있건 없건, 권세가 높건 낮건, 문제가 안돼요. 잠을 못잘 정도가 됐다면 그건 다 복이 아닙니다. 사랑하는 자에게 잠을 주십니다. 잠을 못잘 정도로 고민이 있다 하면 그건 절대로 복일 수가 없습니다. 나는 부자라 하지만 가난하고 곤고한 것과 심지어는 눈먼 것과 벌거벗은 부끄러운 수치도 모르고 있다면 얼마나 비참하냐고 이렇게 요한계시록이 말씀합니다.

여러분, 파숫군의 책임은 나팔을 부는 데 있습니다. 나팔을 분 다음에 부대원들이 일어나고 안일어나고는 내 책임 아닙니다. 그건 책임이 넘어갑니다. 그러나 나팔을 안불었다면 그건 내 책임입니다. 불지 아니했다, 그래서 많은 사람들이 죽었다— 그러면 전적으로 그 생명, 잃어버린 생명은 내 책임이 된다는 말입니다. 그래서 성경은 강하게 말씀합니다. "피값을 네게서 찾으리라." 피값을 찾으리라 – 얼마나 강한 말씀입니까?

이제 우리에게 주어진 일은 뭐냐하면 내가 할일을 내가 해야 한다는 것입니다. 'My part(내가 할 일).' 디모데후서 4장 2절에 "때를 얻든지 못얻든지 복음을 전하라" 합니다. 또한 에스겔 2장 5절에 보면 "듣든지 아니듣든지 전하라." 안듣는 건 저쪽 책임이요, 말하는 건 내 책임입니다. 듣든지 아니듣든지 전하라. 2장 7절에 보면 "너는 네 말을 고하라." 네가 할 말은 네가 해야 한다고 말씀합니다.

제가 세계 이곳저곳 다니는 중에 특별히 미국에 복음을 전하려고 다녀보면 어디 가나 고맙게도 우리 교인들이 많이 모입니다. 그 교회 교인은 얼마 안되는데 제가 가서 집회한다고 하면, 교인들이 많이 모이는데 그 모인 사람들이 누구인가 하면 대부분 우리 교회의 교인들이 미국에 사는 친구들에게 카세트테이프를 보내주어서 카세트테이프를 듣던 사람들입니다. 계속 매주간, 매주간 보내주니까 이것을 듣고 듣다 보니까 신앙을 가지게 됐고, 내가 간다 하니 실물 확인하러 왔다고 그래요. 음성으로만 듣다가 한번 실물 확인하러 온다고 말입니다. 심지어는 자동차로 12시간 운전해서 온 사람이 있어요. 한번 보고 싶어서 말입니다. 아, 그거 얼마나 반가운지요. 정말 반가워요. 그런데 더욱 고마운 것은 카세트테이프를 보낸 사람들입니다. 그 중에는 이런 사람들도 있어요. 3년간을 보냈는데 본인은 친구의 의리를 보아서 쌓아놓기만 하고 듣긴 한 번도 안들었대요. 그냥 쌓아놨대요. 그렇게 쌓아놨는데 어쩌다가 사업이 좀 잘못되면서 크게 어려움을 당하게 됐어요. 몸부림을 칠 때, 그게 눈에 보이더랍니다. 그때부터 카세트테이프를 듣기 시작했어요. 그래서 예수도 믿게 되고 사업도 일으키게 되었다고 하는 그런 분도 만나 보았습니다.

여러분, 듣든지 아니듣든지 틀든지 안틀든지 테이프는 보내야 돼요. 이걸 알아야 돼요. 그냥 보내 놓으세요. 누군가가 들을 테니까 말입니다. 어떤 사람은 한꺼번에 10개를 사서 부지런히 보냅니다. 이거 효과 있습니다. 또 그 사람들이 또 다른 사람에게 또 주더라고요. 더구나 미국 사람들은 자동차 타고 가는 시간이 너무 많아요. 땅이 넓다 보니까 라디오가 안나옵니다. 그러니까 카세트 트는 길이 유일한 것입니다. 가는 길에 이거 틀어 듣고 또 듣고 뭐 백번도 듣고 천번도 듣는다고 해요. 해질 때까지 또 듣고 또 듣습니다. 이 얼마나 아름다운 일입니까? 내게서는 테이프 하나를 보낸 것뿐인데, 그 파급효과라는 것은 엄청난 것입니다. 그래서 성경은 말씀합니다. '듣든지 아니듣든지 때를 얻든지 못얻든지 네가 해야 될 말은 하라. 네가 해야 될 일은 하라.'

옛날에 북한에서 최권능 목사라는 분이 있는데, 당시는 전도사일 때, 평양시내에 버스를 타고 가는데 열심히 노방전도를 합니다. 버스 안에서 "예수 믿으세요. 그리고 천당 가세요" 그게 너무 길어서 "예수, 천당" "예수, 천당"…… 여기서 '예수', 저기 가선 '천당' 이러고 전도를 하고 다닐 때인데 어느 점잖은 분 앞에서 "예수, 천당" 이라고 말했습니다. 그 분은 당시 신학대학의 교수인 채필근 목사님이었습니다. 그 신학대학 교수인 목사님이 "최전도사, 나야 나, 나." "알죠……" 이렇게 알면서 한마디 더 했습니다. "벙어리 교인이구만" 그래 버렸어요. 채필근 목사님이 깜짝 놀랐습니다. '벙어리 교인이구만' 하고 지나가더랍니다. 이 많은 사람이 있는데 당신은 왜 말 한마디 않고 서 있느냐는 것입니다. 여러분, 인도의 철학자가 말합니다.

"현대인의 죄가 있는데, 공부 안하는 거, 행하지 않는 거, 그리고 가르치지 않는 것이다." 여러분, 나는 파숫군입니다. 내 앞에 많은 사람들이 죽어가고 있습니다. 이 모든 사람의 생명, 내 손에 있다는 걸 잊지 말아야 합니다.

여러분, 회사를 경영하십니까? 내 앞에 있는 수천 명이 있습니다. 군인이십니까? 병사들이 내게 있습니다. 어느 자리에 있든지 어느 곳에서든지 내가 만나고 내가 아는 모든 사람의 생명이 내 손에 있습니다. 파숫군의 직무를 다하라. 절대로 피할 수 없습니다. '때를 얻든지 못얻든지 듣든지 아니듣든지 너는 네 직무를 다하라.' △

나중 된 자가 입은 은혜

천국은 마치 품군을 얻어 포도원에 들여 보내려고 이른 아침에 나간 집주인과 같으니 저가 하루 한 데나리온씩 품군들과 약속하여 포도원에 들여보내고 또 제 삼 시에 나가 보니 장터에 놀고 섰는 사람들이 또 있는지라 저희에게 이르되 너희도 포도원에 들어가라 내가 너희에게 상당하게 주리라 하니 저희가 가고 제 육 시와 제 구 시에 또 나가 그와 같이 하고 제 십일 시에도 나가 보니 섰는 사람들이 또 있는지라 가로되 너희는 어찌하여 종일토록 놀고 여기 섰느뇨 가로되 우리를 품군으로 쓰는 이가 없음이니이다 가로되 너희도 포도원에 들어가라 하니라 저물매 포도원 주인이 청지기에게 이르되 품군들을 불러 나중 온 자로부터 시작하여 먼저 온 자까지 삯을 주라 하니 제 십일 시에 온 자들이 와서 한 데나리온씩을 받거늘 먼저 온 자들이 와서 더 받을 줄 알았더니 저희도 한 데나리온씩 받은지라 받은 후 집주인을 원망하여 가로되 나중 온 이 사람들은 한 시간만 일하였거늘 저희를 종일 수고와 더위를 견딘 우리와 같게 하였나이다 주인이 그 중의 한 사람에게 대답하여 가로되 친구여 내가 네게 잘못한 것이 없노라 네가 나와 한 데나리온의 약속을 하지 아니하였느냐 네 것이나 가지고 가라 나중 온 이 사람에게 너와 같이 주는 것이 내 뜻이니라 내 것을 가지고 내 뜻대로 할 것이 아니냐 내가 선하므로 네가 악하게 보느냐 이와 같이 나중 된 자로서 먼저 되고 먼저 된 자로서 나중 되리라

(마태복음 20 : 1 - 16)

나중 된 자가 입은 은혜

　　심리학자들의 말에 의하면 사람이 죽을 때가 되면 공통적으로 후회하는 것이 있다고 합니다. 이것은 정신적이기도 하고 또 가장 인간적인 고통이기도 합니다. 또한 돌이킬 수 없는 종말론적 고통이기도 합니다. 만회할 길이 없습니다. 인생을 다 살고 마치려고 하는데, 지난 일을 돌아보며 후회라고 하는 또 다른 고통에 직면하게 됩니다. 첫째는 '좀더 베풀 걸' 하는 생각이랍니다. 너무 인색하게 살았다, 주변에 내가 도와야 할 사람들이 늘 있었는데, 이 모양 저 모양으로 핑계하면서 돕지 못한 것 마음에 걸린다는 것입니다. 둘째는 '좀더 즐길 걸' 하는 것입니다. 넉넉하게 즐길 수 있었는데 왜 그렇게 안달하며 그렇게 불행하게 살았던가, 얼마든지 행복할 수 있었는데, 하는 유감입니다. 셋째는 '좀더 참을 걸' 하는 것입니다. 조금만 참았으면 세상의 운명이 달라지는데, 조금만 더 참았더라면 많은 사람을 행복하게 할 수도 있었는데, 그 인내가 부족했던 것에 대해서 후회하게 된다고 합니다. 저는 언젠가 한번 결혼 주례를 하면서 이상한 아버지 어머니를 보았습니다. 두 사람이 앞에 앉아 있는데, 전혀 서로 바라보질 않고 딴 곳만 바라보고 있는 그런 내외분을 봤습니다. 그 남편이 한번 실수를 했어요. 그것을 용서했더라면 좋았을 걸, 아내가 그만 용서하지 않고 정죄해 버렸어요. 그리고 수십 년 동안 별거하면서 살았어요. 그러나 전에 낳았던 아들이 장가를 가는데 그 자리에 나타나지 않을 수가 없잖아요. 그래서 아버지, 어머니가 앉아있기는 한데, 참 답답하더군요. 보기가 너무 딱해요. 그 부인의 후회는 이것입니다. '내가 한번만 눈을 감았더라면 세상을 다르게 살 수 있었는데 내가 왜 그걸 참지를 못해서 아이들에게까지 이렇게 큰 불행을 줘야 하나' 그것입니다. 그런 후회에 대한 이야기를 들어보았습니다. 이 모두가 기회에 대한 후회입니다. 기회는 있었어요. 그런데 기회를 내가 버렸어요. 인생은 기회입니다.

이제 생각해 보니 기회가 있었어요. 없었던 것이 아닙니다. 가능했었는데, 그만 차버리고 말았던 것입니다. 기회를 놓쳐버리고 나니까 다시 잡을 수가 없어요. 자, 그럼 왜 이렇게 됐을까? 기회를 잃은 이유. 그것은 내게 주신 은혜, 내게만 주신 하나님의 은사를 내가 몰랐었기 때문입니다. 또 그렇다면 은사를 모르게 된 이유는 또 무엇이겠습니까?

심리학적인 얘기입니다. 이건 다른 사람과 비교했기 때문입니다. 다른 사람과 비교하면서 내가 불행해진 것입니다. 상대적으로 불행해졌던 것입니다. 그래서 내게 주신 은사까지 다 저버리고 말았다는 것입니다. 남이 받은 것만 못하게 느꼈기 때문이지요. 그래서 결국은 내게 주신 은사를 내가 차버리게 된 것이지요. 심리학자인 폴 호크(Paul A. Hauck)의 명저 「Overcoming the Rating Game」이라고 하는 유명한 책이 있습니다. 「왜 남을 자신과 비교하는가」라고 번역된 책입니다. 현대인이 우울증과 열등감에 시달리는데 그 이유 중에 가장 큰 이유는 끊임없이 남과 비교하는 것입니다. 비교하는 중에 평가가 잘못되고 비교의식 때문에 자기 자신을 잃어버리게 되는 것입니다.

제가 6·25 전쟁 때 피란민 속에 들어가 보니까, 그 피란민들의 생활이 처참하거든요. 그래도 가만히 보니까 그 속에 낭만이 있더군요. 왜냐 하니까 다 못사니까 괜찮은가 봐요. 다함께 피란민 보따리를 지고 다니니까 거기에도 웃음이 있고, 낭만이 있더라는 것입니다. 거기서 보게 되었습니다. 사람들이 남 잘사는 것 보면서는 불행을 느끼는데, 다같이 못살고 더구나 부자가 그렇게 섞이니까 대단히 기분좋아한다는 것입니다. 바로 이것 때문에 나의 일생이 망가지는 것입니다. 아시겠습니까? 하나님께서 우리에게 주신 기회는 언제나 평등하게 주어집니다. 여러분, 받아들이기 어렵지만 절대 평등을 신앙 고백으로 생각해야 합니다. 보이는 것이 다르고 물질적으로는 다른 것같지만 내면적으로 영적으로 볼 때는 하나님께서는 절대 평등하시며 모든 사람에게 똑같이 기회를 주십니다.

그리고 내게 주신 기회, 내게 주신 은사가 최선의 것임을 알아야 합니다. 가능하면 이렇게 생각할 수 있으면 더 좋습니다. '내가 받은 것이 최고다. 하나님께서 내게 주신 것이 다른 사람보다 월등하다. 하나님께서는 아우구스티누스 말대로 어쩌면 나만 사랑하는 것처럼 사랑하신다.' 그렇게 생각하고 살 수 있으면 그는 성공적인 생을 살 수 있습니다. 오늘 본문은 하나님의 은혜는 절대적인 것이다, 이미 기회를 잃어버린 자에게까지도 또 다른 기회를 주신다는 그런 말씀입니다.

오늘본문의 내용은 이스라엘 사람들의 포도원을 배경으로 하고 있습니다. 이스라엘은 우리나라와 달라서 여름이 건기고, 겨울이 우기입니다. 그래서 여름동안 농사를 했다가 이제 포도원의 포도를 따게 되는데 건기이기 때문에 당도가 높고, 질이 좋은 포도를 우기가 되기 전에 따는 것입니다. 포도를 다 따기 전에 폭우가 쏟아지면 이 포도 농사는 망치는 것입니다. 바로 그 순간 포도를 따야 하는데 손이 모자랍니다. 그래서 품꾼이 많이 필요합니다. 바로 그런 순간에 된 얘기입니다. 그래서 포도원에 품꾼을 사서 들여보내는데 '한 사람에게 한 데나리온씩 주마' 약속해 놓고 오늘 성경 말씀대로 제 3시, 제 6시, 제 9시, 제 11시, 이렇게 나갑니다. 아침 해뜰 때부터 저녁 질 때까지가 12시간입니다. 그러니 우리 식의 계산과는 조금 다릅니다. 우리 계산으로 보면 새벽, 그건 몇시인지 모르겠어요. 새벽 해놓고 그 다음에 9시, 12시, 3시, 5시, 이렇게 포도원에 일꾼들을 들여보냈습니다.

오늘본문의 가장 중요한 메시지는 마지막 한 시간밖에 남지 않았던 사람입니다. 한 시간밖에 남지 않은 그 순간에 주인은 말하기를 '너도 내 포도원에 들어가서 일하라'고 그랬겠지요. '한 시간밖에 없는데요.' '그래도 들어가라.' 여기에 큰 은혜의 복음이 있는 것입니다. '한 시간밖에 없었다.' 그 말은 뭡니까? 기회를 놓쳤다는 말입니다. 오늘은 공쳤다고 생각했고 오늘은 그만 완전히 잃어버린 날이라고 생각했을 것입니다. 그러나 주인은 한 시간밖에 남지 않은 그 사람을 그의 잃어버린 과거를 꾸짖지 아니하고 왜 그동안 빈둥거렸느냐? 그동안 뭘 하고 있었느냐? 이렇게 묻지 않았어요. 여기에 Justification이 있어요. 지난날의 과거를 묻지 않는 그 은총이 있어요. 그 복음이 그 속에 있는 겁니다. 지난날에 잘못한 모든 것, 잃어버린 기회, 묻지 않아요. 단 지금 남은 시간만 물어요. 한 시간이라도 남았으면 좋아, 한 시간 포도원에 가서 일하라. 이 얼마나, 얼마나 감사한 일입니까? 여러분이 그 사람이라고 한번 생각해보세요. 하루종일 다 빈둥거렸어요. 낭비한 후회가 많아요. 시간 낭비한 후회가 있는데 주님께서는 그것을 꾸짖지 않으십니다. 과거를 묻지 않으세요. 그리고 한 시간 족하다, 남은 한 시간 내 포도원에 가서 일하라, 이렇게 말씀하십니다. 새로운 기회를 주신다는 말씀이지요. 이들은 아마 이랬을 것입니다. 주인의 그 너그러운 마음에 감사하고, 과거를 용서해 주신 데 대하여 감사하고, 오늘 나를 써 주신다는 데 대해서, 아직도 쓸모가 있다는 거 감사할 것입니다.

여러분은 어떻습니까. 자, 건강 재산 능력 환경 지혜 다 낭비해 버렸어요. 다 소모했어요. 그러나 이제 주님께서 말씀하십니다. '과거는 묻지 않으마. 이제 남은 시간 한 시간 내 포도원에 가서 일하라.' 그렇게 말씀하시니 얼마나 감사합니까? 이들은 써주시는 데 대해서 아직도 한 시간 남은 저희를 써 주시는 데 대한 감사가 있을 뿐입니다. 그리고 이 사람들은 적어도 다른 사람과 비교하지 않았습니다. 다른 사람들은 아침부터 와서 일했어요. 점심때부터 와서 일했어요. 그러니 그 분들과 나와 어떻게 비교하겠습니까? 저분들은 저 분대로 충실하게 하루를 일했지만 우리는 그저 남은 부스러기 한 시간뿐인데 비교할 생각이 없지요. 그저 부지런히, 부지런히 일했을 따름입니다. 또 하나 있지요. 이들은 임금에 대해서도 관심이 없어요. 저 아침부터 일하는 사람들에게 한 데나리온을 약속했는데 우리에게 얼마를 줄는지 그 생각 할 수 있겠습니까? 그런 비교의식이 없어요. 비교의식으로부터 완전히 벗어난 그런 세계관으로 사는 것입니다. 다른 사람에 비해서 나는 더 많은 은혜를 입었다, 더 많은 긍휼을 입었다, 더 많은 축복을 받았다는 생각뿐입니다. 그래서 어쩌면 다른 사람들보다 더 열심히 일했을 거라고 생각합니다.

비록 한 시간이지만, 그렇지 않겠습니까? 이들은 기회 주심에 감사하고 있습니다. 일을 맡겨 주심에 감사하고 있습니다. 일할 수 있다는 것, 아직도 일할 수 있다는 것, 이거 한 가지만으로 감사하고요. 보수에 대한 생각은 없습니다. 주셔도 그만 안주셔도 그만, 이것은 그저 또 다른 은혜일 뿐입니다. 자, 그런데 이제 중요한 문제가 있습니다. 이들은 먼저 온 자처럼 비교의식이 없었습니다. 주인은 먼저 온 자들에게 말합니다. '네 것이나 가지고 가라. 남의 것에 대해서 신경 쓰지 마라. 너와 나와 약속한 것이 한 데나리온이 아니냐? 네가 할 충성 다하고 너의 진실을 다할 뿐이지 다른 사람과 비교하지 마라. 네 것이나 가지고 가라.' 참 선명한 말씀입니다. 너와 나와 약속한 것이 한 데나리온이 아니냐? 그 약속은 지켜지고 있지 않느냐? 또한 나중 온 자에게 한 데나리온을 주는 거 내 마음이다. 내 것을 가지고 내 마음대로 하는데 네가 왜 비판하느냐? 선함으로 악하게 보느냐? 이것이 선한 일이라고 하자. 그렇다고 너한테 비판 받아야 할 일은 아니라는 거죠. 얼마나 확실한 말씀입니까? 나중 온 자, 이분들은 감사할 따름입니다. 이런 정황, 이런 이야기를 들으면서 나중 온 자는 가슴이 뭉클했을 것입니다. 주인에 대한 엄청난 감격과 감사가 있었을 것입니다. 자, 행복한 자가 누구입니까? 행복한 사람은 일이 있는 사람입니다. 일이 없다는 건 쓸모가 없다는 말입니다. 어떤 일이든지 일이 있어야 합니다.

현대에 있어서 제일 비참한 게 이것입니다. 가끔 뭐 그런 말 하잖아요. 나이 좀 많아지면 뭐 시골에 내려가서 농사나 할까 하지만 농사 아무나 하나요. 그거 옛날 얘기입니다. 아, 그저 흔한 일 같지만, 마당을 쓸어도 기계로 쓸어요. 그렇지 않습니까? 뭐 청소 하나라도 그저 아무나 하는 거 아닙니다. '아무 일이나' 하는 말처럼 맹랑한 말이 없어요. 그렇게 할 수 있게 돼 있질 않아요. 그런데 일이 있다는 것, 어떤 일이든지 할일이 있다는 것은 중요한 것입니다. 제가 가끔 여행을 하면서 보면 시골에 갔을 때, 이 주간에도 전라도 광주를 다녀오면서 보니 주유소에 새벽에 들어가 보면 노인 가까운 분들이 거기서 일을 해요. 내가 기름을 좀 넣으라고 하면서 보니까 아, 이 할아버지가 되게 기분이 좋더란 말입니다. 왜요? 일거리가 있다는 것입니다. 일거리가. '이 새벽에는 젊은 사람들 못나오니까 이건 우리 몫이다.' 뭐 그런 거같아요. 새벽에 이거 주유소에서 기름을 넣어주면서 그렇게 좋아하는 걸 보고 저는 생각했어요. 진작 그리 살았더라면 좋았을 걸…… 새벽에 나와서 주유소에서 기름을 따르면서 그 행복해하는 노인을 종종 봅니다. 일이 있다는 건 행복한 것입니다.

또하나는 일의 뜻을 알아야 합니다. 내가 무엇을 하고 있는지 뜻을 아는 자가 행복합니다. 그리고 그 일 자체를 즐겨야 합니다. 일 자체를. 자, 이제 보세요. 공부하는 사람은 공부를 즐겨야 합니다. 공부가 재미없으면 공부는 다 한 것입니다. 능력이 나올 수가 없어요. 공부하는 사람은 책 보는 게 즐겁고 공부하는 자체가 즐거운 것입니다. 이거 해서 출세해야 한다고 출세 지향적으로 안달을 하면 공부 안됩니다. 그저 공부하는 것 자체, 연구 자체가 즐거워야 됩니다. 그 사람이 성공합니다. 즐겨야 돼요. 뿐만 아니라 보수에 대한 생각이 없어야 돼요. 이거 해서 어떻게 되냐, 얼마를 버나? 이것이 잘되나? 그런 결과지향적인 생각 잊어버려야 합니다. 그것 때문에 망가진 것입니다. 그 과정 자체를 즐기는 것, 그 자체를 축복으로 생각하는 거기에 은혜가 있습니다.

마이크로소프트사의 빌 게이츠라는 유명한 CEO가 있지 않습니까? 그 빌 게이츠가 마운틴 휘트니(Mt. Whitney)라고 하는 고등학교를 한번 방문했어요. 옛날에 자기가 나온 학교인가 봐요. 거기 후배들에게 연설을 하게 됩니다. 그는 말 잘하는 사람이 아닙니다. 그러나 사회에 나아갈 고등학교 학생인 후배들을 세워놓고 선배로서 아주 유명한 연설을 했습니다. 한번 들어보시겠어요? '첫째, 인생이란 원래 공평하지 못하다. 그걸 인정하라. 키 큰 사람도 있고 작은 사람도 있고 머리 좋은 사람도 있고 나쁜 사람도 있다. 이걸 인정하라. 그러니 불평하지 마라. 작으면 작은대로, 크면 큰대로 불공평을 공평으로 수용하라. 거기서부터 출발하고, 남과 공평하지 못하다고 불평하기 시작하면 인생 끝난다. 둘째, 세상은 네 자신이 어떻게 생각하는가에 관심이 없다. 다만 성취만을 요구할 뿐이다. 사람들이 너를 어떻게 대해 주느냐 신경 쓰지 마라. 셋째, 학교 선생님이 까다롭다고 생각하느냐, 앞으로 직장에 나가면 상사는 더 까다롭다. 그저 까다로운 선생에 대해서 원망하지 마라. 넷째, 햄버거 가게에서 일하는 걸 부끄럽게 생각하지 마라. 너의 할아버지들은 햄버거 가게에서 일하는 걸 영광스럽게 생각하고 살았느니라. 다섯째, 인생은 네가 망치면서 부모 탓하지 마라. 인생은 너 자신이 망치면서 부모 원망하는 것, 그건 아주 망가지는 것이다. 여섯째, 학교 성적은 우등생이라 하더라도 사회 나와서도 우등생이 되는 것은 아니다. 일곱째, 학교에서는 학기말도 있고 방학도 있다만 인생은 학기말도 방학도 없다. 여덟째, TV는 현실이 아니다.' 이 텔레비전 때문에 망가집니다. 텔레비전 보면서 저게 전부다, 사실인 줄 알고 자기도 영화배우가 된 줄로 착각하거든요. TV는 사실이 아닙니다. 그냥 멀찌감치 보세요. '마지막으로, 공부밖에 모르는 바보같은 친구가 있거든 그 친구에게 가까이 잘해 두라. 앞으로 그 친구의 밑에서 일하게 될지 모르니까.' 아주 진지한 충고입니다. 여러분, 이걸 잊지 마세요. 한 시간밖에 남지 않았어요. 여러분 연령이 얼마이든, 건강이 얼마 남았든, 재산이 얼마이든 중요한 것이 아닙니다.

요새는 더구나 치매가 심한 세상이니까 치매 걸리기 전에 아직 정신이 멀쩡할 때, 남은 한 시간의 생명은 기회입니다. 생명은 기회입니다. 또한 중요한 것은 기회는 축복입니다. 동시에 이 축복은 사명입니다. 주님의 말씀을 들으세요. 한 시간밖에 남지 않았습니다. '너도 내 포도원에 가서 일하라.' 그리고 말씀하십니다. '나중 된 자가 먼저 될 자가 있다.' 얼마나 희한한 복음의 말씀입니까? '나중 된 자가 먼저 될 자가 있다.' △

감사하는 자가 되라

그리스도의 평강이 너희 마음을 주장하게 하라 평강을 위하여 너희가 한 몸으로 부르심을 받았나니 또한 너희는 감사하는 자가 되라 그리스도의 말씀이 너희 속에 풍성히 거하여 모든 지혜로 피차 가르치며 권면하고 시와 찬미와 신령한 노래를 부르며 마음에 감사함으로 하나님을 찬양하고 또 무엇을 하든지 말에나 일에나 다 주 예수의 이름으로 하고 그를 힘입어 하나님 아버지께 감사하라

(골로새서 3 : 15 - 17)

감사하는 자가 되라

아주 오래 전 60년대 초, 미국 유학시절에 제가 미시간 노회에서 결의를 얻어서 교회에 방문 설교자로 임명되었던 때가 있었습니다. 그래서 여러 교회를 주일마다 순방하게 되었습니다. 제가 차가 없는 관계로, 또 교회에서도 미리 만나는 것을 좋아해서, 토요일날 그곳 교회의 목사님 댁이나 장로님 댁에서 하룻밤 자고 주일날 설교하고 돌아오곤 했습니다. 그렇게 여러 교회를 매주일마다 다니게 되었는데 제 일생에 있어서 가장 귀중한 기회였다고 저는 생각을 합니다.

미국 가정에서 아침 식사를 하게 될 때 경험한 이야기입니다. 서너 살밖에 되지 않은 어린아이가 키가 작으니까 자연히 좀 높은 식탁의자를 사용하는데, 아이를 자동차 벨트 매듯이 해서 앉혀놓고, 같이 죽 둘러앉아서 다정하게 식사를 하게 됩니다. 그런데 아이가 식사하다가 도중에 실수해서 숟가락을 떨어뜨렸어요. 그러니까 어머니가 가서 그것을 주워서 아이의 손에 들려주었습니다. 아이가 음식을 다시 먹으려고 하니까 그 순간 어머니가 식탁을 탁탁 치면서 "Say something!" 그렇게 말하는 것입니다. "할말이 있잖니." 그러니까 애가 무슨 말을 해야 될지 몰라서 울먹울먹하더니 울어요. 그러니까 "Say thank you." "고맙다고 말해야지." 그때에야 아이가 어머니가 왜 식탁을 쳤는가를 알고 "Thank you, mom." 그럽니다. 그제야 엄마가 "You're welcome. 먹어." 나는 그런 장면을 여러 번 봤습니다. 사소한 일이지만 굉장히 크게 생각했어요. 감사라는 게 거저 이루어지는 게 아닙니다. 감사를 공부해야 됩니다. 감사를 가르쳐야 됩니다. 조그마한 일에든 큰일에든 감사하라. 'Say thank you.' 이 얼마나 중요한 교육인가? 그 말도 제대로 잘 못하는 아이에게 말입니다. 어렸을 때부터 계속 이렇게 감사를 배우는 것입니다.

저는 실수를 한번 했습니다. 1963년 처음으로 미국에 유학이라고 가는데 생전 처음 가는 곳이고, 그 큰 비행기를 처음 탔는데 겁이 난 것입니다. '이거 어떻게 해야 되나……' 혼자 미국땅에 가서 어떻게 살 것이고, 또 어떻게 공부를 해야 되는지 걱정이 많았습니다. 그런데 마침 비행기 안에서 제가 잘 아는 집사님 한 분을 만났는데, 그분은 미리 오래전에 유학을 한 분입니다. 마침 자리도 여유가 있어서 제 옆에 앉았기에, 그래 내가 한마디 했지요. 여러 가지 말하면 제가 다 기억할 수가 없으니까 당신 유학 생활할 때 경험했던 바에 의해서 딱 한 가지만 내게 가르쳐 달라고 했습니다. 가장 중요한 주의 사항을 한마디만 말해주면 내가 꼭 기억해서 큰 도움이 되겠다고 했습니다. 했더니 "아, 그거요? 있습니다. 미국생활 하려면 그저 Thank you라는 말을 잘 해야 합니다." 자, 작은 일에도 고맙습니다, 고맙습니다, 그걸 잘해야 된다고 그래서 "알았다고, 쉽구먼 뭐." 그렇게 대답했습니다. 조금 있다가 비행기의 아가씨가 커피를 따라 주고 가요. 가만히 있었지요. 했더니 "목사님, 왜 가만히 계십니까? Thank you라고 해야죠." 한대 얻어맞았어요. 그 다음부터 미국에 들어가면서부터 무조건 그저 "Thank you, Thank you." 그러고 살았던 경험이 있습니다.

우리는 확실히 고맙다는 말에 인색하고 그것을 잘 말할 줄 모릅니다. 뭐 그런 걸 무슨, 쑥스럽게 뭘, 그런 정도 가지고 고맙다고 할까? 아닙니다. 작은 일에서부터 고맙다는 말, 여러분, 그걸 잊지 마세요. 감사하다는 말을 하면서 감사한 마음이 생겨요. 감사의 분위기로 인간관계가 열리고, 감사가 고양되는 것입니다. 이걸 잊지 말아야 합니다. 감사하다고 해야 감사할 거리가 생깁니다. 감사한 마음도 생깁니다. 부지런히 감사하다고 말해야 하겠어요. 그것을 가르쳐야 합니다.

여러분 잘 아시는 대로 공산주의 사회에는 감사하다는 말이 없어요. 아예 없어요. 그 단어를 들을 수가 없어요. 왜? 공산주의에서는 항상 혁명이니까 그렇습니다. 혁명. 좌우간 모내기 하는 데도 '모내기 혁명'하고 써 붙였습니다. 혁명 쟁취, 혁명 쟁취, 혁명해서 얻은 일에는 감사가 없지요. 쟁취해서 이룬 일에는 절대로 고맙다고 할 수가 없죠. 이것이 일상화되고 생활화되고 체계화되면서 공산주의 사회에서는 어디서든지 고맙다는 말 못듣습니다. 듣길 바라지 마세요. 우리가 북한을 향해서 뭔가 돕는다 뭐라 하지만 가서 고맙다는 말 못듣습니다. 기대하지 마세요. 공산주의 사회에는 고맙다는 말이 없어요. 고맙다는 마음도 없어요. 아니, 그래서 망한 것입니다. 이걸 잊지 말아야 합니다.

오늘 성경말씀에는 아주 귀한 한 단어가 있습니다. 감사하는 자가 되라(유카리스토이 기네스테). '유카리스'라는 말이 감사란 말입니다. 여기에 '토이'를 붙여서 사람을 지칭합니다. 유카리스토이, 감사하는 자. 아주 중요한 것입니다. 우리 번역이 잘됐어요. 감사하는 자가 되라. 이 본문은 환경이나 여건이나 혹은 물질적인 여건을 말하지 않습니다. 존재를 말할 뿐입니다. 감사하는 사람, 감사하는 인격, 감사하는 존재, 감사하는 성품, 그 사람이 되라. 감사하는 자가 되라. 이렇게 말합니다. 역시 감사란 배워야 합니다.

이 배움이 왜 이루어지 않을까? 그 원인은 이렇습니다. 신학자 라인홀드 니버(Reihold Niebuhr)의 「인간의 본성과 운명」이라고 하는 책에서 인간의 죄의 근본은 '교만'이라고 했습니다. '죄의 뿌리는 교만이다.' 그렇게 정의해 놓고 권력의 교만, 지식의 교만, 도덕적 교만이 있다 합니다. 여러분, 이 교만을 버려야 겸손해지고 겸손해져야 감사할 수 있어요. 지식적 교만, 권력적 교만, 아니, 도덕적 교만. 나는 깨끗하다, 나는 남보다 깨끗하다고 하는 순간 교만의 노예가 되면서 그는 감사를 잊어버려요. 흔히 우리가 뭐 저 잘난 맛에 산다고 하는데 이것이 문제입니다. 바로 그것이 감사를 앗아가 버렸고 감사가 없다보니 행복도 없는 것입니다. 그래서 감사를 가르쳐야 되는데 이제 문제가 있습니다. 감사하기 위해서 하나님께서 우리의 교만을 무너뜨립니다. 우리의 어리석은 허상을 여지없이 무너뜨려서 겸손하게 만듭니다. 겸손하게 만들어서 감사하게 합니다. 아니 감사를 가르치십니다.

여러분 다 경험하고 있지 않습니까? 감사란 깨달음입니다. 이 깨달음은 깨끗한 겸손한 인격에서 얻어지는 것입니다. 그러면 감사를 가르친다— 어떻게 해야 가르칠 것 같습니까? 많이 주면 될까요? 더 주면 될까요? 엄청나게 소원 이상으로 많이 주면 될까요? 그건 우리 생각입니다. 또 그렇지도 않아요. 여러분, 음식에 대해서 감사해 보셨습니까? 배고파 봐야 압니다. 저는 이 얘기를 하려면 늘 생각나는 게 있습니다. 1951년에 제가 피란을 백령도로 나와서 피란민 생활을 몇달 했습니다. 다른 사람들은 다 가족들도 있지만, 저는 혼자 나왔기 때문에 사실 이게 뭐 그야말로 거지 아닌 거지입니다. 이 집에 가서 한 그릇 얻어먹고, 저 집에 가서 한 그릇 얻어먹으면서 그렇게 살았어요. 언제나 배가 고파요. 한 곳을 지나가는데 고구마 장사가 고구마를 굽고 있는데 그 냄새가 기가 막히거든요. 이렇게 냄새가 좋을 수가 없어요. 할수없이 제가 차고 있던 시계를 풀어주었습니다. 그까짓 시계가 뭐 중요한가 하고 시계를 줬는데 고구마 4개를 받았습니다. 이 따끈따끈한 고구마를 손에 들고 하나님께 감사기도를 하는데, 눈물이 뚝뚝뚝 떨어지는 것입니다. 먹을 수가 없을 만큼 눈물이 흐르는 것입니다. '오! 하나님, 감사합니다.' 나는 음식을 앞에 놓고 이렇게 감사해본 역사가 없어요. 그 후로도 말입니다.

여러분, 그래서 옛날부터 이런 말이 있지 않습니까? 철학자의 말입니다. '눈물 젖은 빵을 먹어보지 아니한 사람은 인생을 모른다.' 여러분, 배고픔의 서러움, 배가 고프다못해 쑤시고 아픈 것, 그 때 가서야 그 빵 한 조각이 얼마나 귀한 것인지, 이 음식 한 그릇이 얼마나 귀한 것인가를 알게 되지요. 하나님은 이렇게 가르치십니다. 잘 먹는 사람에게 더 좋은 것, 더 좋은 것, 그건 해봐야 교육이 안됩니다. 굶어야 됩니다. 그리고야 음식의 고마움을 배웁니다.

또 여러분, 건강이 얼마나 중요한 것입니까? 우리가 하루하루 건강하게 지낸다는 것 정말 감사한 일입니다. 저는 더 할 말이 없을 만큼 감사합니다. 왜요? 제가 시무 목사로 43년 동안 목회하면서 아파서 설교 못한 날이 하루도 없어요. 새벽기도를 개근하면서 목회했어요. 이건 기네스북에 올라갈 감입니다. 보세요. 그런고로 저는 할 말이 없습니다. 은퇴하고 지금 5년이 지났지만 지금도 이렇게 활동하는데, 저는 더이상 건강을 달라 하는 기도는 못합니다. 저도 체면이 있어서…… 건강, 감사한 것입니다. 자, 그런데 여러분 다 아시는 대로 건강이 어떻습니까? 병들고야 아는 것입니다. 병원에 입원해

보면 '아, 참으로 건강보다 더 중요한 건 없다' 합니다. 그렇잖아요? 이걸 감사하게 됩니다. 그러니까 하나님께서 건강의 고마움을 모르고 방종하는 사람들 한 번씩 병원으로 보내서 건강의 고마움을 알도록 가르치는 것입니다.

몇년 전에 요로결석이라고 하는 병에 걸려 봤는데 정말 아팠습니다. 좌우간 뭐 애 낳는 것보다 더 아프다니까요. 내가 후배 목사님들에게 그럽니다. 그거 한 번씩 앓아볼만하다고. 도대체 얼마나 아픈가 하는 걸, 사람이 얼마나 아파야 죽는가 하고 생각하게 합니다. 그런데 그렇게 아파도 안죽었습니다. 이게 정말 아픕니다. 여러분, 이렇게 경험하면서 우리는 건강의 고마움과 그 감사함을 알게 되죠.

또, 가정의 고마움도 있습니다. 보세요. 집을 떠나서 멀리 가보면 가정이 이렇게 귀하다는 걸 알게 됩니다. 또 내가 외로울 때 친구 한 사람이 이렇게 귀하고요. 교회가 얼마나 귀하다는 것도 마찬가지입니다. 여러분이 늘 이렇게 교회에 출석하지만 이것에 대해 그렇게 뼈저리게는 못느낍니다. 병원에 입원해 있는 분들 가끔 찾아가 보면 이런 말씀 하는 분들 많아요. "목사님, 소원이 하나 있습니다." "뭔데요?" "딱 한번만 교회에 나가보고 죽었으면 좋겠어요. 죽기 전에 딱 한번만 교회에 나가서 그 은혜로운 곳에서 예배드리고 다음날 죽어도 좋겠습니다." 이리 간절하게 소원하는 분이 있습니다. 그때 가서야 이 한 시간 교회 나가서 이렇게 예배드리는 게 얼마나 행복하다는 걸 깨닫게 되는 것입니다.

여러분, 외국생활을 해 봤습니까? 한국을 떠나면 다 애국자가 됩니다. 나라가 얼마나 귀한지 알게 됩니다. 보세요. 우리가 순간순간 이렇게 배워서 감사자가 되는 것입니다. 감사하는 자로 키워가고 있고…… 하나님께서는 그렇게 가르치고 계십니다. 하나님께서는 모든 시련을 통해서 유카리스토이, 감사하는 자를 만들어가고 계십니다. 오늘 성경은 더 깊은 말씀을 합니다. 그리스도의 평강이 마음을 다스리게 하도록, 궁극적으로는 그리스도의 마음과 그리스도의 평강이 우리 안에 있을 때에만 진정한 감사에 도달하게 되고, 또 그리스도의 말씀이 너희 속에 풍성히 임하여, 주님의 말씀으로 가득 차게 되는 바로 그 순간까지 우리는 성숙해야 되겠어요. '그리고 피차 가르치며 가르침을 받으라.' 이래서 감사하는 자가 되어 가는 것입니다.

뉴욕의 브루클린 교회에 에반스 목사님이라는 분이 계셨습니다. 에반스 목사님이 말년에 결장암으로 고생을 하셨습니다. 그 투병 생활을 하면서 투병신조 4개조를 만들어 써 붙였습니다. 첫째, 결코 불평하는 말을 하지 말자. 절대로 원망하지 말자. 둘째, 집안 분위기를 밝게 하자. 나 아프면 나 아픈 걸로 족하고 다른 사람들의 마음까지 어지럽히지 말자. 얼마나 중요한 얘기입니까? 셋째, 받은 축복을 헤아려 감사하자. 나는 이 직장암으로 죽어가지만 이미 받은 많은 은혜를 헤아리면서 감사하자. 그리고 마지막으로 질병을 유익한 것으로 바꾸자. 4가지 투병신조를 내 걸었습니다. 여러분, 깊이 생각합시다.

아마 세상에 제일 불행한 사람 중에 하나가 아닐까 싶습니다. 오프라 윈프리(Oprah Gail Winfrey), 그는 사생아입니다. 아버지가 누구인지 모릅니다. 어머니가 하도 많이 바람을 피우면서 살았기 때문에 그렇습니다. 또 본인도 미혼모입니다. 9살 때 강간을 당하고 한평생 불행하게 살았습니다. 그러나 그는 오늘 세계적인 위대한 여성이 되었습니다. 그는 네 가지를 말합니다. 첫째, 고난을 지혜로 바꾸라. 둘째, 사소한 일도 소중하게 여기라. 그 사건마다에 중요한 하나님의 뜻과 경륜이 있기 때문입니다. 그리고 세 번째가 중요합니다. 감사하기를 배우라. 어떤 역경 속에서도 은혜에 감사하는 것을 배우라. 그리고 네 번째는 꿈을 잃지 마라— 이렇게 가르치고 있습니다.

여러분, 우리 깊이 생각해봅시다. 어디까지 감사할 수 있습니까? 어느 지경까지 감사할 수 있습니까? 다니엘의 눈앞에는 용광로가 기다리고 있습니다. 사자의 굴이 기다리고 있습니다. 뻔히 알면서도 그는 하나님께 감사했습니다. 그만큼 감사할 수 있었습니다. 여러분, 이 말을 꼭 명심하세요. 순교자란, 예수의 이름으로 죽어서 순교자가 아닙니다. 죽으면서 감사했기 때문에 순교자입니다. 아무리 그같은 환경에서 죽었더라도 원망하는 순간, 그는 순교자가 아닙니다. 순교의 모진 고난을 당하면서도 하나님을 찬양하고 감사할 때 그 사람만이 순교자요, 그 사건만이 순교라는 걸 잊지 마세요. 감사함으로만이 순교가 된다— 여러분, 어디까지 감사할 수 있겠습니까? 인격의 성숙은 지혜에 있고 신앙의 성숙은 감사에 있습니다.

여러분, 내가 감사할 때 하나님께 영광되고, 내가 감사할 때 행복한 자가 되고, 내가 감사할 때 모든 사람을 행복하게 할 수 있습니다. '감사하는 자가 되라.' △

곽선희목사 설교집·강해집·기타

⟨설교집⟩

08권 물가에 심기운 나무
09권 최종승리의 비결
10권 종말론적 윤리
11권 참회의 은총
12권 궁극적 관심
13권 한 나그네의 윤리
14권 모세의 고민
15권 두 예배자의 관심
16권 이 산지를 내게
17권 자유의 종
18권 하나님의 얼굴
19권 환상에 끌려간 사람
20권 복받은 사람의 여정
21권 좁은문의 신비
22권 내게 말씀을 주소서
23권 약속의 땅을 바라보며
24권 결단이 있는 자의 행로
25권 이 세대에 부한 자
26권 행복한 사람의 정체의식
27권 미련한 자의 지혜
28권 홀로 남은 자의 고민
29권 자기결단의 허실
30권 자기십자가의 의미
31권 자기승리의 비결
32권 자유인의 행로
33권 너는 저를 사랑하라
34권 주도적 신앙의 본질
35권 행복을 잃어버린 부자
36권 지식을 버린 자의 미로
37권 신앙인의 신앙
38권 예수께 잡힌바된 사람
39권 군중 속에 버려진 자
40권 한 수난자가 부르는 찬송
41권 복낙원 인간상
42권 내가 아는 이 사람
43권 한 수난자의 기쁨
44권 스스로 종이 된 자유인
45권 내게 주신 경륜
46권 자유인의 간증

〈강해집〉

(빌립보서 강해) 희락의 복음
(갈라디아서 강해) 은혜의 복음
(고린도전서 사랑장 강해) 진정한 사랑의 의미
(예수님의 이적 강해) 이적으로 계시된 말씀
(사도신경 강해) 사도들의 신앙고백
(야고보서 강해) 참믿음 참경건
(예수님의 잠언 강해) 예수의 잠언
(사도행전 강해)(상) 교회의 권세
(사도행전 강해)(하) 교회의 권세
(로마서 강해) 믿음에서 믿음으로
(고린도전서 강해) 복음의 능력
(고린도후서 강해) 생명에로의 길
(예수님의 비유강해)(상) 하나님의 나라/(중) 이 세대를 보라/(하) 생명에로의 초대
(에베소서 강해) 내게 주신 은혜의 선물
(골로새서 강해) 위엣것을 찾으라
(데살로니가서 강해) 사도의 정체의식
(디모데서 강해) 네 직무를 다하라

〈기타〉
행복한 가정/참회의 기도/영성신학/종말론의 신학적 이해/생명의 길